21世纪普通高等教育
法 学 系 列 教 材

党内法规概论

秦 强 著

中国人民大学出版社
· 北京 ·

作者简介

秦强　中宣部全国宣传干部学院教研部主任，法学博士、社会学博士后；主要从事中共党史党建、意识形态、党内法规等方面的研究；在《人民日报》《中国纪检监察报》《党建》等权威报刊发表文章近百篇，出版《良法善治》《涵养党风》《制度治党》《读懂党内法规》《信仰·信念·信心：百年大党的精神密码》《巩固发展反腐败斗争压倒性胜利》等著作多部。

前　言

法治是人类文明进步的重要标志，是治国理政的基本方式。法治兴则国兴，法治强则国强。自党的十八大以来，以习近平同志为核心的党中央以前所未有的力度推进全面依法治国，坚持依法治国和制度治党、依规治党有机统一、统筹推进，抓住科学立法、严格执法、公正司法、全民守法关键环节，加快推进中国特色社会主义法治体系建设，推动社会主义法治国家建设取得了历史性成就。2014 年 10 月 23 日，党的十八届四中全会专题研究了全面推进依法治国若干重大问题，审议通过了《中共中央关于全面推进依法治国若干重大问题的决定》（以下简称《依法治国决定》），提出全面依法治国的总目标是“形成完备的法律规范体系、高效的法治实施体系、严密的法治监督体系、有力的法治保障体系，形成完善的党内法规体系”，在中国法治发展史上第一次将党内法规体系与国家法律体系并列起来，一起作为管党治党、治国执政的基本方式，确立了中国特色社会主义法治体系的二元框架和复合结构，具有引领性价值、开创性作用和里程碑意义。于 2020 年 11 月 16 日召开的中央全面依法治国工作会议，第一次以中央工作会议形式研究部署全面依法治国，明确了习近平法治思想的指导地位，明确了党内法规在习近平法治思想中的重要地位和作用。

2021 年 7 月 1 日，习近平在庆祝中国共产党成立 100 周年大会上宣布：我们党已经形成比较完善的党内法规体系。2022 年 10 月 16 日，中国共产党第二十次全国代表大会专门把“形成比较完善的党内法规体系”作为过去五年的工作和新时代十年的伟大变革的重要成就，强调要完善党的自我革命制度规范体系，坚持制度治党、依规治党，以党章为根本，以民主集中制为核心，完善党内法规制度体系，增强党内法规的权威性和执行力，形成坚持真理、修正错误，发现问题、纠正偏差的机制。“形成比较完善的党内法规体系”是党的建设史，特别是党内法规制度建设史上的一个里程碑，标志着我们党在管党治党方面全面实现了有规可依、有章可循。

治国必先治党，治党务必从严，从严必依法度。党内法规既是管党治党的重要依据，也是建设社会主义法治国家的有力保障。中国共产党全面领导、长期执政，必须坚持依法治国、依法执政、依法行政共同推进，法治国家、法治政府、法治社会一体建设，确保党既依据宪法法律治国理政，又依据党内法规管党治党。思想是行动的先导，理论是实践的指南，依规治党的深入推进需要党内法规的规范指引。形成相对独立的党内法规学科，是衡量党内法规研究专业化、体系化水平的重要标准，也是形成完善的党内法规体系的内在要求。经过长期的探索积淀和发展，特别是党的十八大以来的全面推进和飞速发展，党内法规研究已经具有了自己特有的概念、范畴、价值、理论与实践，逐渐形成了一套科学规范、逻辑自洽的概念体系、知识体系和理论体系，党内法规学成为一门相对独立的新型学科。作为一门新型学科，党内法规学具有独特的学术体系、学科体系、话语体系，也具有自己的学科属性、研究方法和知识图景。

办好中国的事情，关键在党，关键在人，关键在人才。党内法规的研究、实施与发展离不开一支高素质、专业化的党内法规人才队伍。党内法规人才培养需要与党内法规学科建设、课程研发和教材编写等配套工作结合起来，一起推进。从关系上看，党内法规学科建设是党内法规人才培养的基础，党内法规课程研发是党内法规人才培养的核心，党内法规教材编写是党内法规人才培养的关键。当前，已有不少高校把党内法规作为自主设置的二级学科，有十多所高校设立了党内法规研究方向，开展研究生教育；有的高校在本科阶段开设党内法规专业课程。但与党内法规教学实践蓬勃发展形成鲜明对比的是，现在的党内法规教材数量还相对较少，从交叉学科背景、综合学科视野撰写的专著型教材更少。作为国内第一本专著型党内法规教材，本书的一个突出特点是，从党内法规学的交叉学科背景、综合学科视野和实践运行维度出发，以政治学为基，以中共党史党建为本，以马克思主义理论为魂，以法学为形，综合应用多种学科的知识和方法，坚持政治导向、目标导向、实践导向、效果导向，贯彻以学术讲政治原则，贯彻立德树人根本任务，落实课程思政要求，通过将各关联学科的知识内容进行拼合、整合、融合，来实现多学科知识和方法的整合性、理论和实践的融合性、政治和学术的一体性。

本书以习近平新时代中国特色社会主义思想为指导，以习近平法治思想，特别是习近平关于党内法规制度建设的重要论述和批示指示精神为遵循，以中国共产党百余年来党内法规制度建设为主题，梳理解答了党内法规是什么、党内法规干什么、党内法规有什么用等基础性、根本性、核心性问题，系统揭示了党内法规在管党治党、治国理政中的突出地位和重要作用，将党内法规与探寻百年大党的制度基因、破译百年大党的制度密码、回答“中国共产党为什么能”等重大理论和实践问题有机结合，力求把深刻的理论讲透彻、把厚重的历史讲生动、把严肃的主题讲鲜活，主题鲜明，内容丰富，体系合理，论述精要，故本书适合作为高校党内法规相关学科的教材和辅助资料。

首先，在结构上，本书共分为三大板块，由16章构成。其中，第一～六章为第一板块，主要介绍党内法规概述、党内法规原则、党内法规关系、党内法规效力、党内法规价值、党内法规制度建设等基础性问题，是牵头管总的总括性内容；第七～十二章为第二板块，主要介绍党内法规制度体系以及由党章、党的组织法规、党的领导法规、党的自身建设法规、党的监督保障法规等组成的“1＋4”党内法规体系，构建了静态的党内法规制度体系；第十三～十六章为第三版块，主要介绍党内法规制定、党内法规实施、党内法规监督、党内法规保障等制度，揭示了动态的党内法规运行过程。

其次，在内容上，理论与实践交相辉映，通俗与专业相互融合。本书对源远流长的党内法规现象进行厚重的历史分析，对纷繁复杂的党内法规内容进行体系结构分析与运行过程分析，多视角、立体式、系统化呈现党内法规体系的内在结构与现实功能，深入揭示以“1＋4”为基本框架的党内法规体系的各项构成内容及完善路径。同时，动态化关注党内法规实践环节的运行过程，全景化描绘党内法规制定、实施、监督、保障的闭合逻辑链条，清晰阐明党内法规从制度文本到制度实效的生成过程与影响因素。

最后，在作用上，本书对党内法规的概念、特征、分类、作用、原则、关系等基础理论问题进行了精细的学理分析，以丰富的党内法规学知识为党内法规基础理论研究提供知识的增量、视野的拓展和观点的启发。本书不仅关注宏大精深的前沿理论，而且面向鲜活具体的实务问题，精选了数十个党内法规案例事例，以案说法、以事明理，形象生动地回答了党内法规是什么、有何效力、如何备案督查以及党员权利如何救济等普遍关心关注的理论和实践话题，故本书既适合作为高校、研究机构等的党内法规培训教学教材，也适合作为广大学生、研究人员、其他读者等学习、了解党内法规的入门辅导书。

目　录

第一章 党内法规概述

习近平总书记重要论述

加强党内法规制度建设是全面从严治党的长远之策、根本之策。我们党要履行好执政兴国的重大历史使命、赢得具有许多新的历史特点的伟大斗争胜利、实现党和国家的长治久安，必须坚持依法治国与制度治党、依规治党统筹推进、一体建设。

——2016 年 12 月 25 日，习近平关于加强党内法规制度建设的指示

课程思政

1. 学习党内法规概念，了解党内法规历史，教育、引导学生从党的百年制度发展史中认识党内法规的地位和作用，明确党内法规是中国共产党百余年发展历程的制度见证，是破解“中国共产党为什么能”的制度密码。

2. 通过对党内法规性质、属性、特征、作用的学习，引导学生明确中国共产党的性质和使命，明确党内法规在管党治党、治国理政中的重要意义；加强对党内法规是管党治党的重要依据、党内法规制度建设是全面从严治党的长远之策、根本之策的认识。

第一节 党内法规概念

一、党内法规的界定

在学理上，根据不同的标准可以对党内法规给出不同的定义，但在实践中，对党内法规的界定往往要根据中国共产党管党治党、执政治国的制度实践。作为管党治党的重要方式和重要依据，党内法规的产生、发展贯穿中国共产党诞生、发展、壮大的全过程和各方面。在建党伊始，中国共产党就特别重视制度建设，但那时的党内法规更多的是体现为一种制度形态和治理理念，一种为推进党的革命事业提供

良好的制度保障；在新中国成立后，中国共产党开始成为在全国范围内执掌政权的党，在全国执政条件下制定了一批关于党的领导和党的建设方面的党内法规，为新的历史条件下加强党内法规制度建设积累了重要经验；改革开放后，我们党总结历史经验教训，强化党内法规在党的建设中的重要地位和作用，这为党坚持和发展中国特色社会主义事业提供了重要制度保障。

随着全面依法治国战略布局的深入推进，依法治国、依规治党理念更加深入人心，党内法规的数量越来越多、地位越来越重要、作用越来越突出，党内法规制定工作也逐步走上制度化、规范化、程序化轨道，对党内法规的概念范畴、地位作用也有了更加深刻的理解认识。2019 年 9 月公布实施的《中国共产党党内法规制定条例》第 3 条对党内法规的概念给出了一个明确界定："党内法规是党的中央组织，中央纪律检查委员会以及党中央工作机关和省、自治区、直辖市党委制定的体现党的统一意志、规范党的领导和党的建设活动、依靠党的纪律保证实施的专门规章制度。"根据该界定，党内法规的概念主要包括以下三个方面内容。

（1）在制定主体上，党内法规的制定主体被限定为三大类，分别为党的中央组织，中央纪律检查委员会以及党中央工作机关，省、自治区、直辖市党委，各自对应着中央党内法规、部委党内法规和地方党内法规的三大类制定主体，逻辑清楚，层次分明。

（2）在规范要素上，党内法规主要由三个逻辑要素构成：体现党的统一意志、规范党的领导和党的建设活动、依靠党的纪律保证实施，这三个逻辑要素分别从本质要求、行为内容和实施保证三个环节对党内法规进行全流程的界定，形成了完整的制度运行闭环。

（3）在规定事项上，党内法规主要规范党的领导和党的建设活动。《中国共产党党内法规制定条例》第 4 条将党内法规规定的事项进一步具体化为：党的各级各类组织的产生、组成、职权职责；党的领导和党的建设的体制机制、标准要求、方式方法；党组织工作、活动和党员行为的监督、考核、奖惩、保障；党的干部的选拔、教育、管理、监督等事项。其中，凡是涉及创设党组织职权职责、党员义务权利、党的纪律处分和组织处理的，只能由党内法规作出规定。

案例与思考 1－1

党内法规的概念演变

1990 年 7 月 31 日印发的《中国共产党党内法规制定程序暂行条例》第 2 条第 1 款："党内法规是党的中央组织、中央各部门、中央军委总政治部和各省、自治区、直辖市党委制定的用以规范党组织的工作、活动和党员的行为的党内各类规章制度的总称。”

2012 年 5 月 26 日发布的《中国共产党党内法规制定条例》第 2 条第 1 款：“党内法规是党的中央组织以及中央纪律检查委员会、中央各部门和省、自治区、直辖市党委制定的规范党组织的工作、活动和党员行为的党内规章制度的总称。”

2019 年 8 月 30 日修订的《中国共产党党内法规制定条例》第 3 条：“党内法规是党的中央组织，中央纪律检查委员会以及党中央工作机关和省、自治区、直辖市党委制定的体现党的统一意志、规范党的领导和党的建设活动、依靠党的纪律保证实施的专门规章制度。”

思考题：在党内法规概念的历次演变中，党内法规的制定主体和规范内容有什么不同?

二、党内法规与相关概念的关系

（一）党内法规与党内制度的关系

党内制度是党的各级组织制定的用以规范党组织的工作、活动和党员的行为的党内各类规章制度的总称。党内法规是由党的各级组织中的特定主体制定的党内规章制度。党内制度是一个范围较广的概念，不仅包括党内法规，还包括各级党组织制定的规范性文件，以及党长期实践中形成的政治规则、组织约束、优良传统和工作习惯。党内法规体系和党内制度体系都是党的制度建设的重要组成部分。

党内法规与党内制度的区别主要有以下几个方面。

（1）从产生时间看，先有党内制度后有党内法规。从二者产生的时间来看，“党内制度”出现较早，中国共产党第一次代表大会通过的《中国共产党第一个纲领》就明确提出“本党采用苏维埃的形式”，规定了各级党组织的机构和制度，以后的党的历次代表大会中都通过了不少党内制度，日积月累，积少成多，党内制度逐渐体系化和成熟化。而“党内法规”这一概念则产生较晚。1938 年，毛泽东提出：“为使党内关系走上正轨，除了上述四项最重要的纪律外，还须制定一种较详细的党内法规”，这是党内第一次正式提出“党内法规”概念。

（2）从制定主体看，党内法规一般只能由省级以上党组织制定，而党内制度的制定主体可以是党的各级各类组织。从制定主体的范围来看，党内法规的制定主体较窄，仅限定于党的中央组织以及中央纪律检查委员会、党中央工作机关和省、自治区、直辖市党委；而党内制度的制定主体范围较广，包括党的各级各类组织。对党内生活中存在的大量尚没有法规规范或者暂不需要以法规形式进行规范的领域和问题，都可以通过建章立制来予以规范，因此，上至党中央，下至党支部都可以制定工作制度。

（3）从概念外延看，党内制度的外延明显大于党内法规，党内制度不仅包含党内法规，还包括党内规范性文件、党内惯例等。尽管多数党内制度是由党内法规明文加以规定的，但也有不少党内制度并不是由党内法规建构而成的，有些党内制度，特别是有些党内规矩是在历史上和实践中自发形成的。

（4）从内在体系来看，党内法规包括党章、准则、条例、规则、规定、办法和细则。而党内制度的体系则包括三个层面：一是以民主集中制为核心的党的根本制度；二是表现为党的组织体制和活动机制的基本制度，如党的领导体制、党的代表大会制度、党内选举制度、干部制度、党内监督制度等；三是党的各项具体制度，如党员发展制度、基层党组织“三会一课”制度、干部考察制度、公示制度等。

（二）党内法规与党内规范性文件的关系

《中国共产党党内法规和规范性文件备案审查规定》第2条规定，党内规范性文件，是指党组织在履行职责过程中形成的具有普遍约束力、在一定时期内可以反复适用的文件。具体来说，其主要是指中央纪律检查委员会机关、党中央工作机关和各级党委（党组）在履行职责过程中形成的具有普遍约束力，可以反复适用的决议、决定、意见、通知等文件，包括贯彻执行中央决策部署、指导推动经济社会发展、涉及人民群众切身利益、加强和改进党的建设等方面的文件。党内法规与党内规范性文件的区别主要有以下几个方面。

（1）从制定主体看，党内法规的制定主体有三类：第一类是党的中央组织，如党的全国代表大会、中央委员会、中央政治局及其常务委员会等；第二类是中央纪委检查委员会和党中央工作机关，如中央组织部、中央宣传部、中央统战部等；第三类是省、自治区、直辖市党委。而党内规范性文件的制定主体除这三类之外还有很多，如地方各级党委、各级党组。因此，党内法规和党内规范性文件在制定主体上是不一样的，党内法规的制定主体只能是特定的党组织，党内规范性文件的制定主体较为广泛，既包括党内法规的制定主体，还包括党的其他组织。

（2）从制定程序看，党内法规有严格的制定程序，通常要经过立项、征求意见、备案等一系列严格的程序。而党内规范性文件的制定就没有如此严格的程序，在某一级党委组织作出决议后就可以形成文件，程序要求比较低。在实践中，从审核批准程序看，党内法规更为严格，一般要求采用会议审议批准方式，而党内规范性文件多采用领导传批方式。

（3）从文件名称看，党内法规的名称是特定的，分别是党章、准则、条例、规则、规定、办法、细则，而党内规范性文件的名称一般为决议、决定、意见、通知等。

（4）从表述形式看，党内法规的内容应当用条款形式表述，而党内规范性文件一般不用条款形式表述。

（5）从效力位阶看，党内法规属于管党治党的重要依据，具有较强的刚性约束，党内规范性文件虽然也具有一定的普遍适用性，但在效力上同党内法规还是有不小的距离。一般来讲，同一主体制定的党内法规与规范性文件，前者的效力往往高于后者。

（6）从责任机制看，违反党内法规承担的是党纪责任，一般有警告、严重警告、撤销党内职务、留党察看、开除党籍等五种党内纪律处分形式。但是违反了党内规范性文件，承担的不一定是党纪责任，有可能是其他责任，如组织调整或者组织处理，包括停职检查、调整职务、责令辞职、降职、免职等。党内法规通常要对违规责任及其追究作出明确规定，党内规范性文件则不一定要作出这方面的规定。

（7）从公开情况看，党内法规一般是向全党全社会公开，因为特殊情况不予公开的党内法规在数量上较少。党内规范性文件很多情况下都是涉密的，有的发到地师级，有的发到县团级，公开范围往往都是被限定为一定的群体。

第二节 党内法规历史

一、新民主主义革命时期（1921 年至 1949 年）

欲明大道，必先学史。党内法规的历史实际上是见证了中国共产党百余年的发展历程，是党的制度建设发展史的缩影和集中体现。学习党内法规，首先要了解党内法规发展史，从历史流变中认识党内法规的地位和作用，认清当下的任务，担负起今后的使命。

中国共产党成立于 1921 年，在中国共产党第一次全国代表大会召开前，我国早期的共产主义者普遍认识到建设党组织首先要有一个章程。1921 年 7 月，中国共产党第一次全国代表大会通过了《中国共产党第一个纲领》。这是中国共产党历史上第一个具有党章性质的党内法规，它确定了党的名称，规定了入党的条件、党的组织等内容，宣告了中国共产党的诞生。但它还不是完整意义上的党章，仅具有党章的性质。

案例与思考 1-2

中国共产党第一个纲领*

一、我们党定名为“中国共产党”。

二、我们党的纲领如下：

(1) 革命军队必须与无产阶级一起推翻资本家阶级的政权，必须援助工人阶级，直到社会阶级区分消除的时候；

(2) 直到阶级斗争结束为止，即直到社会的阶级区分消灭时为止，承认无产阶级专政；

(3) 消灭资本家私有制，没收机器、土地、厂房和半成品等生产资料；

(4) 联合第三国际。

三、我们党承认苏维埃管理制度，要把工人、农民和士兵组织起来，并以社会革命为自己政策的主要目的；中国共产党彻底断绝与黄色的知识分子阶层及与其类似的其他党派的任何联系。

四、凡承认本党党纲和政策，并愿成为忠实的党员者，经党员一人介绍，不分性别，不分国籍，都可以接收为党员，成为我们的同志。但是在加入我们的队伍以前，必须与那些与我们的党纲领背道而驰的党派和集团断绝一切联系。

五、接受新党员的手续如下：被介绍人党员必须接受其所在地的委员会的考察，考察期限至少为两个月。考察期满后，经多数党员同意，始得成为党员。如果该地区有执行委员会，必须经执行委员会批准。

六、在党处于秘密状态时，党的重要主张和党员身份应保守秘密。

七、每个地方，凡有党员五人以上的地方，应成立委员会。

八、委员会的党员经以前所在地的书记介绍，可转到另一个地方的委员会。

---

* 俄文译稿。——编辑注

九、凡是党员不超过十人的地方委员会，应设书记一人；超过十人的应设财务委员、组织委员和宣传委员各一人；超过三十人的，应由委员会的成员中选出一个执行委员会。关于执行委员会的规定下面将要说到。

十、工人、农民、士兵和学生等地方组织的人数很多时，可派他们到其他地区去工作，但是一定要受地方执行委员会最严格的监督。

十一、（遗漏）

十二、地方委员会的财政、活动和政策，必须受中央执行委员会的监督。

十三、委员会所管辖的党员人数超过五百，或同一地区有五个委员会时，必须成立执行委员会。全国代表会议应委派十人参加该执行委员会，如果这些要求不能实现，必须成立临时中央执行委员会。关于执行委员会的工作和组织，下面将要更加详细地阐述。

十四、党员如果不是由于法律的迫使和没有得到党的特别允许，不得担任政府官员或国会议员。士兵、警察和职员不在此例。①

十五、这个纲领经三分之二全国代表大会代表同意，始得修改。

思考题：党的纲领的性质和作用是什么？

1922 年 7 月，中国共产党第二次全国代表大会通过了《中国共产党章程》，共六章二十九条。该章程首次提出反帝反封建的民主革命纲领，对党组织的设置、党的会议制度、党的纪律等作了规定。这是中国共产党历史上第一部党章，也是第一个正式党内法规，对党的建设和中国历史进程产生了重大影响。通过党内法规来推动党的革命、进行党的建设，成为中国共产党自成立以来一直坚持不变的优良传统。

1923 年 6 月，中国共产党第三次全国代表大会对党章进行了第一次修正，通过了《中国共产党中央执行委员会组织法》，这是中国共产党的第一个组织法规。1923 年 10 月，中共中央颁布了《教育宣传委员会组织法》，这是第一部规范党的工作部门的党内法规，也是中国共产党第一个宣传领域的党内法规。1924 年 5 月，通过了《S. Y. 工作与 C. P. 关系议决案》，这是第一部有关共产党和共青团关系的党内法规。

1925 年 1 月，中国共产党第四次全国代表大会对党章进行了第二次修正，主要是为了解决组织问题。

1927 年 4 月 12 日，蒋介石掀起了“四・一二”反革命政变，大肆屠杀共产党

① 俄文版原注：这一条在一九二二年第二次代表大会上曾引起过激烈争论。

人和革命群众。在白色恐怖弥漫的紧急时刻，中国共产党第五次全国代表大会于1927年4月27日至5月9日在武汉召开。限于当时的危险形势，党的五大没有专门对党章进行讨论修改，而是在通过的《组织问题决议案》中提出："根据本党自第四次大会以来党员数量激增这一事实并根据本党目前的任务，第五次大会认定必须改正并补充旧时的党章。"党的五大设置了设立了中央监察委员会，这是中国共产党历史上的第一个中央监察机构。

党的五大闭幕后不久，根据《组织问题决议案》，中共中央政治局于1927年6月1日通过了《中国共产党第三次修正章程决案》。按照党章修改的以往惯例，党章都是由党的全国代表大会制定并通过，党的五大党章也就成为党的历史上唯一一部直接由中共中央政治局直接通过的党章。在内容上，该党章明确规定党的"指导原则为民主集中制"，这是从党的根本法规的高度第一次提出"民主集中制"。

1928年在莫斯科召开的中国共产党第六次全国代表大会，是一次比较特殊的大会，它是党的历史上唯一一次没有在中国国内召开的党的全国代表大会。这是因为，大革命失败后，国内形势比较危急，在这种情况下召开党的全国代表大会比较危险。迫于形势的需要，党中央根据革命发展的实际情况，最终决定在莫斯科召开党的第六次全国代表大会，并对《中国共产党党章》进行了第四次修改。1931年5月，中共中央通过了《中央巡视条例》，这是党的历史上第一个关于巡视方面的党内法规。

1934年10月，第五次反"围剿"失败后，中央主力红军为摆脱国民党军队的包围追击，被迫实行战略性转移，进行长征。在长征途中爆发了张国焘另立"中央"、分裂党和红军的严重事件。红军长征胜利后，又爆发了王明在长江局工作期间闹独立性、不执行党的决定的严重事件。这两个事件给党的工作和革命事业带来了重大损失。为了纠正错误、吸取教训，1938年9月29日至11月6日，中国共产党在延安召开了党的六届六中全会。毛泽东针对张国焘、王明的错误思想，专门在全会上作了题为《抗日民族战争与抗日民族统一战线发展的新阶段》的政治报告，指出："为使党内关系走上正轨，除了上述四项最重要的纪律外，还须制定一种较详细的党内法规，以统一各级领导机关的行动。"① 这是党内第一次正式使用"党内法规"这个概念。同时，在这次会议上，刘少奇作了关于党规党法的报告，这是党的领导人第一次在讲话使用"党规党法"的名称。1945年，刘少奇在《关于修改党章的报告》(《论党》)这篇文章中进一步提出，"党章，党的法规，不仅是要规定党的基本原则，而且要根据这些原则规定党的组织之实际行动的方法，规定党的建造的

① 毛泽东选集：第2卷. 北京：人民出版社，1991：528.

组织形式与党的内部生活的规则"[①]，把党章、党内法规的内涵作用进行了进一步的界定和完善。

1945年4月，中国共产党第七次全国代表大会通过了新党章，这个党章是党在民主革命时期独立自主制定的第一部党章。原来的党章受其他因素的影响比较多，七大党章是中国共产党独立自主制定的，是党发展成熟的一个标志，在党内法规发展史上也具有里程碑意义。七大党章第一次增加了总纲部分，第一次把毛泽东思想作为党的指导思想写入党章。

总的来看，在萌芽生长阶段，党内法规的发展具有如下特点：一是这一时期比较重视党的制度建设，不断健全党的民主集中制，规范党的集体领导制度、工作制度和党的纪律，保证了党的团结统一，保证了革命战争的胜利。二是由于所处的外部环境条件和制定技术等原因，党内法规的主要内容是把党的纪律以规范形式表现出来，政治性较强，规范性较弱。三是这一时期的党内法规强调的是保密性、时效性和灵活性，但稳定性不足。这一时期党内法规数量较多，但往往是针对同一内容或同一法规的反复修改。这主要是基于现实需要，因形势变化而不断修正规范，强调党内法规与社会现实的适应性。

案例与思考1-3

张国焘另立"中央"事件

红军长征途中，1935年9月上旬，第四方面军主要领导张国焘坚持南下同中央分道扬镳，中共中央在北上途中致电张国焘，命令他改变南下方针，但张国焘坚持错误行动。9月中旬，他在阿坝召开川康省委及红军中党的活动分子会议，攻击中央北上的方针是"逃跑"，力主南下，并反对在左路军中坚决同中央一起北上的朱德和刘伯承。10月5日，张国焘公然在四川省理番县卓木碉（今马尔康市脚木足）另立党的"中央""中央政府""中央军委""团中央"，宣布"毛泽东、周恩来、博古、洛甫应撤销工作，开除中央委员及党籍，并下令通缉"。12月5日，张国焘狂妄要求中共中央"不得再冒用党中央名义"，只能称北方局，中华苏维埃共和国中央政府、红一方面军也只能称陕甘政府和北路军。至此，张国焘分裂党和红军的行动发展到登峰造极的地步。鉴于张国焘分裂党和红军的严重性，中共中央政治局于1936年1月

① 中共中央文献研究室，中共中央党校．刘少奇论党的建设．北京：中央文献出版社，1991：46.

22日作出《中央关于张国焘同志成立第二“中央”的决定》，责令张国焘立即取消他所成立的“中央”等机构，停止一切反党活动，并决定在党内公布俄界会议上通过的《中央关于张国焘同志的错误的决定》。从莫斯科回国到达陕北的张浩，也以共产国际代表的身份致电张国焘，要他立即取消另立的“中央”。由于张国焘的分裂行动不得人心，加之红四方面军南下失败，在这种情况下，1936年6月6日，张国焘宣布取消他另立的“中央”。

思考题：为什么要维护党中央权威和集中统一领导？党内法规对维护党中央权威和集中统一领导有什么作用？

二、社会主义革命和建设时期（1949年至1978年）

中华人民共和国成立后，社会主义改造逐渐完成，以党的八大召开为标志，中国进入了社会主义社会建设阶段，开始了艰辛的社会主义建设探索，党内法规制度建设也随之进入了探索、摸索阶段。从1949年新中国成立到1978年改革开放这个时期为党内法规的曲折前进时期。

1949年10月发布的《关于中央人民政府成立后宣传工作中应注意事项的指示》提出：“在中央人民政府成立后，凡属政府职权范围者应由中央人民政府讨论决定，由政府明令颁布实施。其属于全国范围者应由中央政府颁布，其属于地方范围者由地方政府颁布，不要再如过去那样有时以中国共产党名义向人民发布行政性质的决定、决议或通知。”由此可见，新中国成立之后，中国共产党已经意识到了党内制度和政府制度的区分，并为此制定了好几个党内法规。1956年9月，党的第八次全国代表大会通过了党章，这是中国共产党的第一部执政党章，第一次规定了全国、省、县三级实行党的代表大会常任制。1963年颁布的三个条例：《中国共产党农村基层组织工作条例试行草案》、《中国共产党国营工业企业基层组织工作条例试行草案》和《中国共产党商业企业基层组织工作条例试行草案》，都是党内法规建设的成果。但由于受到当时的政治环境影响，尤其是受到“以阶级斗争为纲”的影响，这些党内法规并没有被严格地执行下去。

1969年4月，中国共产党第九次全国代表大会修订了党章，确定了以阶级斗争为纲，取消了党内民主集体领导、党员的权利和义务等条文，取消了党的监察机关。1973年8月，中国共产党第十次全国代表大会召开，第十次全国代表大会党章整体上是第九次全国代表大会党章的继续。1977年，中国共产党第十一次全国代表大会又修改了党章，本次修改一方面坚持了以阶级斗争为纲的一些观点，另一方面进行了某种程度的拨乱反正。

这一时期的党内法规经历了比较曲折的发展历程，具有以下几个特点：一是这一时期的党内法规注重规范党与国家的关系，注重解决如何执政，如何处理好党与国家、政府的关系问题，通过党内法规主动设定执政规范的方式，我国逐步形成了有中国特色的党委领导下的分工负责制。二是这一时期党章的指导思想和组织原则出现混乱，党内法规体系的基石不稳，严重影响了党内各种关系的稳定和发展。三是这一时期党内法规的规范体系仍然没有建立，具体名称种类繁多，效力等级不定，党内法规更多地被看作党中央对全党的指示、命令，体系化建设明显滞后。四是这一时期党内法规制度体系建设受到各种"运动"影响，缺乏稳定性，运动治理带有浓厚的人治色彩，冲击了法制，破坏了法规体系，对党内法规制度体系建设具有较大的影响。

三、改革开放和社会主义现代化建设新时期（1978 年至 2012 年）

党的十一届三中全会开启了改革开放和社会主义现代化建设新时期。在总结新中国成立之后兴衰变化的经验教训的基础上，中国共产党对制度建设的认识越来越深入。改革开放以后，以邓小平同志为核心的党的第二代中央领导集体重视党的制度建设，确立了制度治党思想。这标志着党内法规建设由自发走向自觉。

1978 年 12 月 13 日，邓小平在为中国共产党第十一届中央委员会第五次全体会议做准备的中央工作会议闭幕会上强调：国要有国法，党要有党规党法。"党章是最根本的党规党法。没有党规党法，国法就很难保障。"① 这是我党第一次把党规党法与国家法律放在同等重要的位置，深刻揭示了党内法规的地位和作用，阐述了党规党法与国家法律的关系。

1978 年 12 月 18 日至 22 日，中国共产党第十一届中央委员会第三次全体会议召开，提出了"健全党规党法，严肃党纪"的要求。随后，中共中央接连发布了《关于党内政治生活的若干准则》《关于高级干部生活待遇的若干规定》等一批重要党内法规。这些党内法规总结了历史上党内政治生活的经验教训，把党章的有关规定和民主集中制的原则具体化，成为从法规制度上加强党的建设的重要举措，为实现党风根本好转发挥了重大历史作用，产生了深远影响。

---

① 邓小平文选：第 2 卷. 北京：人民出版社，1994：147.

1980年2月29日，中国共产党第十一届中央委员会第五次全体会议通过《关于党内政治生活的若干准则》，提出“在新的历史时期，必须认真维护党规党法，切实搞好党风，加强和改善党的领导，在全党和全国范围内造成一个既有民主又有集中，既有自由又有纪律，既有个人心情舒畅、生动活泼又有统一意志、安定团结的政治局面”，并号召全党同志“把维护党规党法，切实搞好党风这件关系到四个现代化的成败，关系到党和国家前途和命运的大事做好，使我们党成为更加团结一致，更加朝气蓬勃，更加具有战斗力的无产阶级先锋队组织”。这是中共中央在文件中第一次使用“党规党法”这一概念。

1981年6月，中国共产党第十一届中央委员会第六次全体会议在通过的《关于建国以来党的若干历史问题的决议》中提出：“中央和各级纪律检查委员会的建立，《关于党内政治生活的若干准则》和其他有关党内法规的制定，各级党的领导机关和纪律检查机关为纠正不正之风所做的工作，提高了党的战斗力。”这是第一次将“党内法规”概念写入中共中央文件。

1982年9月，中国共产党第十二次全国代表大会修改了党章。该党章第一次规定了改革开放，第一次确立了社会主义初级阶段理论，第一次提出了中国特色社会主义理论体系，第一次规定党必须在宪法和法律的范围内进行活动。

1987年11月，中国共产党第十三次全国代表大会通过的《中国共产党章程部分条文修正案》，第一次规定了党委讨论重大问题必须进行表决，第一次规定了实行差额选举，第一次突出了党的领导要逐步走向制度化，为制度治党提供了规范依据，奠定了制度基础。

1990年7月，中共中央颁布了《中国共产党党内法规制定程序暂行条例》。这是党的历史上首次以党内法规的形式界定“党内法规”，其对党内法规的名称、适用范围、制定主体、制定程序等作了规定，极大地推进了党内法规制定工作制度化、规范化。《中国共产党党内法规制定程序暂行条例》是关于党内法规制定方面的一个专门法规，因此它被称为党内的第一个“立法法”。1990年11月，中共中央发布《中共中央办公厅关于党内法规备案工作有关问题的通知》。1991年2月，中共中央印发《关于加强党对国家立法工作领导的若干意见》，突显了党中央对立法工作和制度建设工作的重视。

1992年10月召开的中国共产党第十四次全国代表大会进一步明确提出了制度治党的目标：“再经过二十年的努力，到建党一百周年的时候，我们将在各方面形成一整套更加成熟更加定型的制度。”1997年9月召开的中国共产党第十五次全国代表大会明确提出依法治国的基本方略，指出要坚持“党要管党”的原则，把从严治党的方针贯彻到党的建设的各项工作中去，坚决改变党内存在的纪律松弛和软弱涣散的现象，严格按党章办事，按党的制度和规定办事。这标志着制度治党作为一种管党治党思想的初步形成。1999 年 3 月九届全国人大二次会议通过的《宪法修正案》规定："中华人民共和国实行依法治国，建设社会主义法治国家。"从此，法治条款被正式写进《宪法》并作为《宪法》的第 5 条第 1 款。这是中国法治发展史上一件里程碑的事件，标志着党和国家治国方略与执政方式的重大转变。

2002 年 11 月召开的中国共产党第十六次全国代表大会修改了党章，主要是增加了依法治国、建设社会主义法治国家的内容。这标志着中国共产党对法治建设内容的进一步深化。党的十六大以来，中国共产党坚持科学执政、民主执政、依法执政，把党内法规建设放在更加突出的位置上，推动党内法规制度建设取得了新的进展。2006 年 1 月，胡锦涛在十六届中央纪委第六次全体会议上提出。"加强以党章为核心的党内法规制度体系建设"。这是党的历史上第一次提出建设党内法规制度体系这一重大任务，标志着党内法规制度建设进入了体系化建设的新阶段。

2007 年 10 月，中国共产党第十七次全国代表大会通过的党章，第一次规定党的各级组织按规定实行党务公开、党的各级代表大会实行任期制、党的中央和省区市委员会实行巡视制度。党的十七大以来，中国共产党着眼于提升自身建设的科学化水平，逐步建立、健全以党章为根本、以民主集中制为核心的制度体系，制度建设的科学化水平整体提升，制度创新成果明显增多，党的工作制度、组织制度、领导制度、选举制度、监督保障制度等不断丰富和完善。中国共产党在不断推进制度建设和制度创新的实践中，积累了不少宝贵经验，提炼并深化了对共产党执政规律和执政党自身建设规律的认识。

为了加强党内法规制度建设，早在 1991 年 4 月，中共中央批准成立中共中央办公厅法规室，承担制定党内法规和领导国家立法的具体服务工作。2011 年 7 月，中共中央办公厅法规室更名为中共中央办公厅法规局，负责党内法规制定、规划计划草案拟订和组织协调党内法规起草、审核、备案、解释、清理等工作，标志着党内法规制度建设水平进一步提升。

在改革开放进程中，党的建设制度化改革取得了伟大历史性成就，这不仅为推进党的建设新的伟大工程奠定了坚实基础，而且对于整个国家制度建设发挥了重要引领作用，为保障改革开放的伟大成果、实现国家治理体系和治理能力现代化奠定了坚实基础。总的来看，从改革开放到党的十八大之前，这一时期的党内法规制度建设快速推进，党内法规制度体系迅速发展，其中确立了党内法规制度建设的原则要求、目标任务、组织机构等重要问题，制定了一大批思想建设、组织建设、廉政建设、作风建设等领域的基础性骨干制度法规，出台了一系列配套法规制度，为实现党科学执政、民主执政、依法执政提供了坚实的制度基础。

四、中国特色社会主义进入新时代（2012年至今）

党的十八大以后，中国特色社会主义进入新时代。在新时代，以习近平同志为核心的党中央高度重视党内法规制度建设，明确要求将党内法规制度建设作为事关党长期执政和国家长治久安的重大战略任务，摆到更加突出的位置上来切实抓紧、抓好，引领党内法规制度建设进入了新时代。为了做好党内法规工作，按照党中央的部署，党内法规的规划、制定、清理、备案、宣传等各项工作都在全面推进，党内法规工作的格局已经基本形成，党内法规制定工作步伐加快，制定出台了一大批重要党内法规，建立了党内法规备案工作体系。党的十八大以来的党内法规制度建设主要有以下几个方面的工作。

（1）修改完善党章。2012年11月，中国共产党第十八次全国代表大会通过《中国共产党章程（修正案）》，进一步完善了党章。2017年10月，中国共产党第十九次全国代表大会审议通过《中国共产党章程（修正案）》，实现了党的指导思想与时俱进的客观需要，适应了新时代党和国家事业的发展要求，是推进新时代党的建设新的伟大工程的战略举措。2022年10月，中国共产党第二十次全国代表大会通过了《中国共产党章程（修正案）》，对党章进行了适当修改：把党的十九大以来习近平新时代中国特色社会主义思想的新发展，党的十九大以来党中央提出的治国理政的新理念、新思想、新战略，党的十九大以来党中央推动全面从严治党向纵深发展一系列重大创新成果和行之有效的成功经验写入党章。

（2）加强顶层设计。2013年11月，中共中央颁布《中央党内法规制定工作五年规划纲要（2013—2017年）》。这是党的历史上第一个党内法规制定工作五年规划纲要，明确提出到建党100周年时要全面建成内容科学、程序严密、配套完备、运行有效的党内法规制度体系。2018年2月，中共中央公布了《中央党内法规制定工作第二个五年规划（2018—2022年）》，该规划深入贯彻落实习近平新时代中国特色社会主义思想，着眼于到建党100周年时形成比较完善的党内法规制度体系，对之后5年党内法规制度建设进行了顶层设计，提出了指导思想、目标要求、重点项目和落实要求，是推进新时代党内法规制度建设的重要指导性文件。

（3）构建制度体系。这一时期党的领导和党的工作的规范化日益明显，党中央针对全党重大问题，出台了 147 部实践亟须、务实管用的中央党内法规，占现行有效中央党内法规的 70%，填补了大量制度空白，引领、带动党内法规体系建设加速推进。党的十八大以来制定、修订的党内法规主要有：2012 年制定了《关于改进工作作风、密切联系群众的八项规定》；2013 年制定了《党政机关厉行节约反对浪费条例》；2014 年制定了《事业单位人事管理条例》《党政领导干部选拔任用工作条例》；2015 年制定通过了《中国共产党统一战线工作条例（试行）》《中国共产党党组工作条例（试行）》《中国共产党巡视工作条例》《中国共产党廉洁自律准则》《中国共产党纪律处分条例》《中国共产党地方委员会工作条例》等；2016 年制定通过了《关于新形势下党内政治生活的若干准则》《中国共产党党内监督条例》《中国共产党问责条例》等；2017 年制定了《中国共产党党务公开条例（试行）》《中国共产党工作机关条例（试行）》；2018 年修订、制定了《中国共产党纪律处分条例》《中国共产党支部工作条例（试行）》；2019 年修订、制定了《中国共产党党内法规制定条例》《中国共产党问责条例》《中国共产党宣传工作条例》等；2020 年修订、制定了《中国共产党中央委员会工作条例》《中国共产党统一战线工作条例》《中国共产党党员权利保障条例》；2021 年制定了《中国共产党组织工作条例》《中国共产党党徽党旗条例》《中国共产党纪律检查委员会工作条例》；2022 年修订、制定了《信访工作条例》《中国共产党政治协商工作条例》。通过制定、修订这些重要的党内法规，党内法规的“四梁八柱”逐步建立起来，党内法规制度体系也逐渐趋于完善。基于此，2021 年 7 月 1 日，习近平在庆祝中国共产党成立 100 周年大会上正式宣布，我们党已经“形成比较完善的党内法规体系”。

从党内法规的发展历程来看，中国共产党的百年奋斗发展史，也是一部党的制度建设发展史。在制度建设的引领下，中国共产党的凝聚力和战斗力不断增强，党的民主集中制原则更加完善，党的组织体系更加健全，党的执政根基更加牢固，党的统揽全局、协调各方的作用得以全方位展现。党的制度建设取得的重要成就，使得制度建设在党的建设中的地位作用得到充分彰显，全党制度意识牢固树立，制度权威显著加强，制度治党思想已经形成。通过以上历史，我们清楚地看到：什么时候党的制度建设搞得好，党就充满生机和活力，党的事业就蒸蒸日上；什么时候党的制度建设搞得不好或遭到破坏，党的凝聚力创造力战斗力就要被削弱，党的事业就要蒙受损失。因此，必须把党的制度建设贯穿于党的建设新的伟大工程的始终。

第三节　党内法规性质

一、党内法规是党的统一意志的集中体现

意志，原本是人的一种心理现象和能动属性，政党的意志，其实是将政党拟人化赋予人格品性后，对政党的特定的政治目标和意识形态、确立的政纲主张和展示的理想愿景的一种形象比喻和修辞概括。在学理上，政党一般是指由一定阶级领导的，并代表本阶级利益的社会政治组织。中国共产党作为一个社会政治组织，由工人阶级中具有共产主义觉悟的先进分子组成，并以马克思主义、毛泽东思想、邓小平理论、“三个代表”重要思想、科学发展观和习近平新时代中国特色社会主义思想为指导思想和行动指南。中国共产党作为马克思主义性质的政党组织，无论是作为整体的中国共产党自身，还是作为党的成员的中国共产党员，其理想信念、性质宗旨、使命任务决定了其在自身素质、思想觉悟、政治行为等方面应充分发挥先锋、模范和榜样的作用，最终目的是建设一个始终走在时代前列、人民衷心拥护、勇于自我革命、经得起各种风浪考验、朝气蓬勃的马克思主义执政党。

中国共产党作为社会实体的一种，和其他社会组织一样，也具有明确的目标导向、系统的组织架构、协调的运行机制、鲜明的人格品行和强烈的意志属性。从心理学上来看，意志是人类特有的心理现象，也是人的意识能动性的表现，是人自觉地确定目的，并支配行动去克服困难以实现预定目的的心理过程。从法理上看，政党其实也是一种具有法律拟制属性的法人组织。法人本质上是一种法律拟制，通过将不具有人格属性的社会组织拟人化为能够与自然人一样具有民事权利能力的民事主体，使其享有权利、负担义务。在我国政治实践中，经各级人民代表大会和各级中国共产党代表大会批准建立的国家机关和各级政党机关，一般都属于机关法人。因此，中国共产党作为拟制化的社会组织实体，自然也具有拟人化的意志属性。

中国共产党的意志本质上是对于党自身行为价值关系的主观反映，具有明确目标、激励斗志，统一思想、凝聚共识，支配行动、整合力量的作用。坚定顽强的意志，不仅是我们党赢得革命、建设、改革胜利的强大精神武器，同样也是我们党历经百年风华、志立千秋伟业的重要法宝。意志本身虽不是物质力量，却能焕发出“比铁还硬、比钢还强”的物质力量。中国共产党的意志根源于党的理想信念、性质

宗旨、初心使命，主要体现为党的信仰、信念、信心，具体表现为党的理论和路线方针政策。中国共产党人的理想，就是为实现共产主义最高理想和中国特色社会主义共同理想而奋斗。中国共产党之所以叫共产党，就是因为从成立之日起就把实现共产主义确立为远大理想。为了实现这个远大理想，中国共产党历经千辛万苦，终于探索出了一条将马克思主义普遍真理与中国革命具体实践、中华优秀传统文化相结合的正确道路。在当下，就是坚定中国特色社会主义道路自信、理论自信、制度自信、文化自信，把我国建设成为富强、民主、文明、和谐、美丽的社会主义现代化强国，这也是现阶段我国各族人民的共同理想；中国共产党的性质是中国工人阶级的先锋队，同时是中国人民和中华民族的先锋队，是中国特色社会主义事业的领导核心，代表中国先进生产力的发展要求，代表中国先进文化的前进方向，代表中国最广大人民的根本利益；中国共产党的宗旨是全心全意为人民服务，这是中国共产党的最高价值取向。是否实现人民的利益，得到广大人民群众的拥护，是衡量我们党的路线、方针和政策是否正确的最高标准；中国共产党人的初心和使命，是为中国人民谋幸福，为中华民族谋复兴，这个初心和使命鲜明体现中国共产党的奋斗目标和前进方向、科学理念和长远眼光，彰显中国共产党人的历史自觉和政治担当、顽强意志和斗争精神，是中国共产党人矢志不渝的政治追求，是激励中国共产党人不断前进的根本动力。

案例与思考 1－4

党的组织体系的有机整体性

党的组织体系是上下贯通、左右联动的严密有机整体。党中央是大脑和中枢，“如身使臂，如臂使指，叱咤变化，无有留难”；党的地方组织和党组是躯干和四肢，坚决贯彻、落实党中央决策部署，有令即行、有禁即止；党的基层组织是神经末梢，是党联系群众的重要纽带，发挥战斗堡垒作用。党的组织体系既包括组织这个主体，也包括党员这个细胞、干部这个骨干、制度机制这个经络。在国家治理体系的大棋局中，党中央的各级组织体系各尊其位、各展其长，棋局分明、布阵严整。

思考题：为什么说党的力量来自组织？

党内法规作为党的统一意志的集中体现，必然要体现党的意志、反映党的主张，表达党的声音、贯彻党的要求，调节党内关系、指导党内生活，规范组织活动、规范党员行为。党内法规制度建设必须要坚持正确的政治方向，以党的旗帜为旗帜、以党的方向为方向、以党的意志为意志，始终做到在党言党、在党忧党、在党为党，任何时候都同党同心同德、同向同行。党章是我们立党、管党、治党的总章程，是最根本的党内法规，在党内具有最高的权威性和最大的约束力。党章对党的性质和宗旨、党的路线和纲领、党的指导思想和奋斗目标都作了明确规定，对党内政治生活、组织生活的所有重大原则问题都提出了明确要求，既为全党统一思想、统一行动提供了根本准则，又为制定党内其他规章制度提供了根据和基础。因此，党内法规必须要以党章为根本依据，切实体现党的意志主张，全面体现管党治党要求，拥护“两个确立”、增强“四个意识”、坚定“四个自信”、做到“两个维护”，坚持依法治国与制度治党、依规治党统筹推进、一体建设，推动党的制度优势更好转化为治国理政的实际效能。

中国共产党是世界第一大执政党，拥有着 9 600 多万名党员、490 多万个党组织，在 14 亿人口的大国长期执政。这 9 600 多万名党员，每个党员都有自己的权利和诉求；这 490 多万个党组织，每个党组织也都有自己的意志和权力。如果每个党员都各行其是、随心所欲，如果每个党组织都没有统一意志、集体观念，那我们党的领导力、组织力、执行力就无从谈起。古往今来无数政党治乱兴衰的“历史周期率”，反复印证着这个朴素而又深刻的真理：一个政党，如果全体党员信念坚定、团结一致、同心同德，这个政党肯定会昂扬向上、蓬勃发展，不断创造新的辉煌；如果党员信仰动摇、信念滑坡、精神空虚，这个政党肯定会一盘散沙、分崩离析，最终走向亡党亡国。因此，治理好我们这个世界上最大的政党和人口最多的国家，必须坚持党的全面领导特别是党中央集中统一领导，坚持民主集中制，确保党始终总揽全局、协调各方。

案例与思考 1－5

跳出历史周期率的第一个答案

1945 年 7 月，黄炎培到延安考察，谈到：“我生六十多年，耳闻的不说，所亲眼看到的，真所谓‘其兴也勃焉’，‘其亡也忽焉’，一人，一家，一团体，一地方，乃至一国，不少单位都没有能跳出这周期率的支配力，大凡初时聚精会神，没有一事不用心，没有一人不卖力，也许那时艰难困苦，只有从万死中觅取一生。既而环境渐渐好转了，精神也就渐渐放下了。有的因为历时长久，自然地惰性发作，由少数演为多数，到风气养成，虽有大力，无法扭转，并且无法补救。也有为了区域一步步扩大了，它的扩大，有的出于自然发展，有的为功业欲所驱使，强求发展，到干部人才渐见竭蹶，艰于应付的时候，环境倒越加复杂起来了。控制力不免趋于薄弱了。一部历史，'政怠宦成'的也有，'人亡政息'的也有，'求荣取辱'的也有。总之没有能跳出这周期率。中共诸君从过去到现在，我略略了解的了。就是希望找出一条新路，来跳出这周期率的支配。"

毛泽东回答道："我们已经找到新路，我们能跳出这周期率。这条新路，就是民主。只有让人民来监督政府，政府才不敢松懈。只有人人起来负责，才不会人亡政息。"

思考题：人民监督如何能够帮助党和政府跳出历史周期率？

坚持党的集中统一领导有两层含义：一是指组织意义上的集中，二是指意志意义上的集中。组织意义上的集中是指党要有统一的组织、统一的章程和统一的纪律，特别是要有一个对全党实施统一领导的有权威的中央组织。组织意义上的集中，最重要的是坚持党中央权威和集中统一领导，引导全党增强"四个意识"，自觉在思想上、政治上、行动上同党中央保持高度一致，确保党中央一锤定音、定于一尊的权威。意志意义上的集中即党的意志的统一和行动一致，就是按照"个人服从组织，少数服从多数，下级服从上级，全党服从中央"的组织原则，遵循民主的程序，对重大问题按照少数服从多数的原则作出决定，形成全党的统一意志，确保全党思想统一、步调一致。党的团结、统一是党的生命，善于在总结历史中统一思想、统一行动，是我们党的成功经验。维护党的团结统一，需要不断提高政治判断力、政治领悟力、政治执行力，自觉把思想和行动统一到党中央决策部署上来，始终在政治立场、政治方向、政治原则、政治道路上同党中央保持高度一致。

中国共产党在组织上的集中、意志上的统一、行动上的一致，是一个紧密联系、相辅相成的有机整体，共同构成了民主集中制的核心要义和实践要求。民主集中制是党的根本组织原则，也是党的根本组织制度和领导制度，贯穿于党的组织和活动的各个方面，体现在党的路线方针政策的制定和实施的全过程，是党内法规制度体系的核心。党内各项制度，包括组织制度、领导制度、生活制度、工作制度，实质上都是民主集中制原则在党的建设和党内生活中的具体体现和实际应用。只有以党章为根本，以民主集中制为核心，推进党内根本制度、基本制度、具体制度的健全与完善，才能逐步形成完整、系统、配套、协调的党内法规制度体系。

二、党内法规是管党治党的重要依据

治国必先治党，治党务必从严，从严必依法度。党内法规是中国共产党管党治党的重要依据，是实施党的领导活动的重要遵循，是推进党的建设活动的重要内容，是规范党组织的工作活动和党员行为的基本遵循。

中国共产党是一个大党，不仅党员人数众多，而且使命任务艰巨、重大。建设好、管理好这样一个大党，仅靠口号标语、文件会议、个人威望、领袖魅力是远远不够的，依靠人治型治理、运动式管理、短期性方式也是远远不行的，必须要形成稳定有序的长效机制，以制度来引导、激励、规范、惩戒各级党组织和广大党员的行为，以制度规范的权威有效确保党的初心、使命的实现和确保党的奋斗目标的完成。基于制度建设在管党治党、执政兴国中的重要地位和突出作用，中国共产党从建党之初就高度重视党的制度建设，把党的制度建设作为坚持和完善党的执政能力的重要内容来加以看待，作为衡量和改进国家治理体系和治理能力现代化的重要因素来加以看待，把党的制度建设摆到更加突出的位置来加以看待，推动党的制度建设稳步推进，取得了长足进展。

作为中国的执政党，中国共产党是中国特色社会主义事业的领导核心，是做好党和国家各项工作的根本保证。党的领导是中国特色社会主义最本质的特征，是中国特色社会主义制度的最大优势，党是最高政治领导力量。坚持和巩固党的领导、完善和改进党的建设，必须坚持“党政军民学、东西南北中，党是领导一切的”，坚决维护党中央权威和集中统一领导，健全“总揽全局、协调各方”的党的领导制度体系，把党的领导落实到国家治理的各领域、各方面、各环节。因此，不论是坚持和巩固党的领导，改进和完善党的建设，还是全面推进从严治党，都需要依靠制度这个主要抓手和长效机制来进行，而这种依靠制度管党治党的治理方略和管理方式其实就是制度治党的核心理念和根本要求。制度治党是现代社会管党治党的重要途径和基本方式，也是一个国家、一个社会完善治理制度体系、提升治理能力水平、实现治理现代化的首要前提和显著标志。现代政治一般是政党政治，当今世界各国通常也都是通过政党来领导国家政权、颁布实施执政纲领。因此，执政党的制度化水平往往决定了这个国家的制度化水平，执政党的治理能力和治理水平往往体现着这个国家的治理能力和治理水平。基于制度建设的重要性，中国共产党自诞生伊始，就特别注重制度建设，努力通过制度建设来团结带领全国人民，不断坚持和完善党的各项制度，以制度建设成果不断提高党的治理能力，进而推动国家治理体系和治理能力现代化。

党的制度是指调节党内关系、指导党内生活、实现党的意志、规范党员行为，从而保证党的事业顺利发展的党内规范性文件、党内规矩、党内惯例和党内法规等的总和。党的制度具有很多的表现形式，党内规范性文件、党内规矩、党内惯例和党内法规都是常见的党的制度形态，在这些制度形态中，党内法规是效力最高、刚性最强的制度形态，是党的制度形式的最高形态和集中体现。在地位作用上，党内法规是党的最重要、最根本、最核心的制度形态，在党的制度建设中占据着绝对主导地位，发挥着绝对核心作用。因此，研究党的制度，必须首先要研究党内法规制度；加强党的制度建设，必须首先要加强党内法规制度建设；推进制度治党，必须首先要依靠党内法规管党治党。

党内法规的作用主要是通过党内法规制度展现出来。制度是关系党和国家事业发展的根本性、全局性、稳定性、长期性问题，中国特色社会主义制度是当代中国发展进步的根本制度保障，是具有鲜明中国特色、明显制度优势、强大自我完善能力的先进制度。① 大到一个国家、一个政党、一个社会，小到一个部门、一个单位、一个班组，要想平稳有序、持续健康的发展运行，必须要以制度为根据，将自身的工作、管理融入制度要求上来，确保其在制度的轨道上发展壮大。从概念上看，党的制度建设就是把长期以来党的领导工作中和党内生活中的经验教训加以总结和概括，形成党的成员必须共同遵守的党内法规、条例、规则等党的制度，并狠抓贯彻落实。其作用在于调节党内关系、指导党内生活、实现党的意志、规范党员行为，从而保证党的事业顺利发展。加强党的制度建设，必须以党的事业为轴心，以科学理论为指导，以加强党的长期执政能力建设、先进性和纯洁性建设为主线，吸收和借鉴人类制度文明的一切积极成果，不断提高党的制度建设科学化、规范化水平。在这个意义上，加强党的制度建设，就是要用现代法治规则、法治精神来指导和规范党自身的行为及其自身建设，也就是说不仅要依规治党，而且要依法治党。②

“党政军民学，东西南北中，党是领导一切的”，所以，办好中国的事情，关键在党，关键在党要管党、全面从严治党。管理好这样一个有着 9 600 多万名党员、490 多万个基层组织的大党，离不开完备的党内法规制度作保障。依靠党内法规制度管党治党，关键是要抓住领导干部这个“关键少数”，从严管好各级领导干部。习

① 习近平. 在庆祝中国共产党成立 95 周年大会上的讲话. 人民日报，2016-07-02.

② 王庭大. 党的制度建设科学化研究. 北京：党建读物出版社，2011：6.

近平在十九届中央政治局第十七次集体学习时专门强调：各级党委和政府以及领导干部要增强制度意识，善于在制度的轨道上推进各项事业。广大党员、干部要做制度执行的表率，引领全社会增强制度意识，自觉维护制度权威。[①] 加强党内法规制度建设的总体目标是体系健全、执行有力、规矩严明，全面实现依规治党，按照“规范主体、规范行为、规范监督”相统筹、相协调原则，切实加强对党组织和党员干部的监督、奖惩、保障，建立健全相关法规制度，形成有权必有责、有责要担当、用权受监督、失责必追究的激励约束机制，确保行使好党和人民赋予的权力。制度建设对党的建设具有重要的引领保障作用。党中央推进全面从严治党，抓思想从严、抓管党从严、抓执纪从严、抓治吏从严、抓作风从严、抓反腐从严，这“六个从严”各有侧重，共通的一点是每个“从严”都注重发挥制度特别是党内法规制度的引领保障作用，贯穿“六个从严”始终的是从严建章立制、从严执规执纪。在注重建章立制的同时，党中央高度重视制度执行，坚持有规必依、执规必严、违规必究，从严执规执纪。党的领导和党的建设活动推进到哪里，全面从严治党就延伸到哪里，党内法规制度建设就跟进到哪里，依规治党的强烈信号和强大威力就释放到哪里，制度权威和规矩意识就强化到哪里，党中央权威和集中统一领导就在哪里落地生根。

党内法规制度建设的根本目的是提高党的科学执政、民主执政、依法执政水平。党的十九届四中全会提出，完善党的制度特别是完善全面从严治党制度的核心要求是坚持党要管党、全面从严治党，增强忧患意识，不断推进党的自我革命，永葆党的先进性和纯洁性。贯彻新时代党的建设总要求，深化党的建设制度改革，坚持依规治党，建立健全以党的政治建设为统领，全面推进党的各方面建设的体制机制，不断增强党的创造力、凝聚力、战斗力，确保党始终成为中国特色社会主义事业的坚强领导核心。

案例与思考 1－6

跳出历史周期率的第二个答案

习近平在党的十九届六中全会第二次全体会议上指出：“我们党历史这么长、规模这么大、执政这么久，如何跳出治乱兴衰的历史周期率？毛泽东同志在延安的窑洞里给出了第一个答案，这就是‘只有让人民来监督政府，政

① 习近平在中央政治局第十七次集体学习时强调 继续沿着党和人民开辟的正确道路前进 不断推进国家治理体系和治理能力现代化. 人民日报，2019－09－25.

府才不敢松懈’。经过百年奋斗特别是党的十八大以来新的实践，我们党又给出了第二个答案，这就是自我革命。”

思考题：为什么说自我革命是中国共产党跳出历史周期率的第二个答案？

三、党内法规是建设社会主义法治国家的有力保障

党的十八届四中全会提出，全面推进依法治国，总目标是建设中国特色社会主义法治体系，建设社会主义法治国家。这就是，在中国共产党领导下，坚持中国特色社会主义制度，贯彻中国特色社会主义法治理论，形成完备的法律规范体系、高效的法治实施体系、严密的法治监督体系、有力的法治保障体系，形成完善的党内法规体系，坚持依法治国、依法执政、依法行政共同推进，坚持法治国家、法治政府、法治社会一体建设，实现科学立法、严格执法、公正司法、全民守法，促进国家治理体系和治理能力现代化。《中共中央关于全面推进依法治国若干重大问题的决定》提出的“形成完备的法律规范体系、高效的法治实施体系、严密的法治监督体系、有力的法治保障体系，形成完善的党内法规体系”，不仅构成了全面依法治国总目标，同时确定了中国特色社会主义法治体系的丰富内涵，在中国法治发展史上第一次将党内法规制度体系与国家法律法规体系并列起来，一起作为管党治党、治国执政的基本方式，进一步将党内法规纳入中国特色社会主义法治体系之中，将形成“完善的党内法规体系”确立为全面依法治国的总目标和中国特色社会主义法治体系建设的重要内容，对形成国家法律法规与党内法规制度相辅相成、相互促进、相互保障的格局，具有划时代的里程碑意义。

党的十八届四中全会拓展了新时代“法”的范畴的内涵和外延，突破了传统意义上“法”的范畴，将党内法规纳入依法治国之“法”的视野中，从此以后，党内法规也属于广义的法的范畴。新时代法治建设中的“法”，不仅包括传统意义上的国家法律法规，还包括党内法规。因此，随着“法”的范畴的内涵和外延的改变，依法治国、依法执政的概念自然也随之发生了改变，这既要求党依据宪法法律治国理政，也要求党依据党内法规管党治党。在关系上，党内法规与国家法律都是党和人民意志的反映，都是国家治理体系的重要组成部分，是中国特色社会主义制度体系的重要内容。但两者的制定主体和制定程序、调整对象、适用和约束范围、实施手段都有不同。党的先锋队性质和先进性要求决定了党规党纪严于国家法律，国法是所有公民的行为底线，党纪是对党组织和党员立的规矩。习近平指出：党章等党规

对党员的要求比法律要求更高，党员不仅要严格遵守法律法规，而且要严格遵守党章等党规，对自己提出更高要求。[①]

党内法规既是管党治党的重要依据，也是建设社会主义法治国家的有力保障。在形成完备的法律规范体系的同时，必须要完善党内法规制定体制机制，加大党内法规备案审查和解释力度，尽快形成完善的党内法规体系，注重党内法规同国家法律的衔接和协调，提高党内法规的执行力，运用党内法规把党要管党、从严治党落到实处，促进党员、干部带头遵守国家法律法规。党规党纪严于国家法律，党的各级组织和广大党员干部不仅要模范遵守国家法律，而且要按照党规党纪以更高标准严格要求自己，坚定理想信念，践行党的宗旨，坚决同违法乱纪行为作斗争。对违反党规党纪的行为必须严肃处理，对苗头性倾向性问题必须抓早抓小，防止小错酿成大错、违纪走向违法。

因此，全面依法治国，一方面要依靠国家法律法规来治国理政，另一方面要依靠党内法规来管党治党。中国特色社会主义法治建设是党内法规制度建设和国家法律法规建设并行推进的双轨模式，最终要形成国家法律法规和党内法规制度相辅相成、相互促进、相互保障的二元格局，实现依法治国与制度治党、依规治党统筹推进、一体建设的目标。“一手抓依法治国，一手抓依规治党”，两者并行不悖、紧密结合。依法治国是实现国家治理体系和治理能力现代化的必然要求，依法执政是依法治国的核心关键。国家治理主要依靠国家法律规范体系，而要实现依法执政，不仅要依靠国家法律规范体系，还要依靠党内法规制度体系，坚持依法治国、依法执政、依法行政共同推进，坚持法治国家、法治政府、法治社会一体建设，坚持依法治国和以德治国相结合，坚持依法治国和依规治党有机统一，实现国家法律与党内法规的良性互动。因此，中国特色社会主义进入新时代以后，从全面依法治国战略布局的政治高度来看待当前的党内法规制度建设，不仅有利于依法治国、依法执政的实施开展，同时还有利于推动中国特色社会主义法治建设。

第四节　党内法规特征

一、制定主体的限定性

党内法规的制定主体被严格限定为三大类：第一类为党的中央组织，主要包括党的全国代表大会、中央委员会、中央政治局、中央政治局常务委员会及其办事机

① 习近平. 论坚持全面依法治国. 北京：中央文献出版社，2020：112.

构和职能部门；第二类为中央纪律检查委员会以及党中央工作机关，主要包括中央纪律检查委员会机关、中央办公厅、中央组织部、中央宣传部、中央统战部、中央对外联络部、中央政法委员会机关、中央和国家机关工作委员会等；第三类为省、自治区、直辖市党委。除这三大类党组织之外，其他的党组织皆无制定党内法规的主体资格，不过，这不影响其他的党组织在其权限范围内制定具有一定规范效力的党内规范性文件。

二、调整对象的特定性

党内法规的调整对象为两大类：一是党组织的工作、活动。这里的党组织主要包括党的中央组织、地方组织和基层组织等三个层级的党组织，其中，党的中央组织主要包括党的全国代表大会、中央委员会、中央政治局、中央政治局常务委员会及其办事机构（中央书记处）和工作机关；党的地方组织主要是指省级党的委员会、地市级党的委员会、县级党的委员会；党的基层组织主要是党在企业、农村、机关、学校、医院、科研院所、街道社区、社会团体、社会中介组织、人民解放军连队和其他基层单位设立的组织。党章规定，凡是有正式党员 3 人以上的基层单位，都应当成立党的基层组织。二是党员的行为，主要是党章中确定的党员的权利、义务。截至 2021 年 12 月 31 日，中国共产党党员总数为 9 671.2 万名。党内法规规范党组织的工作、活动和党员的行为，主要是规范和聚焦党内生活，主要调整党组织之间、党员个人和党组织之间、党员个人之间的党内关系，那些可以通过国家法律、社会道德规范调整的经济社会发展工作中的关系，则不是党内法规的调整对象。

三、适用范围的普遍性

党内法规在党内具有普遍适用性，对其调整和规范的党组织和党员具有普遍约束力。所谓党内法规的普遍适用性，是指党内法规在党内具有普遍性和反复适用性。这意味着，党内人事任免、表彰决定、内部机构设置、机关内部工作制度和工作方案等个别适用的文件，工作要点、会议活动通知等较短时间段适用的文件，因不具有普遍性和反复适用性，不能称作党内法规。在党内法规体系中，党的中央组织制定的党内法规，适用于各级党组织和广大党员；中央纪律检查委员会、党中央工作机关制定的党内法规，一般适用于各级党组织和广大党员，有的只适用于本系统、本部门；省、自治区、直辖市党委制定的党内法规，适用于本行政区域内的党组织和党员。

四、效力性质的权威性

中国特色社会主义法治体系不仅包括国家法律体系，还包括党内法规体系。党内法规本质上是中国特色社会主义法治体系的重要组成部分，是法治规范的重要表现形式，具有法治规范的权威性，带有规范性、强制性、普遍性的特点。法治规范的权威性，是指法治规范在整个社会调整机制和全部国家及社会规范体系中居于主导地位，一切国家及社会行为均须以国家法律和党内法规为依据。作为法治规范的一种特殊表现形式，党内法规是党内规章制度的总称，具有权威性特征。党内法规的权威性以党的纪律作保障，党内法规对党组织的工作、活动和党员行为进行规范，任何违反党内法规的行为都要受到党的纪律处分。由此，党内法规区别于党内文件、政策宣言、道德准则等其他规范形态。治国必先治党，治党务必从严，从严必依法度。只有狠抓落实，坚决维护党内法规制度的严肃性和权威性，对违规违纪、破坏法规制度的情况坚决严肃查处，才能让铁规发力、禁令生威。2019 年 9 月 3 日发布的《中国共产党党内法规执行责任制规定（试行）》第 2 条专门规定，“各级党组织和全体党员负有遵守党内法规、维护党内法规权威的义务。各级党组织和党员领导干部必须增强‘四个意识’、坚定‘四个自信’、做到‘两个维护’，牢固树立执规是本职、执规不力是失职的理念，切实担负起执行党内法规的政治责任”。

五、规范形态的特殊性

党内法规往往表现为严格规范的结构形态。党内法规作为中国特色社会主义法治体系的重要组成部分和特殊表现形式，不仅具有法治规范的规范性、强制性、普遍性等实质性特征，同时也具有法治规范的形式性特征，即在表现形态上，党内法规往往采取法律法规常用的“章、节、条、款、项、目”等结构形式，而不是采用普通文件所采用的段落结构形式。对此，《中国共产党党内法规制定条例》第 6 条明确规定：“党内法规一般使用条款形式表述，根据内容需要可以分为编、章、节、条、款、项、目。”因此，党内法规的内容一般应当用条款形式表述，不同于一般不用条款形式表述的决议、决定、意见、通知等规范性文件。另外，除党内法规常用的“章、节、条、款、项、目”等表现形态外，还有一种特殊的党内法规形式是“编”。编是党内法规层次较高的结构形式，一般仅用于内容重大、结构复杂、层次较多、篇幅较长的党内法规中，一般的党内法规很少使用“编”这种结构形式。例如，2018 年 10 月 1 日起正式施行的《中国共产党纪律处分条例》是一部以“编”为结构形式的重要党内法规，它坚持依规治党与以德治党相结合，围绕党纪戒尺要求，明确违反政治纪律、组织纪律、廉洁纪律、群众纪律、工作纪律和生活纪律等六类违纪行为，开列负面清单，重在立规，将党的十八大以来严明政治纪律和政治规矩、组织纪律、落实八项规定、反对“四风”等从严治党的实践成果制度化、常态化，划出了党组织和党员不可触碰的底线。由于内容较多、篇幅较长，因此，《中国共产党纪律处分条例》在结构上就使用了“编”的结构形式，分为总则、分则、附则3编，共11章、142条。

需要特别指出的是，在现行的党内法规体系中，除1980年2月29日中国共产党第十一届中央委员会第五次全体会议通过的《关于党内政治生活的若干准则》和2016年10月27日中国共产党第十八届中央委员会第六次全体会议通过的《关于新形势下党内政治生活的若干准则》没有采取条款表述形式外，大多党内法规采取条款表述的体例。这两部准则没有采取条款体例，主要是因为，准则在党内法规体系中位阶比较高，仅次于党章。在内容上，准则尤其是《关于新形势下党内政治生活的若干准则》是思想性、政治性、综合性很强的文件，需要总结中国共产党长期以来在开展党内政治生活方面形成的宝贵经验和基本规范，阐明党关于开展严肃认真的党内政治生活的原则和立场，有很多问题需要阐明。这是用条款体例难以容纳的。因此，这两部准则采取的是文件体例的段落表述形式。

第五节 党内法规属性

一、政治属性

党内法规是规范党组织活动工作和党员行为的党内制度规范的总称，必然带有鲜明的政党性。政党属性是党内法规的本质属性，“党规姓党”是党内法规的性质定位。“党言党语”既是党内法规的规范表征，也是党内法规的叙事话语。从本质性上，党内法规是中国共产党在长期执政条件下坚持和加强党的全面领导、坚持和完善党的自身建设、更好地推进全面从严治党的内在要求，是中国共产党应对新时期面临的执政考验、改革开放考验、市场经济考验、外部环境考验等“四大考验”，化解精神懈怠的危险、能力不足的危险、脱离群众的危险、消极腐败的危险等“四大危险”，始终保持中国共产党的先进性和纯洁性的重要举措，必然要体现党的性质宗旨。从作用上看，党内法规是管党治党、执政治国的重要依据和基本方式，是国家治理体系和治理能力现代化的重要抓手和重要体现，必然要体现党的政策主张。从内容上看，党内法规规定的大多是党的政治建设、思想建设、组织建设、作风建设、纪律建设、制度建设等具体业务内容，以加强和完善党的全面统一领导为根本旨归，必然要体现党的纲领意志。因此，党内法规的政党属性决定了党内法规必须以加强和完善党的全面统一领导，维护党中央权威核心，加强党的长期执政能力建设、先进性和纯洁性建设为出发点和归宿。

因此，作为一种政治组织，对政党说来，政治属性是其首要属性，政治方向是政党发展的首要问题。作为一种政治规范，对党内法规来说，政治属性同样是其首要属性，政治方向是党内法规制度建设的首要问题。党内法规本质上是政治立法，承载党的性质和使命，体现党的统一意志，反映党的政策主张，必须要旗帜鲜明讲政治。党内法规必须以反映和实现党的政治主张和政治目的为直接要求，以坚持和加强党的全面领导为根本目标，以强烈的政治色彩和鲜明的政治取向为基本特征，体现党内法规的政治引领和政治保障功能。党内法规工作是政治性非常强的业务工作，也是业务性非常强的政治工作。“党政军民学，东西南北中，党是领导一切的。”在这一语境下，政治和业务就具有十分密切的关系，没有离开业务的政治，也没有离开政治的业务。所有业务都是党领导下的具体工作，都是党的理论和路线方针政策的体现，这本身就是政治。在当代中国，讲政治的首个要义，就是坚持党的全面领导，把加强党的全面领导贯穿于讲政治的全过程各方面。因此，党内法规的政治性与政党性在本质上是相通的，二者共同体现了拥护“两个确立”增强“四个意识”、坚定“四个自信”、做到“两个维护”的政治要求。所谓政治意识是指党员干部在政治信仰、政治方向、政治立场、政治观点上表现出的对党的正确认知，实质是党的意识在思想认识上的政治反映。2018 年 2 月颁布的《中央党内法规制定工作第二个五年规划（2018—2022 年）》专门强调，做好党内法规制定工作，要坚持正确政治方向，以习近平新时代中国特色社会主义思想为指引，紧紧围绕坚持和加强党的全面领导、以党的政治建设为统领全面推进党的各项建设，确保全党坚定维护以习近平同志为核心的党中央权威和集中统一领导，确保党的领导更加坚强、党的执政地位更加巩固。这实际上就是党内法规的政治属性的集中体现。基于党内法规的政治属性，在党内法规的语言表述中，大量的语言是政治性语言，体现和反映的是党的政治诉求和政治要求，呈现出鲜明的“政言政语”色彩。

二、规范属性

党内法规在具有鲜明的政治属性和政党属性的同时，还具有强烈的规范属性。党内法规体系是中国特色社会主义法治体系的重要组成部分，党内法规是法治规范的一种特殊表现形式，在本质上具有“法规”性质。因此，党内法规必然也要符合法治规范的条款表述形式，具有强烈的“法言法语”色彩。基于条款表述形式，党内法规的规范结构与构成要素也与其他规范性文件有着明显不同。党内法规作为法治规范的一种特殊形态，具有严格、规范的逻辑结构。一般认为，法治规范特别是法律规范是一种结构完整、逻辑周延的规范形态。一个完整的法律规范在结构上由三个要素组成，即行为条件、行为模式、法律后果。行为条件是指法律规范中规定适用该规范的条件的部分，它把规范的作用与一定事实状态联系起来，指出在发生何种情况或具备何种条件时，法律规范中规定的行为模式便生效。行为模式是指法律规范中为主体规定的具体行为模式，即权利和义务、权力和责任，它指明人们可以做什么、应该做什么、不能做什么，以此指导和衡量主体行为，包括作为和不作为。法律后果是法律规范中规定主体的行为违反法律要求时应当承担何种法律责任或引起何种国家强制措施的部分。

党内法规作为法治规范的特殊表现形式，其基本逻辑结构和法律规范一样，由“行为条件、行为模式、法律后果”三个逻辑要素组成。在党内法规的条款中，同样要规定适用情形和违反后果，使得党内法规具有刚性约束。条款化、规范性是党内法规的鲜明特征，也是党内法规与普通党内文件的最显著区别。党内法规的语言叙事一般都是有拘束力的规范性语言，往往表述为“应当”“可以”“必须”“不得”等。而普通党内文件一般都是政策性、口号式、倡导式的，大多表述为“要”“大力加强”“积极推进”“深入开展”等，与党内法规相比，往往主体不清、对象不明、要求不具有刚性、责任后果也不明确。因此，党内法规通常以规范性的条款方式表述，具有特定的体例格式和结构要求，一般由调整规范、适用范围、主管机关、行为规则、责任后果、惩戒措施等构成，便于理解、援引、执行。

三、理论属性

思想是行动的先导，理论是实践的总结和指南。思想理论的先进与否直接影响和决定着行动的成效和实践的成败。中国共产党是以马克思主义科学理论为指导的先进政党。一百多年来，中国共产党之所以能够从小变大、由弱变强，团结带领人民取得革命、建设、改革的辉煌成就，根本原因就在于其始终坚持用马克思主义及其中国化创新理论武装全党、教育人民、指导实践。中国共产党的历史，就是一部不断推进马克思主义中国化、时代化的历史，就是一部不断推进理论创新、进行理论创造的历史。一百多年来，中国共产党坚持马克思主义基本原理，坚持实事求是，从中国实际出发，洞察时代大势，把握历史主动，进行艰辛探索，不断推进马克思主义中国化时代化，指导中国人民不断推进伟大社会革命。作为中国共产党理论创新的最新成果，习近平新时代中国特色社会主义思想是当代中国马克思主义、21世纪马克思主义，是中华文化和中国精神的时代精华，实现了马克思主义中国化新的飞跃。党的十八大以来，我国经济社会发展之所以日新月异、取得令世界瞩目的成绩，党和国家事业之所以取得历史性成就和历史性变革，根本原因在于有习近平新时代中国特色社会主义思想的科学指引。

思想建党、理论强党、制度治党是中国共产党发展壮大的内在逻辑。从党的一大通过党纲、党的二大通过第一部党章起，我们党一直把党内法规作为加强党的建设、推进党的事业的重要保障，毛泽东、邓小平、江泽民、胡锦涛等党和国家领导人都对党内法规有过深刻论述，不断通过理论创新、实践创新揭示党内法规的中国特色、时代内涵，丰富马克思主义党建理论。党的十八大以来，习近平着眼党长期执政和国家长治久安，创造性提出党既要依据宪法法律治国理政，也要依据党内法规管党治党，对加强新时代党内法规制度建设作出了许多重要论断和深刻论述。习近平关于依规治党的重要论述，坚持马克思主义的立场、观点、方法，继承了社会主义发展史特别是中国共产党历史上形成的制度建设理论，并根据新时代的新变化、新要求，在理论上不断作出新概括，强调党内法规制度建设在管党治党、执政治国中的重要地位，明确党内法规制度建设的目标任务、路径方法，是具有原创性的重大理论成果，是马克思主义党建理论同中国实际相结合的最新成果。① 2020年11月16日召开的中央全面依法治国工作会议首次提出并系统阐述了习近平法治思想，并将“形成完善的党内法规体系”作为建设中国特色社会主义法治体系的重要内容，使党内法规成为习近平法治思想中的原创性理论、核心性概念、标志性成果。因此，党内法规集中体现了中国共产党坚持依规治党、制度治党的执政理念，深化了中国共产党对党的建设和党长期执政的规律性认识，是习近平新时代中国特色社会主义思想特别是习近平法治思想的重要组成部分，是马克思主义中国化最新理论成果的制度呈现，进一步发展了马克思主义党建理论，开辟了马克思主义党建理论中国化时代化的新境界。

四、实践属性

党内法规源于中国共产党治国理政、执政兴国实践，是我们党管党治党经验的总结，是我们党治国理政智慧的结晶，是对我们党理论和实践创新的提升。从中国共产党的百年发展历程来看，我们党历来重视党内法规在党的建设实践中的突出地

① 中共中央办公厅法规局. 坚持依规治党、加强党内法规制度建设的行动指南. 习近平法治思想研究与实践，2022 (1) [民主与法制，2022 (2)].

位和重要作用，注重运用党内法规管党治党，着力提高党的执政能力和领导水平。办好中国的事情，关键在党，关键在党要管党、全面从严治党。从实践功能上看，党内法规是管党治党的重要依据，加强党内法规制度建设是全面从严治党的长远之策、根本之策。从实践层面看，党内法规是中国共产党在建党立党、管党治党实践中，根据党的性质、宗旨和民主集中制的原则，以及各个时期形势和任务的需要，对党的工作和活动的各个方面所制定的章程、制度、纪律、准则、条例、规定等成文和不成文的行为规范的总称，是党的各级组织和全体党员必须共同遵守的行为规范、规则和准绳。党内法规的实践属性和治理功能集中体现在党内规矩、党的纪律上。

党内法规的直接目的是为全党建制度、立规矩，帮助全体党员树立和强化规矩意识，因此，党内法规实际上就是党内规矩。所谓党内规矩，是各级党组织和全体党员必须遵守的行为规范和规则。党内规矩总的包括：第一，党章是全党必须遵循的总章程，也是总规矩；第二，党的纪律是刚性约束，政治纪律更是全党在政治方向、政治立场、政治言论、政治行动方面必须遵守的刚性约束；第三，国家法律是党员、干部必须遵守的规矩，法律是党领导人民制定的，全党必须模范执行；第四，党在长期实践中形成的优良传统和工作惯例。在所有的党内规矩中，政治纪律和政治规矩是党最根本、最重要的纪律，遵守政治纪律和政治规矩是遵守党的全部纪律的基础。没有规矩，不成方圆。制定党内规矩的指导思想就是从严要求，体现党要管党、从严治党。因此，各级党组织和全体党员要自觉遵守政治纪律和政治规矩，不断增强政治意识、大局意识、核心意识、看齐意识，做到坚守政治信仰、站稳政治立场、把准政治方向。规矩之所以重要，是因为领导干部违纪往往是从破坏规矩开始的。在这个意义上，讲规矩是对党员、干部的党性、政治性的重要考验，是对党员、干部对党忠诚程度的重要检验。所以，党内法规作为管党治党的重要依据，必然强调党员、干部对政治规矩的服从和维护，必然带有明显的定制度、立规矩色彩。

党的纪律具有狭义和广义两种含义，狭义的党的纪律专指《中国共产党纪律处分条例》这部党内法规，广义的党的纪律泛指党内法规体系中关于党的纪律的有关规定。在概念上，党的纪律是党的各级组织和全体党员必须遵守的行为规则，是维护党的团结统一、完成党的任务的保证。在党内法规的构成中，有相当一部分党内法规是关于党的纪律的规定。这部分党内法规往往由党的纪律检查部门制定，以党的纪律处分为后盾，具有鲜明的纪律色彩。治国必先治党，治党务必从严。中国共产党的先锋队性质和执政地位，决定了党的纪律必然严于国法，而不能等于国法。

国家法律是公民的底线，党的纪律是党员的底线，两者不可混同。如果纪法不分，把公民都不能破的法律底线写到执政党的纪律里，党的各级组织、党员都退守到法律底线上，就降低了党员的行为标准，弱化了党作为政治组织的先进性。在实践中，这也会导致法在纪前，把违纪当成“小节”，党员不违法就没人管、不追究，造成“要么是好同志、要么是阶下囚”的结果。《中国共产党纪律处分条例》坚持纪严于法、纪在法前，实现纪法分开，与全面从严治党、把纪律挺在前面的要求完全吻合，是思想认识的一次飞跃，是管党治党的重大创新。《中国共产党纪律处分条例》将党的纪律分为政治纪律、组织纪律、廉洁纪律、群众纪律、工作纪律、生活纪律六类，为广大党员开列了一份“负面清单”，体现了对党员的高标准、严要求。因此，党内法规也要体现把纪律挺在前面的要求，坚持纪严于法、纪在法前、纪法分开，体现新时代党的纪律建设的新要求。

五、价值属性

法律是治国之重器，良法是善治之前提。作为治国理政的基本方式，法治不仅是一种治理方式，还承载着一种价值理念，体现了人们在漫长曲折的发展历程中对社会治理模式和价值取向的一种提升和超越。在这层意义上，法治并不单纯表现为一种治理方式、制度形态和社会秩序，还隐含着一种精神意蕴：不论是何种层次上的法治都必须建立在一定的价值目标的基础之上。这些价值目标可能在每一个具体的社会中并不完全相同，但是在基本内涵上一定有着大致相通的共识。在现代社会中，不论是哪一种法治或哪一层次上的法治都应包含以下理念：必须体现人民主权原则；必须承认、尊重和保护人民的权利和自由；规则面前一律平等；承认利益的多元化，对一切正当的利益施以无差别的保护。作为中国特色法治体系的重要组成部分，党内法规体系自然也具有法治规范的价值属性和价值追求。党内法规的制定和实施问题，不仅是一个事实判断问题，还是一个价值判断问题。党内法规首先是一种社会存在，是对社会现实中党组织活动和党员行为的一种抽象、概括和提炼。党内法规虽然来源于社会现实，但它并不是简单的对社会现实的直接描述与原初记载，而是凝聚着制定主体的价值选择和价值判断。所以，作为党组织和党员行为规范的党内法规，表象上是各类条文规定，但其反映的是立法者的价值取向，实际上是价值判断的结果。因此，在表述形式上，党内法规通常以“应当”“可以”“必须”“不得”等词语为主，而这些词语无一例外的都是价值判断意义上的用语。因此，在党内法规的实施过程中，特别是在对党内法规条文进行解释和应用时，要运用价值分析的方法，溯清条文背后的价值因素，探究条文背后的价值取向。

案例与思考 1-7

纪律检查委员会决不能成为党内的"公检法"

2016 年 1 月 14 日中国共产党第十八届中央纪律检查委员会第六次全体会议通过的《中国共产党第十八届中央纪律检查委员会第六次全体会议公报》提出：党纪严于国法，必须让纪律成为管党治党的尺子、不可逾越的底线。在全面依法治国条件下，管党治党要靠党规党纪，坚持纪严于法、纪在法前，实现纪法分开，用严明的纪律管住全体党员。各级党组织要以纪律为戒尺，发现苗头就及时提醒，触犯纪律就立即处理。纪律检查委员会决不能成为党内的"公检法"，执纪审查决不能成为"司法调查"，要依纪监督、从严执纪，真正把纪律立起来、严起来，执行到位。

思考题：

1. 为什么说在全面依法治国条件下，管党治党要靠党规党纪？

2. 如何理解纪律检查委员会决不能成为党内的"公检法"，执纪审查决不能成为"司法调查"？

第六节　党内法规分类

根据不同的标准，可以将党内法规划分为不同的类别。例如：按照调整领域的范围的不同，可以将党内法规划分为综合性党内法规和专门性党内法规；按照规定事项的创新程度的不同，可以将党内法规划分为创制性党内法规与配套性党内法规；按照规定内容的性质的不同，可以将党内法规划分为实体性党内法规和程序性党内法规；按照适用事项的效力范围的不同，可以将党内法规划分为一般性党内法规和特别性党内法规。除上述几种分类外，根据党内法规的逻辑结构、内容框架、地位作用等，通常可将党内法规作如下分类。

一、按照党内法规的名称划分

按照党内法规的名称来划分，党内法规可以分为党章、准则、条例、规则、规定、办法、细则，共 7 种。截至 2021 年 7 月 1 日，现行有效党内法规中，共有党章

1部，准则3部，条例43部，规定850部，办法2 034部，规则75部，细则609部。

（1）党章。党章是最根本的党内法规，是立党、治党、管党的总章程，是制定其他党内法规的基础和依据，由党的全国代表大会制定、修改并发布，在党内具有最高权威性和最大约束力。党章对党的性质和宗旨、路线和纲领、指导思想和奋斗目标、组织原则和组织机构、党员义务权利以及党的纪律等作出了根本规定，对党内政治生活、组织生活的所有重大原则问题都提出了明确要求，既为全党统一思想、统一行动提供了根本准则，又为制定党内其他规章制度提供了根据和基础。

（2）准则。准则对全党政治生活、组织生活和全体党员行为等作出了基本规定，是仅次于党章的重要基础性党内法规。准则是对党章的重要补充，集中体现了党章精神，是处理党内关系、开展党外活动、规范全体党员行为的基本标准或者原则，是全党必须遵循的基本行为规范。准则的效力仅次于党章，由党的中央委员会全体会议或者中央政治局会议审议通过。目前共有1980年2月29日通过的《关于党内政治生活的若干准则》、2016年1月1日起施行的《中国共产党廉洁自律准则》和2016年10月27日通过的《关于新形势下党内政治生活的若干准则》等三部准则。

（3）条例。条例是对党的某一领域重要关系或者某一方面重要工作作出全面规定的党内法规，其规范对象通常是党内生活中某一领域或者某一方面比较重大的问题。条例是党章精神和党章规定的具体化，对党的某领域重要关系或者某一方面重要工作作出全面规定，是党的领导和党的建设的基本遵循，一般由中央政治局会议或者中央政治局常委会会议审议通过。目前的条例主要有：《中国共产党政治协商工作条例》《中国共产党纪律检查委员会工作条例》《中国共产党组织工作条例》《中国共产党普通高等学校基层组织工作条例》《中国共产党党员权利保障条例》《中国共产党统一战线工作条例》《中国共产党中央委员会工作条例》《中国共产党党校（行政学院）工作条例》《中国共产党问责条例》《中国共产党党内法规制定条例》《中国共产党农村工作条例》《中国共产党机构编制工作条例》《中国共产党宣传工作条例》《中国共产党党员教育管理工作条例》《党政领导干部考核工作条例》《中国共产党党组工作条例》《党政领导干部选拔任用工作条例》《中国共产党重大事项请示报告条例》《中国共产党政法工作条例》《中国共产党农村基层组织工作条例》《中国共产党支部工作条例（试行）》《中国共产党纪律处分条例》《中国共产党党务公开条例（试行）》《中国共产党工作机关条例（试行）》《中国共产党党内监督条例》《中国共产党地方委员会工作条例》《中国共产党纪律处分条例》《中国共产党巡视工作条例》等。

（4）规则。规则是对党的某一方面重要工作的要求和程序等作出具体规定，是由中央政治局或者中央政治局常务委员会，中央纪律检查委员会、党中央工作机关和省、自治区、直辖市党委制定的党内法规。规则主要是用来规范党的领导机关的议事程序和工作方法，一般可以分为议事规则和工作规则两类。规则层级的党内法规较少，主要有：《纪检监察机关处理检举控告工作规则》《中国共产党纪律检查机关监督执纪工作规则》《中国共产党党委（党组）理论学习中心组学习规则》《中央和国家机关党小组工作规则（试行）》等。

（5）规定。规定是对党的某一方面重要工作的要求和程序等作出具体规定，是由中央政治局或者中央政治局常务委员会，中央纪律检查委员会、党中央工作机关和省、自治区、直辖市党委制定的党内法规。规定主要是用来调整党内生活中的一般性问题或者某一方面工作的党内法规，规范的范围和对象比较集中，措施和要求比较具体。规定层级的党内法规数量较多，主要有：《推进干部能上能下规定》《中国共产党组织处理规定（试行）》《党委（党组）落实全面从严治党主体责任规定》《中国共产党党内法规和规范性文件备案审查规定》《中国共产党党内法规执行责任制规定（试行）》《党政主要领导干部和国有企事业单位主要领导人员经济责任审计规定》《中央生态环境保护督察工作规定》《法治政府建设与责任落实督察工作规定》《公务员职务与职级并行规定》《党组讨论和决定党员处分事项工作程序规定（试行）》《公职人员政务处分暂行规定》《地方党政领导干部安全生产责任制规定》《领导干部报告个人有关事项规定》《县以上党和国家机关党员领导干部民主生活会若干规定》等。

（6）办法。办法是对党的某一方面重要工作的要求和程序等作出具体规定，是由中央政治局或者中央政治局常务委员会，中央纪律检查委员会、党中央工作机关和省、自治区、直辖市党委制定的党内法规。办法主要是就贯彻执行条例、规定或者开展某项工作的方法、步骤和措施作出具体规定的党内法规，具有较强的程序性、针对性和可操作性。目前的办法主要有：《党委（党组）书记抓基层党建工作述职评议考核办法（试行）》《中国共产党党内关怀帮扶办法》《中央和国家机关基层党组织党建活动经费管理办法》《信访工作责任制实施办法》《脱贫攻坚责任制实施办法》《党政机关办公用房管理办法》《党政机关公务用车管理办法》《领导干部个人有关事项报告查核结果处理办法》《公务员考试录用违纪违规行为处理办法》《党政领导干部生态环境损害责任追究办法（试行）》《节庆活动管理办法（试行）》《干部选拔任用工作监督检查和责任追究办法》

（7）细则。细则是对党的某一方面重要工作的要求和程序等作出具体规定，是由中央政治局或者中央政治局常务委员会，中央纪律检查委员会、党中央工作机关和省、自治区、直辖市党委制定的党内法规。细则是对条例、规定的内容作出得明确的解释或者更加详细、具体的规定，以便理解、执行和遵守的党内法规。细则有附属性的特点，不得同条例、规定相抵触，也不得超越条例、规定的框架创制新的规范。目前的细则主要有：《中共中央政治局贯彻落实中央八项规定的实施细则》《中国共产党发展党员工作细则》等。

二、按照党内法规的制定主体划分

按照党内法规的制定主体来划分，党内法规可以分为中央党内法规、部委党内法规和地方党内法规。截至 2021 年 7 月 1 日，党中央制定的中央党内法规共 211 部，中央纪律检查委员会以及党中央工作机关制定的部委党内法规共 163 部，省、自治区、直辖市党委制定的地方党内法规共 3 241 部。

（1）中央党内法规。中央党内法规是由党的中央组织制定的党内法规，主要规定下列重大事项：1）党的性质和宗旨、路线和纲领、指导思想和奋斗目标；2）党的各级、各类组织的产生、组成和职权职责的基本制度；3）党员义务权利方面的基本制度；4）党的领导和党的建设各方面的基本制度；5）涉及党的重大问题的事项；6）党的纪律处分和组织处理方面的基本制度；7）其他应当由中央党内法规规定的事项。其中，凡是涉及党中央集中统一领导的事项，只能由中央党内法规作出规定。中央党内法规既可以表现为党章、准则、条例的形式，也可以表现为规则、规定、办法、细则的形式。

（2）部委党内法规。部委党内法规是由中央纪律检查委员会以及党中央工作机关就其职权范围内有关事项制定的党内法规，有关事项主要包括：1）为贯彻执行中央党内法规作出配套规定；2）履行党章和中央党内法规规定的党的工作的相关职责。在特殊情况下，确有必要的，经党中央批准，有关中央国家机关部门党委可以就特定事项制定党内法规。在名称上，中央纪律检查委员会、党中央工作机关制定的党内法规，一般只能称为规则、规定、办法、细则，不能称为准则、条例。部委党内法规的制定主体主要包括：中共中央纪律检查委员会、中共中央办公厅、中共中央组织部、中共中央宣传部、中共中央统战部、中共中央对外联络部、中共中央政法委员会机关、中共中央对外宣传办公室、中共中央和国家机关工作委员会等。

（3）地方党内法规。地方党内法规是由省、自治区、直辖市党委就其职权范围内有关事项制定的党内法规，有关事项主要包括：1）为贯彻执行中央党内法规作出配套规定；2）履行党章和中央党内法规规定的领导本地区经济社会发展和负责本地区党的建设的相关职责。在名称上，省、自治区、直辖市党委制定的党内法规，也只能称为规则、规定、办法、细则，不能称为准则、条例。

三、按照党内法规的内容板块划分

2016 年 12 月 13 日中共中央印发的《关于加强党内法规制度建设的意见》提出，完善以“1+4”为基本框架的党内法规制度体系，即在党章之下分党的组织法规制度、党的领导法规制度、党的自身建设法规制度、党的监督保障法规制度四大板块。2018 年党中央印发的《中央党内法规制定工作第二个五年规划（2018—2022 年）》再次确立了“1+4”的党内法规体系分类。据此，可以把党内法规分为党章、党的组织法规、党的领导法规、党的自身建设法规和党的监督保障法规五类。

（1）党章。党章是党的章程的简称。党章是党的根本大法，是立党、治党、管党的总章程，集中表达党的理论基础和政治主张，集中体现党的整体意志和共同理想，为全党统一思想、统一行动提供了根本准则。

（2）党的组织法规。党的组织法规是调整党的各级各类组织产生、组成、职权职责等的党内法规，为党管党治党、执政治国提供组织制度保障。党的组织法规旨在全面规范党的各级各类组织的产生和职责，夯实管党治党、治国理政的组织制度基础。在党内法规制度体系中，党的组织工作法规制度体系处于极其重要的地位。截至 2021 年 7 月 1 日，现行有效的党的组织法规共 153 部，其中，有中央党内法规 15 部，部委党内法规 1 部，地方党内法规 137 部。

（3）党的领导法规。党的领导法规是规范和保障党对各方面工作实施领导，明确党与人大、政府、政协、监察机关、审判机关、检察机关、武装力量、人民团体、企事业单位、基层群众性自治组织、社会组织等领导与被领导关系的党内法规，为党发挥总揽全局、协调各方领导核心作用提供制度保障。截至 2021 年 7 月 1 日，现行有效党的领导法规共 772 部，其中，有中央党内法规 44 部，部委党内法规 29 部，地方党内法规 699 部。

（4）党的自身建设法规。党的自身建设法规是调整党的政治建设、思想建设、组织建设、作风建设、纪律建设等的党内法规，为提高党的建设质量、永葆党的先进性和纯洁性提供制度保障。截至 2021 年 7 月 1 日，现行有效党的自身建设法规共 1 319 部，其中，有中央党内法规 74 部，部委党内法规 76 部，地方党内法规 1 169 部。

（5）党的监督保障法规。党的监督保障法规是调整党的监督、激励、惩戒、保障等的党内法规，为保证党组织和党员干部履行好党和人民赋予的职责提供制度保障，内容上包括党内监督、考察考核、问责追责、表彰奖励、关怀帮扶、容错纠错、党员权利保障、制度建设保障、机关运行保障等方面的一系列党内法规。截至2021年7月1日，现行有效党的监督保障法规共1 370部，其中，有中央党内法规77部，部委党内法规57部，地方党内法规1 236部。①

四、按照党内法规的内在运行逻辑划分

按照党内法规的内在运行逻辑，可以将党内法规分为党的组织法规、党的行为法规和党的监督保障法规三大类。一个完善的制度体系应当是主体、行为、监督三位一体的完整闭合系统。全面从严治党、依规治党，需要解决党组织的产生和职责、党的工作和活动（包括党的领导和党的建设）和党内监督保障等三个基本问题。据此，将党内法规制度体系划分为党的组织法规制度、党的行为法规制度、党的监督保障法规制度三个平行板块，符合党内法规制度建设的内在逻辑。其中，党的组织法规制度侧重从“主体”上解决各级各类党组织的产生、职责和运行问题；党的行为法规制度侧重从“行为”上对外解决党的领导和执政活动问题，对内解决党的政治建设、思想建设、组织建设、作风建设、纪律建设等问题；党的监督保障法规制度侧重从“监督保障”上解决党内监督、问责、党纪处分、党员权利保障、党的机关运行保障等问题，据此形成主体、行为、监督保障三位一体的制度结构。②

（1）党的组织法规制度。“徒法不足以自行”，再好的法律法规也需要主体来执行实施。党内法规的执行实施主体主要是各级党组织以及党组织机构中的党员干部。因此，党的组织法规制度主要用以规范党在组织建设方面的工作和活动，主要包括规范党的组织制度、组织机构、党员队伍、干部队伍、人才工作等的法规。

（2）党的行为法规制度。党内法规是党的各级组织和全体党员开展工作、从事活动的基本遵循。党的各级组织的工作活动以及全体党员的行为都要接受党内法规的监督，以党内法规为基本遵循。在这个意义上，党内法规就是党的各级组织和全体党员的行为规范。2017年10月党的十九大提出了新时代党的建设总要求，新时代的党内法规建设要体现新时代党的建设总要求，使党内法规涵盖党的政治建设、思想建设、组织建设、作风建设、纪律建设，并把制度建设贯穿其中。2022年10月，党的二十大进一步强调，我们要落实新时代党的建设总要求，健全全面从严治党体系，全面推进党的自我净化、自我完善、自我革新、自我提高，使我们党坚守初心使命，始终成为中国特色社会主义事业的坚强领导核心。

---

① 中共中央办公厅法规局. 中国共产党党内法规体系. 人民日报，2021-08-04.

② 宋功德. 党规之治. 北京：法律出版社，2015：292.

（3）党的监督保障法规制度。对各级党组织和全体党员来讲，义务和权利是不可分的，权力和责任也从来都是一体的。在对主体和行为做出规范之后，紧接着需要对主体和行为的监督保障给予规定。党的监督保障法规主要规范对党组织的工作、活动和对党员行为的监督、考核、奖惩、处理、保障等事项，重点是规范领导机关、领导干部用权行为，保障党员民主权利，形成有权必有责、有责要担当、用权受监督、失职必追究的权力运行和制约机制，确保党和人民赋予的权力不被滥用。党内法规对党内权力的监督，也是对党内关系的保障。

第七节 党内法规作用

党内法规的作用是指党内法规对党员与党组织之间所形成的社会关系所发生的一种影响，表明了党内关系的运行和党的意志的实现。党内法规的作用可以分为规范作用和社会作用。规范作用是从党内法规是调整党组织和党员的行为的社会规范这一角度提出来的，而社会作用是从党内法规在党内生活中要实现一种目的的角度来认识的，二者之间的关系为：规范作用是手段，社会作用是目的。党内法规作为一种法治规范，天然具有规范作用，同时党内法规调节的是国家社会中的政治生活秩序，自然具有社会作用。在看到党内法规的重要作用的同时，也要认识到管党治党并非党内法规越多越好，而是要求其科学合理，减少社会的协调治理成本，要对制度的改革与创新作通盘思考，提高党内法规制度的制定质量、降低党内法规制度的执行成本，发挥党内法规制度的整体合力作用，使党内法规获得最大的功能效应。

一、党内法规的社会作用

党内法规的社会作用主要是指党内法规作为管党治党的重要依据，在党的政治领导、思想领导、组织领导等方面发挥的作用，以及在党的政治建设、思想建设、组织建设、作风建设、纪律建设等领域所产生的影响。

（1）党内法规是党的职责使命的规范标尺。在不同的历史时期，基于不同的职责使命，党的建设的目标任务会也会有所不同。为了让各级党组织和全体党员都清楚无误地了解党的目标任务，明确职责使命，规范言行举止，党一般会以制度规范的形式对此来加以明确。因此，党内法规就成为衡量和判断各级党组织和全体党员的行为是否履行党的职责使命、符合党的建设要求的行动指南和行为标尺。

（2）党内法规是党的思想教育的有益补充和制度保障。思想建设是党的基础性建设，没有正确的思想来指引，党员的行为迟早会误入歧途。全面从严治党要坚持思想教育与制度建设相结合，使思想建党与制度治党刚柔并进、同向发力、同时发力。习近平指出，“思想教育要结合落实制度规定来进行，抓住主要矛盾，不搞空对空。要使加强制度治党的过程成为加强思想建党的过程，也要使加强思想建党的过程成为加强制度治党的过程”①。因此，加强思想教育、提高理论水平、增强政治意识是党的建设的重要内容。但思想教育不是万能的，在对党员进行思想教育的同时，必须要加强党内法规制度建设，以制度的权威性保障思想教育的有效性。

（3）党内法规是加强和改进党的建设的重要抓手。党内法规具有相对的稳定性和权威性，党内法规出台之后，就会具有强制力，任何违反者都会受到党内法规制度的约束和制裁。这种强制性的效力，不会因领导者的更迭而被废止，也不会因领导者的看法和注意力的改变而改变，在党的建设中可以长期发挥作用。因此，加强和改进党的建设，必须要加强党内法规制度建设，在制度轨道上推进新时代党的建设伟大工程。

（4）党内法规是深入推进全面从严治党的根本之策。党内法规是对党组织活动和党员行为的一种规范和约束，本质上是对党内权力的一种限制和制约。从法理上讲，腐败的本质是权力的出轨和越轨。对权力的限制主要有两种途径：一种是对权力的外部监督和制约，另一种是党员主体的自我约束。深入推进全面从严治党要强化不敢腐的震慑，扎牢不能腐的笼子，增强不想腐的自觉，在严厉惩治腐败、形成震慑的同时，扎牢制度笼子、规范权力运行，加强党性教育、提高思想觉悟，一体推进不敢腐、不能腐、不想腐。扎牢制度笼子的根本在于加强党内法规制度建设，这是全面从严治党长远之策、根本之策。因此，坚持全面从严治党，必须坚持依法治国与制度治党、依规治党统筹推进、一体建设，以高质量的制度建设推动党风廉政建设和反腐败斗争不断开创新局面。

二、党内法规的规范作用

党内法规的规范作用，主要是指党内法规对党员和各级党组织的行为指引、行为预测、行为评价、行为教育等功能，以对广大党员和各级党组织进行规制和明示，更好地加强党的领导、规范党的建设、发扬党内民主、保障党员权利。

（1）指引作用。指引作用是党内法规的第一位的功能，是中国共产党管党治党、

① 习近平．在党的群众路线教育实践活动总结大会上的讲话．人民日报，2014－10－09．

自我约束的重要准绳。党内法规通过对义务和权利、权力和责任的规范，提供一个既定的行为模式，党员或党组织可以通过具体的行为立场或态度的明示，判断自己的特定行为是被支持允许的，还是被反对禁止的，从而预见到违规所应承担的违纪后果以及守规可能会带来的利益预期，从而理性地选择遵守党内法规。和国家法律一样，党内法规的指引作用也可以分为确定性指引和选择性指引。党内法规的确定性指引可以概括为对党员行为模式进行的明确限制，如果没有遵守相应的义务就要承担一定的后果，没有选择性，只有唯一性。在有关的条文中，一般表述为“应当、必须、不得”等字样。选择性指引是指党内法规对某一行为的规定并没有明确、具体的限制，其具有选择性，可以选择这样做，也可以选择那样做。

（2）预测作用。党内法规的预测功能是指党员和党组织根据党内法规的明确规定，能够预先估计自己的行为及行为将会带来的后果等，从而形成预期进而做出取舍是否继续某些行为或活动。预测功能是党员和党组织自觉遵守党内法规的基本前提。正是行为主体可以根据党内法规简单衡量出某个行为的利弊，因此才有为或不为的自觉，从而保证自己的行为符合党规的要求，避免承担不利的后果。不管是法律条文还是党内法规，其表述方式一般都采用简洁、明快、易懂的“法言法语”方式，较少有修饰性的语言和复杂语法，句式大多简单简短，一个直接目的就是充分发挥党内法规的预测功能，便于执行和遵守。

（3）惩戒作用。立法的目的并不是惩罚犯罪，惩戒只是手段，教育才是目的。同样，党内法规的制定也不是以惩戒违纪行为为最终目的。但党内法规作为管党治党之重器，其主要是通过惩戒违纪行为来发挥作用、维护权威。动员千遍，不如问责一次。有权必有责，失责必追究。纪律严明才能令行禁止。一个法律条文不管其假定条件、行为模式多么明确、多么规范，如果缺乏相应的法律后果，那么人们就会因为违反这样的条文却不需要承担相应后果，从而漠视和践踏。换言之，这样的条文也便失去了存在的意义。党内法规条文中，不仅明确规定哪些行为可以为、哪些行为不可为，同时也明确规定，哪些行为为与不为将会有什么样的后果。对此，《中国共产党纪律处分条例》第二章第6条明确规定：“党组织和党员违反党章和其他党内法规，违反国家法律法规，违反党和国家政策，违反社会主义道德，危害党、国家和人民利益的行为，依照规定应当给予纪律处理或者处分的，都必须受到追究。”

（4）教育作用。法律的教育作用主要是通过法律的实施，把体现在法条中的某种思想、观念和价值灌输给社会人，使法的外在规范内在化，使人们在内心中确立对法律的信念，形成尊重和遵守法律的习惯。党内法规作为一种特殊类型的法，同样也具有教育作用，这种教育作用除了体现为对党内法规的严格遵守执行，还体现为遵纪守规是对党的忠诚、对信仰的坚定的基本底线。党内法规教育的对象是广大党员干部和各级党组织，其自身就具有先进性。对广大党员来说，遵纪守规不仅是一种制度要求，更是一种行为自觉。党内法规的教育作用主要通过三个途径来实现。一是学习教育。通过在全体党员中开展党内法规的学习教育，加深对党内法规的认识和理解，提高党内法规意识，提升宗旨意识、党性意识。二是警示教育。通过对违纪违规行为实行制裁，实现对包括违规违纪者本人在内的一般党员的警示和警告作用。三是正面教育。通过对优秀共产党员和优秀党组织的先进行为进行肯定、奖励，教育、引导广大党员发挥表率、模范、带头作用，从而起到教育作用。

（5）激励作用。从理论上说，激励作用是指通过满足个体的各种需要，调动人的积极性。激励的目的在于激发人的正确行为动机，调动人的积极性和创造性，以充分发挥人的主观能动性。对于党内法规的作用而言，不管是指引、预测、惩戒还是教育作用，其最终落脚点都是党内法规的激励作用。这种激励作用主要体现在三个方面。首先，党内法规通过保护党员的权利，能够给党员带来组织上的认同感与归属感，使其精神上受到激励，从而能够深切地感受到自己作为一个党员所拥有的荣誉与责任；其次，很多党内法规中规定了一些直接激励各级党员及党组织的制度措施，如评选优秀党员、优秀党务工作者、优秀党组织等，这些制度措施会对党员、党组织形成直接的激励；最后，对于那些违反党纪国法的党员，党内法规会在行为人被追究国家法律责任之前给予其党纪处分，这对于那些对党负责的、敢于举报这些党员的、遵规守法的党员会形成激励，从而激励其更加自觉模范地遵守党内法规。①

案例与思考 1-8

夏某违规操办其子婚庆事宜案

夏某，中共党员，某乡副乡长。2020 年 9 月，夏某在其子结婚时，邀请该乡政府 5 名下属参加婚宴，收受该 5 名下属礼金 2.5 万元。经查，夏某与上述 5 名下属没有“礼尚往来”。同时，夏某还邀请 25 名亲属参加婚宴，收取礼金 3 万元。夏某因此受到党内严重警告、政务记大过处分，违规收受的礼金 2.5 万元被收缴。受长期以来形成的历史文化和社会现实等因素影响，

① 殷啸虎. 中国共产党党内法规通论. 北京：北京大学出版社，2016：21.

在婚丧嫁娶之际宴请宾朋，已成为司空见惯的“习惯”和“风气”。实践中，《中国共产党纪律处分条例》和《中华人民共和国公职人员政务处分法》并没有“一刀切”地禁止党员干部操办婚丧嫁娶事宜，但一些党员干部却利用职权或者职务上的影响违规操办婚丧嫁娶事宜。这类行为容易损害党员干部形象，败坏社会风气，必须保持严的主基调，坚持露头就打，对同时存在借机敛财行为的要从重或者加重处分。

思考题： 如何理解党规党纪对党员的要求严于国家法律对普通公民的要求？

第八节　党内法规学

形成相对独立的党内法规学科，是衡量党内法规研究专业化、体系化水平的重要标准，也是构建完善的党内法规体系的内在要求。经过长期的探索、积淀和发展，特别是党的十八大以来的全面推进和飞速发展，党内法规研究已经具有了自己特有的概念、范畴、价值、理论与实践，逐渐形成了一套科学规范、逻辑自洽的概念体系、知识体系和理论体系，逐步成为一门相对独立的新型学科。作为一门新型学科，党内法规学具有独特的学术体系、学科体系、话语体系，也具有自己的学科属性、研究对象和研究方法。

一、党内法规学的学科属性

（1）党内法规学具有新兴学科属性。新兴学科是相对于基础学科、传统学科而言的，不仅包括通过文理工渗透交融，跨学科、多学科、交叉融合形成的新兴交叉学科，包括拥抱新技术而产生的新型迭代学科，还包括适应经济社会发展需要而产生的新型应用学科。党内法规学是以党内法规为研究对象的学科，而党内法规作为中国共产党管党治党的重要依据，是伴随着中国共产党百年发展历程而逐步发展起来的。党的十八大以来，党内法规制度建设长足推进，党内法规体系基本形成，党内法规理论和实践取得了历史性成就，这标志着党内法规学作为一门新兴学科逐渐形成。因此，党内法规学是中国特色社会主义进入新时代后，坚持思想建党和制度治党紧密结合、同向发力的实践成果，是坚持依法治国和依规治党统筹推进、一体建设的逻辑结果，是建设中国特色社会主义法治体系、建设中国特色社会主义法治国家的理论结晶，具有新兴学科属性，属于新兴学科范畴。

（2）党内法规学具有交叉学科属性。交叉学科是指因不同学科之间相互交叉、融合、渗透而出现的新兴学科。交叉学科可以是因自然科学与人文社会科学之间的交叉而形成的新兴学科，也可以是因自然科学和人文社会科学内部的不同分支学科的交叉而形成的新兴学科，还可以是因技术科学和人文社会科学内部的不同分支学科的交叉而形成的新兴学科。2020 年 12 月，国务院学位委员会、教育部印发通知，新设置“交叉学科”门类（门类代码为“14”），自此，“交叉学科”成为继“哲学、经济学、法学、教育学、文学、历史学、理学、工学、农学、医学、军事学、管理学和艺术学”之后的第 14 个学科门类。从内容上看，党内法规学是中共党史党建、法学、政治学、马克思主义哲学等学科交叉而成的新兴学科，具有交叉许可属性，可以视为属于交叉学科门类下的学科体系范畴。将党内法规学单独划入某一级学科，并不能完全体现党内法规学的交叉学科属性和交叉内容特征。党内法规研究不可避免会涉及哲学、法学、政治学、马克思主义理论、中共党史党建、纪检监察学等学科的知识和方法，但党内法规学又不单纯是哲学、法学、政治学、马克思主义理论、中共党史党建、纪检监察学等某一特定一级学科的二级学科或分支学科，它实际上是哲学、法学、政治学、马克思主义理论、中共党史党建、纪检监察学等学科通过相互交叉、融合、渗透而形成的，具有较为统一的研究范式、知识谱系、价值体系，并能保持学科相对独立性和开放性的新型学科。

（3）党内法规学具有综合学科属性。综合学科是指研究社会现象、自然现象中多个领域的一门学科。近代科学发展，特别是科学上的重大发现和经济社会中的重大发展问题的解决，常常涉及不同学科的相互交叉和相互渗透，逐渐形成了一批交叉学科、综合学科，体现了科学向综合性发展的趋势。科学上的新理论、新发明的产生，新的工程技术的出现，经常是在学科的边缘或交叉点上，重视交叉综合学科将使科学本身向着更深层次和更高水平发展，这是符合自然界存在的客观规律的。现有的学科是人为划分的，而科学问题是客观存在的，根据人们的认识水平，过去只有天文学、地理（地质）、生物、数学、物理、化学六个一级学科；而经过 20 世纪科学的发展和交叉研究，又逐渐形成了新的交叉学科，如生命科学、材料科学、环境科学等综合学科。党内法规学实质上一门综合学科，需要综合运用哲学、法学、政治学、马克思主义理论、中共党史党建、纪检监察学等学科的知识和方法，由此区别于法学、政治学等单一性学科。作为独立的一级学科，法学、政治学、马克思主义理论等具有确定的研究对象、明确的概念范畴、统一的研究范式，而党内法规学的研究横跨法学、政治学、马克思主义理论、中共党史党建、纪检监察学等一级学科，需要综合应用多种学科的理论知识、方法来研究，并通过将各关联学科的知识内容进行拼合、融合、整合，来实现多学科知识和方法的融合性、整合性和一体性。在具体关系上，党内法规学可以看作是以政治学为基、以中共党史党建为本、以马克思主义理论为魂、以法学为形，兼具其他学科知识和方法的综合学科。作为综合学科，党内法规学具有开放包容的理论品格，不同的学科视野、不同的立场方法，都可以对党内法规进行不同角度的研究，没有必要为了某种现实因素，而将党内法规学硬性划归于某特定一级学科之下成为其二级学科或分支学科。

二、党内法规学的研究对象

党内法规学作为中国特色社会主义法治理论体系的重要组成部分，具有政治性、学术性和实践性的鲜明特点。党内法规学以党内法规制度建设实践为基础，以党内法规文本为中心，以加强和改进党的领导、加强和完善党的建设为目标，阐释党内法规的规范内涵及其学理依据，为治国理政、治党执政实践中的制度依据和法治规范问题提供学理支撑和实践方案。党内法规源自党的建设实践，又指导党的建设实践，是规范党的领导和党的建设活动、调整党内关系和党内政治生活的重要依据和基本遵循。党内法规学的研究对象主要包括三个方面。

（1）党内法规理论。党内法规作为中国共产党管党治党、执政治国的重要依据，其基本概念、主要内容、执行和施行以及修改和完善都须依据一定的理论，都建立在一定的指导思想、理论基础和基本原则之上，有其内在的历史逻辑、理论逻辑和实践逻辑。党内法规理论研究，主要是从理论创新的高度，研究党内法规的指导思想、理论基础和基本原则，揭示党内法规文本背后的价值本质、基本原理和一般规律，把握党内法规的基本理念、核心精神和价值追求。

（2）党内法规文本。文本是法治研究的逻辑起点，离开了文本，法治研究就会沦为无本之木、无源之水。党内法规研究也应以党内法规文本为规范依据和规范原点，对党内法规的概念内涵、对象内容、职责任务、体系框架、运行方式、执行机制等进行研究，分析党内法规文本和规范背后的制度机理和价值取向。党内法规文本研究的主要目的是解释党内法规文本形成的制度背景、基本精神、规范内涵与实践意义，解决党组织的设置、职权和职责，党员与党组织的关系以及党组织之间的关系，党员权利和义务等具体问题。

（3）党内法规实践。党内法规学源于管党治党实践，党内法规研究也必须立足于管党治党实践，回应全面从严治党、制度治党、依规治党的现实要求，探究党内法规与国家法律、道德规范以及其他规范性文件之间的相互关系，把握党内法规发展变化的实践逻辑和内在规律。基于党内法规的实践品性，党内法规学研究必须重视党内法规实践运行，着重研究党内法规的制定、修改、解释等问题，研究党内法规的清理、备案和评估等问题，研究党内法规的实施、监督和保障等问题。

三、党内法规学的研究方法

作为一门新型学科，党内法规学研究需要充分吸收哲学、法学、政治学、马克思主义理论、中共党史党建、纪检监察学等多种学科的理论知识，也需要综合运用这些学科在长期发展过程中形成和使用的研究方法。

从宏观层面而言，党内法规学属于中国特色哲学社会科学的范畴，必须要坚持以马克思主义为指导；坚持和运用辩证唯物主义和历史唯物主义的世界观和方法论；坚持和运用马克思主义立场、观点、方法；坚持和运用马克思主义关于人类社会发展的自然性、历史性及其相关规律，关于人的解放和自由全面发展的规律，关于认识的本质及其发展规律等的原理；坚持和运用马克思主义的实践观、群众观、阶级观、发展观、矛盾观；坚持对立统一规律；坚持实事求是、经济基础决定上层建筑、上层建筑对经济基础具有重要的反作用、社会现象普遍联系、社会基本矛盾运动、社会主要矛盾变化等原理；坚持战略思维、历史思维、辩证思维、系统思维、创新思维、法治思维、底线思维，将马克思主义基本原理同中国具体实际相结合、同中华优秀传统文化相结合，回应新时代社会现实对党内法规学提出的理论需求。

从具体层面而言，关于党内法规学主要有规范分析方法、历史研究方法、比较研究方法、实证研究方法等研究方法。

（1）规范分析方法。作为法治规范的一种特殊形态，党内法规具有鲜明的规范属性，在研究方法上自然需要运用法学规范分析方法。法学规范分析研究方法是把法与其他社会现象截然分开，单纯研究规范、分析规范间的关系的研究方法。党内法规的规范分析方法，是指在党内法规研究中要以党内法规文本为基础，结合中国共产党管党治党的历史和全面从严治党的现实，明确适用场景、分析条文内涵、进行规范解释，形成内在一致、自洽周延的规范体系。规范分析方法是传统法学研究和法律解释的基本方法，具体体现为文义解释、历史解释、目的解释、体系解释等方法。

（2）历史研究方法。历史研究方法是运用历史资料，按照历史发展的顺序对过去事件进行研究的方法。党内法规的历史实际上是中国共产党百年发展历程的历史见证，是党的制度建设发展史的缩影和集中体现。党内法规的历史研究方法主要是对党章党规和其他制度性规范的历史流变、党内制度建设的历史变迁等方面进行纵向的总结研究，强调要特别重视党内法规的历史性，用发展的而不是静止的历史观研究党内法规学，梳理党内法规发展的历史脉络、把握党内法规发展的历史逻辑，掌握党内法规发展的历史规律。因此，在对党内法规进行研究的时候，要注重运用历史分析的方法，运用发展、变化的观点来总结党内法规历史、分析党内法规现状、展望党内法规未来。

（3）比较研究方法。比较研究方法就是根据一定的标准，对两个或两个以上有联系的事物进行考察，寻找其异同，探求普遍规律与特殊规律的方法。党内法规是我们党管党治党的重要依据，必须要坚持从我国基本国情出发，以中国特色社会主义道路、理论体系、制度、文化为根本遵循，同改革开放不断深化相适应，总结和运用我们党管党治党、治国理政的成功经验，制定符合中国实际、具有中国特色、体现政党发展规律的党内法规，为全面从严治党提供理论指导和学理支撑。中国是世界的中国，中国的发展离不开世界，中国共产党党内法规制度建设离不开对国外政党法规制度的学习参考和合理借鉴。党内法规的比较研究要求吸收和借鉴国外政党政治建设的优秀成果，深入剖析国外政党的相关制度，充分借鉴世界各国政党的先进治党治国经验，提高执政能力和执政水平。党内法规制度建设应当积极借鉴国外法治有益经验，并不意味着要照搬外国法治理念和模式。因此，在党内法规研究中，应该积极运用比较分析方法，既立足本土又着眼世界，在坚持本土性的同时，积极研究和总结国外政党党内法规制度建设的发展历程，总结经验，吸取教训，合理吸收和借鉴。

（4）实证研究方法。实证研究方法是在价值中立的条件下，以对经验事实的观察为基础来建立和检验知识性命题的各种方法的总称。党内法规学是一门新兴的交叉综合学科，在规范分析、比较分析的基础上，应积极进行交叉学科和跨学科研究，适度引入政治学、历史学、社会学、经济学等学科方法。在实证研究中，要善于运用现代科技的方法。党内法规学理论体系应保持适度的开放性，秉持方法多元的态度，以适应中国特色社会主义法治建设理论的需求和管党治党的实践需求。党内法规的实践品格决定了实证研究方法，如调查研究法、实地研究法、统计分析法，对于党内法规理论和实践的发展具有格外的重要意义。党内法规研究应特别注重运用功能分析方法，研究党内法规作为社会结构的重要构成要素，是如何通过与其他的社会结构构成要素（如国家法律、道德规范）相互作用和影响，进而解决如何对社会现实产生影响的问题的。

本章小结

党内法规是党的中央组织，中央纪律检查委员会以及党中央工作机关和省、自治区、直辖市党委制定的体现党的统一意志、规范党的领导和党的建设活动、依靠党的纪律保证实施的专门规章制度。从党内法规的发展历程来看，党内法规的历史实际上是中国共产党百余年发展历程的历史见证，是党的制度建设发展史的缩影和集中体现。在性质上，党内法规是党的统一意志的集中体现，是管党治党的重要依据，是建设社会主义法治国家的有力保障。党内法规具有鲜明的政治属性、规范属性、理论属性、实践属性和价值属性。党内法规作为一种法治规范，天然具有规范作用，同时党内法规调节的是国家社会中的政治生活秩序，自然也具有社会作用。经过长期的探索、积淀和发展，特别是党的十八大以来的全面推进和飞速发展，党内法规研究已经具有了自己特有的概念、范畴、价值、理论与实践，逐渐形成了一套科学规范、逻辑自洽的概念体系、知识体系和理论体系，逐步成为一门相对独立的新型学科。

本章思考题

1. 党内法规的性质是什么？
2. 党内法规具有哪些特征？
3. 如何理解党内法规的政治属性？
4. 党内法规有哪些作用？
5. 为什么说党内法规学具有相对的学科独立性？

第二章
党内法规原则

习近平总书记重要论述

我们党历来重视党内法规制度建设，注重运用党内法规管党治党、提高党的执政能力和领导水平。党的十八大以来，党中央坚持全面从严治党、依规治党，严格执行党章，形成比较完善的党内法规体系，制度权威性和执行力不断增强，党内法规制度建设取得显著成绩，积累了新的重要经验。要增强依规治党的自觉性和坚定性，把牢政治方向，提高政治站位，扛起政治责任，紧紧围绕党和国家工作大局继续推进党内法规制度建设。要发挥好党内法规在维护党中央集中统一领导、保障党长期执政和国家长治久安方面的重大作用，在推进新时代党的建设新的伟大工程、落实全面从严治党方面的重大作用，确保党在坚持和发展中国特色社会主义的历史进程中始终成为坚强领导核心，为全面建设社会主义现代化国家、实现中华民族伟大复兴的中国梦提供坚强政治保证。

——2021 年 12 月，习近平作出的重要指示

课程思政

1. 通过对党内法规根本原则的学习，引导学生明确中国共产党的领导是中国特色社会主义的本质特征，是中国特色社会主义制度的最大优势；明确党内法规制度建设必须要始终坚持党的领导，站稳政治立场，坚持正确的政治方向。

2. 通过对党内法规基本原则的学习，着重引导学生明确党内法规工作的“围绕中心、服务大局”要求，加深对“把抓好党建作为最大的政绩”的认识和理解。

第一节　党内法规原则概述

一、党内法规原则的概念和意义

党内法规原则是指集中反映党内法规的一定内容、本质和要求，并贯穿具体党内法规规范之中的指导原理和准则。党内法规原则较之党内法规规范，更直接地反映出党内法规的内容、本质，以及党内生活的趋势、要求和规律性。在党内法规体系中，党内法规原则具有重要的作用，直接决定了党内法规的基本性质、核心内容和价值取向，是党内法规的精神、本质和要求的最集中的体现，构成了整个党内法规体系的价值基础和制度基石。党内法规原则对党内法规制度内部的和谐统一具有重要保障作用，对依规治党、制度治党具有价值引导作用。从党内法规的实施上看，党内法规原则也具有重要作用，可以指导党内法规的解释和推理，补充规范漏洞，强化规范的适用能力。

党内法规原则在中国特色社会主义法治体系建设中发挥着极为重要的作用，在党内法规的文本中，党内法规原则几乎是每一部党内法规都必不可少的重要内容之一。例如，2021 年 5 月 22 日发布的《中国共产党组织工作条例》第 4 条规定，党的组织工作遵循以下原则：（1）坚持党的全面领导；（2）坚持组织路线服务政治路线；（3）坚持民主集中制；（4）坚持党的群众路线；（5）坚持党管干部、党管人才；（6）坚持德才兼备、以德为先、任人唯贤；（7）坚持党的组织和党的工作全覆盖；（8）坚持实事求是、公道正派；（9）坚持依法依规、科学规范。2020 年 12 月 25 日发布的《中国共产党党员权利保障条例》第 3 条规定，党员权利保障应当遵循以下原则：（1）坚持民主和集中相结合，既激发党员参与党内事务的热情，又要求党员按照党性原则行使权利；（2）坚持义务和权利相统一，切实履行党章规定的义务，正确行使各项权利，在宪法和法律的范围内活动；（3）坚持在党的纪律面前人人平等，不允许任何党员享有特权；（4）坚持充分全面保障党员权利，完善权利保障措施，畅通权利行使渠道，增强工作实效。2019 年 9 月 1 日起施行的《中国共产党问责条例》第 3 条规定，党的问责工作应当坚持以下原则：（1）依规依纪、实事求是；（2）失责必问、问责必严；（3）权责一致、错责相当；（4）严管和厚爱结合、激励和约束并重；（5）惩前毖后、治病救人；（6）集体决定、分清责任。由此可见，在具有基础性、核心性、骨干性作用的条例一级的重要党内法规中，原则部分几乎是每一部重要条例都不可或缺的重要内容，对该党内法规的指导方针、价值取向、制度体系、实践操作都有着重要的规范作用。

二、党内法规原则的分类

根据分类标准的不同，党内法规原则可以分为以下几类。

（1）按照党内法规原则对人的行为及其条件之覆盖面的宽窄和适用范围大小，可以把党内法规原则分为基本原则和具体原则。基本原则是整个党内法规体系所适用的、体现党内法规基本价值的原则，如党章所规定的民主集中制原则、从严管党治党原则、党必须在宪法和法律的范围内活动等原则；具体原则是在基本原则指导下适用于党内法规某一领域或党的某一工作部门特定情形的原则，如《中国共产党党内法规制定条例》第7条规定的党内法规制定原则、《中国共产党问责条例》第3条规定的问责原则。

（2）按照党内法规原则产生的基础的不同，可以把党内法规原则分为公理性原则和政策性原则。公理性原则，即由党内法规一般原理构成的原则，是由党内法规建设实践本身推导出来的原则，如围绕中心、服务大局，宪法为上、党章为本，整体推进、突出重点、发扬民主、科学制定，改革创新、与时俱进，严谨规范、有效管用，这些原则在整个党内法规领域都具有较强的普适性，对每一部党内法规来说都是必不可少的基本原则；政策性原则是在推进党的某项具体工作时，出于一定的政策考量而制定的一些原则，如坚持惩前毖后、治病救人，坚持各司其职、相互配合，确保党的各项工作协调一致、协同推进等。政策性原则具有针对性、阶段性和限定性，往往适用于特定时期、特定对象的特定工作，而不是放之四海而皆准。

（3）按照党内法规原则涉及的内容和问题的性质种类的不同，可以把党内法规原则分为实体性原则和程序性原则。实体性原则是指直接涉及实体性权利和义务等的原则，例如，党章中所规定的多数原则；程序性原则是指直接涉及程序法、救济法问题的原则，如《党政领导干部选拔任用工作条例》中的民主、公开、竞争、择优原则，《中国共产党问责条例》中的分级负责、层层落实责任等。

（4）按照党内法规原则适应的领域和调整的对象的不同，可以把党内法规原则分为党内法规的根本原则和党内法规的基本原则。党内法规的根本原则是在动态实践的党内法规工作中所必须遵循的价值准则，是决定党内法规工作发展方向、体现党内法规价值取向、贯彻党内法规工作始终、适用于党内法规工作各环节各方面的指导原则、指导方针的统称；党内法规的基本原则是作为静态文本的党内法规所体现的价值取向，为更好地把住党内法规的质量关，提高党内法规的质量和水平，党内法规必须要遵循一定的原则和要求，例如党内法规要方向正确，逻辑严密，表述准确、规范、简洁，具有可操作性等。

第二节　党内法规的根本原则

一、坚持正确的政治方向

党规姓党，深入推进新时代党内法规制度建设必须坚持正确的政治方向。党政军民学，东西南北中，党是领导一切的。党是最高政治领导力量，党的领导是做好党和国家各项工作的根本保证。我们每一个党组织、每一名党员干部，无论处在哪个领域、哪个层级、哪个部门和单位，都要把“维护习近平总书记党中央和全党核心地位、维护党中央的权威和集中统一领导”作为根本政治准则和政治要求，坚决在思想上高度认同、政治上坚决维护、组织上自觉服从、行动上紧紧跟从。每一名党员干部都要做到党中央提倡的坚决响应，党中央决定的坚决照办，党中央禁止的坚决杜绝，决不允许上有政策、下有对策，决不允许有令不行、有禁不止，决不允许在贯彻执行中央决策部署上打折扣、搞变通、做选择。因此，新时代党内法规制度建设，必须始终坚持党的领导，推动和引导全体党员把学懂、弄通、做实习近平新时代中国特色社会主义思想作为首要政治任务，不断学习、不断体悟，更好用党的创新理论成果武装头脑、指导实践、推动工作，拥护“两个确立”增强“四个意识”，坚定“四个自信”，做到“两个维护”，更加自觉地在思想上、政治上、行动上同党中央保持高度一致。

二、坚持根本的价值取向

党的十九大报告提出：“为什么人的问题，是检验一个政党、一个政权性质的试金石。带领人民创造美好生活，是我们党始终不渝的奋斗目标。”党的二十大报告强调：“江山就是人民，人民就是江山。中国共产党领导人民打江山、守江山，守的是人民的心。治国有常，利民为本。为民造福是立党为公、执政为民的本质要求。”“我是谁、为了谁、依靠谁”是每个共产党员都要弄清楚的首要问题，党内法规建设同样也面临着“为什么人”的问题。对此，《中国共产党章程》明确规定，党除了工人阶级和最广大人民群众的利益，没有自己特殊的利益。党在任何时候都把群众利益放在第一位，同群众同甘共苦，保持最密切的联系，坚持权为民所用、情为民所系、利为民所谋，不允许任何党员脱离群众，凌驾于群众之上。因此，党的一切工作，包括党内法规建设工作，必须以最广大人民根本利益为最高标准，要把人民放在心中最高位置，实现好、维护好、发展好最广大人民根本利益，把人民拥护不拥护、赞成不赞成、高兴不高兴、答应不答应作为衡量一切工作得失的根本标准，在任何时候、任何情况下，与人民同呼吸共命运的立场不能变，全心全意为人民服务的宗旨不能忘，群众是真正英雄的历史唯物主义观点不能丢，始终坚持立党为公、执政为民。因此，新时代党内法规制度建设必须要彰明价值取向，始终坚持以人民为中心，推进国家治理体系和治理能力现代化建设，提高国家治理能力和治理水平，改革不适应实践发展的体制机制、制度规范，不断构建新的体制机制、制度规范，使各方面制度更加科学、更加完善，实现党、国家、社会各项事务治理制度化、规范化、程序化。

三、坚持强烈的实践面向

党内法规是实践之学，是长期以来管党治党经验智慧的结晶。党内法规制度建设，并不是一个参照国家法律体系，分门别类建立起相关制度规范的简单过程，而是一个重构治理方式、重建规范秩序、重塑法治文化的复杂过程。只有意识到这一点，我们才能真正认识和解决党内法规所面临的实践面向及其与国家法律体系的复杂关系。因此，新时代党内法规制度建设，除要参照一般性法学原理对党内法规理论进行必要的理论建构外，一个更为重要的任务是，其必须面向中国共产党管党治党的长期实践，尤其是面向党的十八大以来全面从严治党取得的历史性成就和发生的历史性变革，从我们激荡变革的社会现实出发，使我们的党内法规制度建设和理论学说发轫于中国的社会实践之上，具有坚实的实践基础和文化根基。只有从中国实践出发研究党内法规的制度运行和文化语境，提升党内法规的理论素养和价值品格，才能从根本上摆脱对西方法学理论和传统国家法律体系的路径依赖，才能在激荡变革的社会转型中，解释社会现实，指导社会实践，提升理论水准，树立学术自信，最终形成具有中国特色、中国风格、中国气派的党内法规学。

四、坚持鲜明的问题导向

党内法规源于管党治党的实践，是实践经验的总结，是治理智慧的结晶。增强问题意识，强化问题导向，进而形成解决问题的新体制、新机制，是党内法规建设的重要方法和基本思路。党的十八大以来，从反“四风”、应对“四大考验”、化解“四种危险”，到正风肃纪、反腐惩恶、全面从严治党永远在路上，再到深入推进新时代党的建设新的伟大工程，都贯穿着鲜明的问题意识和问题导向，都着力在解决问题中完善新体制、新机制。这些新体制、新机制，使我国治国理政、执政兴国水平迈上了一个新台阶。加强党内法规制度建设必须要坚持党的全面领导、加强党的全面建设，必须坚持鲜明的问题导向。因此，党内法规建设必须坚持目标导向，明确需要达到什么目标；必须坚持问题导向，明确需要解决什么问题；必须坚持结果导向，明确制定后能否取得预想结果，在实践中这个立法结果需要结合立法后评估机制进行评估。因此，党内法规制度建设必须稳妥推进，以问题为导向，以管用为目的，兼顾必要和可行。党内法规是用来用的，不是用来看的，不必过分追求体系完整，不用刻意强调逻辑证成，不要苛求内容面面俱到。在制定党内法规时，对于那些虽表述精当、语言精美但不具可行性的文字和条款，宁可不写，写上了就要务实管用，能够产生规范效力和实践效力。经验表明，判断党内法规制度建设是不是成功，关键看制度的有效性、可执行性，而不是看体系的庞大性、语言的精美性，更不是看理论的深刻性、内容的广泛性。

五、坚持明确的工作指向

习近平在2015年2月举行的省部级主要领导干部学习贯彻十八届四中全会精神全面推进依法治国专题研讨班上强调，各级领导干部在推进依法治国方面肩负着重要责任，全面依法治国必须抓住领导干部这个“关键少数”。领导干部要做尊法、学法、守法、用法的模范，带动全党全国一起努力，在建设中国特色社会主义法治体系、建设社会主义法治国家上不断取得新成效。在我国，党内监督是对全体党员尤其是对党员干部实行的监督，国家监察是对所有行使公权力的公职人员实行的监督。在监督对象上，党的机关、人大机关、行政机关、政协机关、监察机关、审判机关、检察机关等，都在党中央统一领导下行使公权力，为人民用权，对人民负责，受人民监督。我国80%的公务员和超过95%的领导干部是共产党员，这就决定了党内法规监督在我国反腐败监督体系中的主导地位和突出作用，也为新时代党内法规制度建设确立的目标对象，提出了明确要求。“关键少数”对全面依法治国具有重要意义，同样也对加强党内法规制度建设具有重要意义。新时代党内法规制度建设必须坚持明确的工作指向，紧紧抓住领导干部这个“关键少数”，将权力关进党内法规制度笼子里。《论语》载：“君子之德风，小人之德草，草上之风必偃。”领导干部作为社会主义事业的建设者和带头人，也是全面依法治国、遵守党内法规制度的带头人。人民群众的一言一行深受领导干部的影响。领导干部是否信仰国法、遵守党规影响着普通群众是否信仰国法、遵守党规，领导干部推进全面依法治国的决心影响着广大群众推进全面依法治国的决心。全面依法治国必须牢牢抓住领导干部这个“关键少数”，深入推进党内法规制度建设也必须牢牢抓住领导干部这个“关键少数”。

第三节　党内法规的基本原则

一、围绕中心、服务大局

围绕中心、服务大局，是党和国家各项事业的出发点和落脚点，也是党内法规工作的起点和归宿。中心工作是指在各项工作中处于主导地位、起着决定性作用的工作，党的中心工作是经济工作。围绕中心是指各项工作必须要以经济建设为中心，坚持改革开放道路不动摇，坚持四项基本原则不动摇，大力推进经济建设、政治建设、文化建设、社会建设、生态文明建设，建设富强民主文明和谐美丽的社会主义现代化强国。服务大局是指要自觉从大局上看问题，把工作放到大局中去思考、定位、摆布，做到正确认识大局、自觉服从大局、坚决维护大局。当前，实现中华民族伟大复兴的战略全局和世界百年未有之大变局这“两个大局”，是国家经济社会发展面临的首要“大局”，也是谋划和推进各项工作的基本出发点。围绕中心才能找准方向，服务大局才能体现价值。作为党的一项重要工作，党内法规工作必须把围绕中心、服务大局作为工作主线，紧紧围绕党和国家工作中心大局，找准工作切入点、结合点、着力点，在促进党和国家各项事业发展，建设社会主义现代化强国新征程中发挥制度保障作用。

作为党的一项非常重要的工作，党内法规工作必须要从党的事业发展需要和党的建设实际出发，使党内法规工作与党的事业发展需要和党的建设实际紧密结合。党内法规工作围绕中心、服务大局，要求必须从党和国家事业发展需要出发，把党内法规工作与党的中心工作紧密结合起来，始终紧扣全党全国工作大局，把党内法规工作融入统筹推进中国特色社会主义经济建设、政治建设、文化建设、社会建设、生态文明建设“五位一体”总体布局之中，融入协调全面建设社会主义现代化国家、全面深化改革、全面依法治国、全面从严治党“四个全面”战略布局之中，融入完整、准确、全面贯彻创新、协调、绿色、开放、共享新发展理念之中，充分发挥和体现党内法规在保障党和国家事业发展、服务中心大局中的重要作用。

从党的建设实际出发，党内法规工作发挥围绕中心、服务大局的职能，就要把党内法规工作融入党的建设新的伟大工程，准确把握党情的深刻变化，注重总结党的建设的生动实践，着眼于解决实际问题，及时将实践证明行之有效的成功经验和有效做法上升为党内法规，使党内法规工作始终随着实践和时代的发展而发展，切实提高党内法规的针对性、可行性和实效性。坚持科学执政、民主执政、依法执政，是对中国共产党执政实践经验的总结，是加强党执政能力建设的重要指导原则。只有坚持科学执政、民主执政、依法执政，不断提高执政能力和执政水平，才能赢得人民群众的拥护和支持、不断巩固执政地位，顺利开启新时代中国特色社会主义伟大事业，实现中华民族伟大复兴的中国梦。开展党内法规工作的一个重要目标就是推进和保障科学执政、民主执政、依法执政，使党的领导方式和执政方式更加制度化、规范化、程序化，不断增强党的执政能力、提高党的执政水平。

案例与思考 2-1

把抓好党建作为最大的政绩

2014 年 10 月 8 日，习近平在党的群众路线教育实践活动总结大会上指出，各级各部门党委（党组）必须树立正确政绩观，坚持从巩固党的执政地位的大局看问题，把抓好党建作为最大的政绩。如果我们党弱了、散了、垮了，其他政绩又有什么意义呢？各级党委要把从严治党责任承担好、落实好，坚持党建工作和中心工作一起谋划、一起部署、一起考核，把每条战线、每个领域、每个环节的党建工作抓具体、抓深入，坚决防止“一手硬、一手软”。

思考题：如何理解“把抓好党建作为最大的政绩”？

二、宪法至上、党章为本

党内法规必须坚持以党章为根本，贯彻党的基本理论、基本路线、基本方略。党章是党内根本大法，是制定党内法规的根本依据，党的理论路线方针政策是制定党内法规的重要依据。一方面，制定党内法规必须与党章规定的党的性质和宗旨相一致，严格按照党章规定的权限和范围，体现党章确立的原则和精神。在制定、规范党章未涉及事项的党内法规时，必须严格遵循上位党内法规，确保所制定的党内法规与上位党内法规高度一致。另一方面，制定党内法规必须不折不扣地贯彻、体现党的理论和路线方针政策，及时将党的理论创新成果和实践创新成果上升为党内法规。党的基本理论、基本路线、基本方略是中国共产党在带领人民推进改革开放的历史进程中形成的，其中，党的基本理论是指马克思主义及其中国化时代化成果，主要包括马克思列宁主义、毛泽东思想、邓小平理论、“三个代表”重要思想、科学发展观和习近平新时代中国特色社会主义思想；党的基本路线是领导和团结全国各族人民，以经济建设为中心，坚持四项基本原则，坚持改革开放，自力更生，艰苦创业，为把我国建设成为富强、民主、文明、和谐、美丽的社会主义现代化强国而奋斗；党的基本方略是坚持党对一切工作的领导、坚持以人民为中心、坚持全面深化改革、坚持新发展理念、坚持人民当家作主、坚持全面依法治国、坚持社会主义核心价值体系、坚持在发展中保障和改善民生、坚持人与自然和谐共生、坚持总体国家安全观、坚持党对人民军队的绝对领导、坚持“一国两制”和推进祖国统一、坚持推动构建人类命运共同体、坚持全面从严治党。这十四条，构成了新时代坚持和发展中国特色社会主义的基本方略。党内法规必须全面贯彻党的基本理论、基本路线、基本方略，更好引领党和人民事业发展。坚持和加强党的全面领导，贯彻党的基本理论、基本路线、基本方略，提高党的建设质量，需要走制度化、规范化、程序化的路子。党内法规是党的制度的高级形态，必须着眼于切实推进和保障党的建设制度化、规范化、程序化，充分发挥党内法规的作用，为深入推进新时代党的建设新的伟大工程作出贡献。

党内法规在坚持党章为本原则的同时，还必须坚持宪法至上原则，保证党必须在宪法和法律的范围内活动，注重党内法规同国家法律的衔接和协调。宪法是国家的根本法，是治国安邦的总章程，是党和人民意志的集中体现。“宪法至上、党章为本”一直是党内法规建设的基本原则。党的十八大以来，习近平同志多次强调，坚持依法治国首先要坚持依宪治国，坚持依法执政首先要坚持依宪执政。全面贯彻实施宪法是全面依法治国的首要任务和基础性工作。党领导人民制定宪法法律，领导人民实施宪法法律，党自身要在宪法法律范围内活动。全国各族人民、一切国家机关和武装力量、各政党和各社会团体、各企业事业组织，都必须以宪法为根本的活动准则，都负有维护宪法尊严、保证宪法实施的职责。坚持依宪治国、依宪执政，就包括坚持宪法确定的中国共产党领导地位不动摇，坚持宪法确定的人民民主专政的国体和人民代表大会制度的政体不动摇。[①] 2018 年修订后的《宪法》序言规定：“本宪法以法律的形式确认了中国各族人民奋斗的成果，规定了国家的根本制度和根本任务，是国家的根本法，具有最高的法律效力。全国各族人民、一切国家机关和武装力量、各政党和各社会团体、各企业事业组织，都必须以宪法为根本的活动准则，并且负有维护宪法尊严、保证宪法实施的职责。”《中国共产党章程》也规定，

① 中共中央宣传部，中央全面依法治国委员会办公室. 习近平法治思想学习纲要. 北京：人民出版社、学习出版社，2021：48.

“党必须在宪法和法律的范围内活动”。党内法规工作作为党的一项重要工作，同样也要遵守党必须在宪法和法律范围内活动的规定，不得与宪法和法律相抵触，这是党内法规必须要遵循的合宪性、合法性底线。

三、民主集中、统一权威

加强党内法规工作，推进全面从严治党，必须坚持民主集中制，充分发扬党内民主，维护党的集中统一。党内民主是党的生命，这是总结党的历史经验得出的科学结论。党的百年发展历程表明，没有党内民主就没有党的兴旺发达，什么时候有了党内民主，我们党和党所领导的事业就充满生机；什么时候党内民主受到削弱和破坏，党就会犯错误，党的事业就会遭受严重挫折。对于我们党而言，在长期执政的条件下，发展党内民主是党始终面临和必须认真解决的重大问题，这个问题的核心就涉及党内民主和党员权利的关系。集体领导是民主集中制原则的精髓，是党委领导的最高原则。民主集中制是中国共产党的根本组织原则和领导制度，正确规范了党内政治生活、处理党内关系的基本准则，是反映、体现全党同志和全国人民利益与愿望，保证党的路线、方针、政策正确制定和执行的科学的、合理的、有效率的制度。“集体领导、民主集中、个别酝酿、会议决定”这十六字原则体现了民主集中制的基本精神和基本要求。作为党的根本组织原则，民主集中制也是制定党内法规的基本遵循。制定党内法规坚持民主集中制，有两层含义：一是内容上要符合民主集中制要求，党内法规的制度安排要充分发扬党内民主和维护党的集中统一要求，着力完善以民主集中制为核心的党内法规制度体系。二是制定过程要坚持民主集中制，充分发扬民主，广泛征求意见，凝聚各方共识，保证制定过程的开放性和民主性，同时要实行正确的集中，保证制定的效率和质量。

法规的生命在于执行，法规的权威也在于执行。维护党内法规制度体系的统一性和权威性，是维护党的集中统一、确保中央决策部署贯彻落实的重要保证。做好党内法规制定工作，必须注重加强统筹规划，搞好顶层设计，力求实现实体性规定与程序性规定衔接、综合性规定与专门性规定协调、下位党内法规与上位党内法规配套，健全监督实施制度，通过备案、清理、评估等制度，纠正党内法规存在的不适应、不协调、不衔接、不一致问题，确保党内法规制度体系的统一性和协调性。当前法规制度不可谓不多，也已基本涵盖了公权力运行的各个重要领域和关键环节，但权力的出轨与越轨现象仍然易发、多发、高发。之所以如此，一个关键因素是执行环节出了问题，即法规制度执行不力。原因主要在于：设计不科学，规定的内容过于原则、笼统，不好执行；宣传不到位，党员干部对制度规定不了解、不清楚，无从执行；监督不严肃，导致“违法成本”过低甚至没有成本，不愿执行；等等。一分部署，九分落实。实践证明，检查督促是推动工作落实的有效方法，也是保证制度执行的“不二法门”。同样是党内法规，“中央八项规定”之所以能被有效执行，同各级纪检监察机关高频次、强力度的监督检查、严厉查处、公开曝光是分不开的。因此，既要常态化开展对党内法规执行情况的监督检查，又要严肃查处“有令不行、有禁不止”的行为，让不执行党内法规，甚至违反党内法规付出沉重代价、形成震慑，不断提升党内法规执行力，切实维护党内法规的严肃性、权威性。

四、于法周延、于事简便

党内法规制度建设必须要突出可操作性，坚持便利管用，防止烦琐重复。党内法规是拿来用的，不是用来看的，制度不在多，而在于精，在于务实管用，具有针对性和指导性。党内法规建设必须坚持问题导向，根据管党治党实践中发现的制度漏洞和薄弱环节，按照“简便易行、有效管用”的原则，出台针对性强、实用性强、可操作性强的制度规定，既不能贪大求全、面面俱到，更不能复杂烦琐、难以操作。要言不烦，大道至简。党内法规只有简明扼要、言简意赅，才有利于党内法规的执行和实施，也有利于广大党员干部的遵守和服从。

党的十八大以来，党中央多次对推进党的制度建设、全面提高党的建设科学化水平作出战略部署，习近平同志也多次强调，加强党内法规制度建设，要按照于法周延、于事简便的原则提高制度制定质量，要立体式、全方位推进制度体系建设，把权力关进制度的笼子里。2013 年 2 月 23 日，习近平在十八届中央政治局第四次集体学习时指出，对立法的要求“已经不是有没有，而是好不好、管用不管用、能不能解决实际问题；不是什么法都能治国，不是什么法都能治好国；越是强调法治，越是要提高立法质量”。2014 年 6 月 30 日，习近平在十八届中央政治局第十六次集体学习时进一步指出，“要本着于法周延、于事简便的原则，体现改革精神和法治思维，把中央要求、群众期盼、实际需要、新鲜经验结合起来，注重实体性规范和保障性规范的结合和配套，努力形成系统完备的制度体系”。所谓于法周延，是指注重党内法规制度的系统性，使各项制度相互衔接、系统配套；所谓于事简便，是指注重党内法规制度的可操作性，使其明确具体、实在管用。党的十八大之后的党内法规制度建设，言简意赅，简明扼要，深得全体党员的认可，实际上就是贯彻落实了习近平同志“于法周延、于事简便”的工作思路，在制定党内法规时，在标准上严格起来，在内容上系统起来，在措施上完善起来，在环节上衔接起来，做到不漏人、不缺项、不掉链，使存在的问题能被及时发现，发现的问题能被及时解决。注重简明实用、防止烦琐重复是对党内法规制定工作的基本要求。简明实用是党内法规易于得到理解、执行、遵守的重要条件。党内法规应当方向正确，内容明确，逻辑严密，表述准确、规范、简洁，具有可操作性。这是对党内法规在文风上的要求。因此，制定党内法规必须遵守简明实用原则，主题要鲜明、要求要明确、措施要具体、结构要简单、用语要简练，坚决反对空话套话虚话，反对叠床架屋、烦琐重复，反对照抄照搬，切实增强党内法规的针对性、可操作性、实效性，确保党内法规简便易行、有效管用。

本章小结

在党内法规体系中，党内法规原则具有重要的作用，其直接决定了党内法规的基本性质、核心内容和价值取向，是党内法规的精神、本质和要求最集中的体现，构成了整个党内法规体系的价值基础和制度基石。从整体上看，党内法规工作要坚持正确的政治方向、坚持根本的价值取向、坚持强烈的实践面向、坚持鲜明的问题导向、坚持明确的工作指向，这构成了党内法规的根本原则。同时，在具体实践中，党内法规工作要坚持围绕中心、服务大局，坚持宪法至上、党章为本，坚持民主集中、统一权威，坚持于法周延、于事简便，这构成了党内法规的基本原则。

本章思考题

1. 党内法规原则有什么作用？
2. 如何理解党内法规要坚持强烈的实践面向？
3. 如何理解党章为本与宪法至上之间的关系？
4. 如何理解党内法规的围绕中心、服务大局原则？

第三章

党内法规关系

习近平总书记重要论述

中国特色社会主义法治体系是中国特色社会主义制度的重要组成部分，必须牢牢把握中国特色社会主义这个定性，正确处理政治和法治、改革和法治、依法治国和以德治国、依法治国和依规治党的关系，在坚持党的全面领导、保证人民当家作主等重大问题上做到头脑特别清晰、立场特别坚定。

——2021 年 12 月 6 日，习近平在十九届中央政治局第三十五次集体学习时强调

课程思政

1. 学习党员义务和党员权利的概念和内容，了解党员义务和党员权利的关系，引导学生正确认识党内法规的“义务本位”特点，深化学生对党员权利义务，特别是对对党的忠诚义务的认识，增强维护党中央权威和集中统一领导的理论自觉性。

2. 通过对党内法规关系的主体、党内法规关系的客体和党内法规关系的内容的学习，了解党内法规关系的特殊属性，正确处理个人与党组织、国家和社会的关系。

第一节　党内法规关系概述

一、党内法规关系的概念和特征

党内法规关系，是指党内法规在调整和规范党组织之间、党组织和党员之间、党员之间的行为、活动过程中所形成的社会关系。在性质上，党内法规和国家法律一样，都是法治体系的重要组成部分，都是法治规范的具体表现形式。党内法规关系的基本原理和构成要素源于法律关系，深受法律关系的影响；同时，党内法规关系又根据自己调整对象和适用范围的不同，具有自己独特的构成要素和特点。

党内法规关系由三要素构成，即党内法规关系的主体、党内法规关系的客体和党内法规关系的内容。党内法规关系的主体包括党员，党组织和参与党内法规关系的非党员、非党组织；党内法规关系的客体包括物、党员行为以及党组织的工作和活动；党内法规关系的内容包括义务和权利、权力和责任。

党内法规关系作为一种特殊的社会关系，具有以下特征：

首先，党内法规关系是根据党内法规建立的社会关系。社会关系纷繁庞杂，由不同的规范体系所调整，如有些社会关系是由法律规范所调整的，有些社会关系是由道德规范所调整的，党内法规作为社会规范的一种特殊形态，调整的主要是党组织和党员之间的关系，在调整对象和调整领域上，与其他社会关系具有根本性的区别。

其次，党内法规关系是体现党的意志的一种社会关系。党规姓党，党内法规作为管党治党的重要依据，必然要体现党的意志、反映党的主张、贯彻党的要求。因此，党内法规所体现的都是党的价值取向和意志要求。党内法规关系作为一定社会关系的特殊形式，其实质是党的规范意志在社会关系层面的逻辑延伸和实践展开。①

最后，党内法规关系是规范和调整特定党内主体之间的义务和权利、权力和责任的关系。党内法规关系和法律关系、道德关系以及其他社会关系的最大不同，体现在其是以党内法规中规定的义务和权利、权力和责任为纽带而形成的社会关系。党内法规对党组织和党员的义务和权利、权力和责任都作出了明确规定，提出了明确要求，这些关于义务和权利、权力和责任的规定和要求在社会关系中的执行落实，就构成了党内法规关系的产生、变更和消灭，没有这些规定和要求，党内法规就失去了存在价值。

二、党内法规关系与其他相关概念的关系

（一）党内关系

党内关系是指党组织内部各个构成部分及各个层次之间规范化或非规范化的相互关系，包括党的各个组织之间的关系、党员与党组织之间的关系和党员之间的关系。党内关系是随着党的建立和壮大而产生和不断发展的，其实质是围绕党的组织原则、党员的权利与义务所产生的相互交往的行为模式和人际关系的模式。党内关系是政党所固有的，无论什么人，只要一加入政党组织，就被置身于党内关系之中，

① 李军. 中国共产党党内法规研究. 天津：天津人民出版社，2016：104.

成为党内关系的一环。党内关系的核心是同志关系，要保持健康的党内同志关系，倡导清清爽爽的同志关系、规规矩矩的上下级关系，

党内关系和党内法规关系具有十分密切的联系：二者都是社会关系的一种，都以党组织内部及其构成人员的关系为调整和规范对象，都对党的建设研究具有重要意义。二者的区别主要在于：第一，在性质依据上，党内关系主要是根据党的意志、党组织的活动、党员的行为建立的社会关系，党内法规关系主要是根据党内法规调整和规范的对象和事项建立的社会关系；第二，在从属关系上，党内关系的范围更广，党内法规关系是党内关系的一种，党内关系必然包括党内法规关系；第三，在调整内容上，党内法规关系主要调整特定党内主体之间的义务和权利、权力和责任关系，而党内关系主要调整党内主体之间的行为关系，包括但并不限于义务和权利、权力和责任关系。

（二）党建关系

党建关系是党在推进党建工作时所形成的社会关系的总称。党建，即党的建设的简称，是指党为保持自己的性质而从事的一系列自我完善的活动，主要包括党的政治建设、思想建设、组织建设、作风建设、纪律建设、制度建设、党风廉政建设等。党的建设关系重大、牵动全局，党建是党抓好各项工作的根本。党建工作抓好了，基层党组织的核心作用就能更好发挥，队伍的凝聚力和向心力就更加明显，党的各项工作任务都会得到更长久、更完善的发展。

党内法规关系和党建关系既有联系也有区别。其相同之处在于：二者都是社会关系的一种，工作目的都是按照新时代党的建设总要求，把党建设成为始终走在时代前列、人民衷心拥护、勇于自我革命、经得起各种风浪考验、朝气蓬勃的马克思主义执政党。二者的区别在于：在从属关系上，党建关系是上位概念，党内法规关系是下位概念，党内法规是党的建设中的制度建设的核心内容，加强和改进党的建设是党内法规建设的根本旨归。

（三）党务关系

党务关系是党在开展党务工作时所形成的社会关系的总称。党务工作就是围绕党的建设而进行的一系列具体的党内管理活动，如发展党员、党员教育、党员管理、纪律检查、党内监督、宣传工作等。党务是围绕党建展开的具体业务，是实现党建的过程和载体。党务工作是党的建设的重要组成部分，加强党务工作是落实党的建设任务的重要保证。如果说党建工作是伟大工程，那么党务工作就是按照党建工作的目标要求，对伟大工程的规划施工和考核评价。

党务关系和党内法规关系有着密切关系：党务工作和党内法规工作都是党所从

事的事业，都是以无产阶级政党作为研究对象的科学。在坚持依法治国与制度治党、依规治党统筹推进、一体建设的背景下，党务工作、党建工作乃至党的工作都要有章可依，遵规而行，因此作为党建工作的具体活动的党务工作，也要依法依规开展，这就使得绝大部分的党务关系以党内法规关系的形式呈现出来。在区别上，党务关系更多地体现为具体性、事务性工作，在实践中往往侧重于留痕管理、定量考核，而党内法规关系涉及的制度建设具有根本性、全局性、稳定性和长远性，在实践中需要长远谋划、顶层设计、整体推进，侧重于制度落实、定性分析。

第二节　党内法规关系的主体

党内法规关系的主体是党内法规关系的参加者，是指参加党内法规关系，依法承担义务、享有权利和行使权力、履行责任的当事人。在党内法规关系中，党员义务需要有主体来承担，党员权利需要有主体来享有，党内权力需要有主体来行使，党内责任需要有主体来履行。

根据党内法规的规定，能够参与党内法规关系的主体包括以下几类。

一、党员

党员是党的肌体的细胞，是党的活动的主体，也是党内法规关系中最重要的主体。党章规定，年满 18 岁的中国工人、农民、军人、知识分子和其他社会阶层的先进分子，承认党的纲领和章程，愿意参加党的一个组织并在其中积极工作、执行党的决议和按期交纳党费的，可以申请加入中国共产党。在性质上，党员是中国工人阶级的有共产主义觉悟的先锋战士。中国共产党作为无产阶级的先锋队，对党员的行为标准和纪律要求高于和严于普通公民，作为一名中国共产党党员必须把全心全意为人民服务作为根本宗旨，为了实现党的理想信念宗旨而不惜牺牲个人的一切。对此，党章和各类党内法规都有着详细而具体的规定和要求。普通公民在经过一系列严格的入党考察并履行完入党程序之后，就成为一名共产党员，就不能再以普通公民的身份和标准来要求自己，而是要严格按照党章党规党纪的标准要求和衡量自己。党规党纪严于国家法律。党是肩负神圣使命的政治组织，党员是有着特殊政治职责的公民。入了党，就意味着多尽一份义务，就要在政治上讲忠诚、组织上讲服从、行动上讲纪律。党章规定，每个党员，不论职务高低，都必须编入党的一个支部、小组或其他特定组织，参加党的组织生活，接受党内外监督。

同时，为了保证党的纯洁性和先进性，党章还规定了党员的淘汰退出机制。第一，党员有退党的自由。共产党是靠理想信念凝聚在一起的组织，每个党员都必须要有为共产主义奋斗终身的理想信念。如果党员丧失了理想信念或者理想信念动摇了，主动要求退出党组织，这个时候他就失去了共产党员的先进性，就应当在完成相应程序后退党，一般是经支部大会讨论后宣布将其除名，然后报上级党组织备案。第二，如果党员缺乏革命意志，不履行党员义务，不符合党员条件，这个时候党支部应当对他进行政治教育、思想教育、组织教育，并给出一定的时间期限让其限期改正不足、修正错误。如果经教育后其思想观念、政治行为、组织观念发生了根本性的转变，可以视其情况采取相应措施将其继续留在党组织。如果经教育后，其思想观念、政治行为、组织观念仍然没有任何转变的，这个时候他就不符合党员的基本条件了，就没有必要将其继续留在党组织之内，就应当劝其自觉退党。劝党员退党是一个很严肃的组织行为，一般应当经过党的支部大会讨论决定，同时还要报上级党组织予以批准。如果被劝告退党的党员既不改正又坚持不退，这种情况下应当将其提交党的支部大会予以讨论决定，一般会决定将其党内除名，并报上级党组织予以批准。第三，还有一种丧失党员主体资格的情况是自行脱党。这种情况的适用情形是：党员没有正当理由，连续 6 个月不参加党的组织生活，或不交纳党费，或不做党所分配的工作。出现了上述三种情形之一就被认为是自行脱党。出现了自行脱党的情况后，该党员所在的党支部应该召开支部大会，以支部大会的决定形式将其除名，并报上级党组织予以批准。

二、党组织

党组织是党内法规关系的另一个重要主体。党的力量来自组织，组织严密是党的光荣传统和独特优势。党的全面领导、党的全部工作要靠党的坚强组织体系去实现。一般而言，组织是指诸多要素按照一定方式相互联系起来的系统。在现代社会系统中，组织就是指人们为实现一定的目标，通过互相协作结合而成的集体或团体，如党团组织、工会组织、企业组织、军事组织等。在社会系统中，组织不仅是社会系统的细胞、基本单元，还是社会系统的基础。

中国共产党作为一个政党组织，在组织架构和组织形式上，也有自己的组织体系。党的组织是一个完整的组织体系，由中央组织、地方组织和基层组织三部分构成，形成包括党的中央组织、地方组织、基层组织在内，涵盖党的纪律检查机关、党的工作机关、党组，纵向到底、横向到边的严密组织架构。不管是哪种形式、哪种类型的党组织，都必须依照党章规定相应设置党支部、党总支或党的基层委员会，并严格按照党章规定开展各项工作。常见的党组织主体主要有以下几个。

（1）党的中央组织。党的中央组织，是指党的中央一级的组织，是党的首脑机关，领导全党的工作。具体包括：党的全国代表大会、中央委员会、中央纪律检查委员会、中央政治局、中央政治局常务委员会、中央书记处、中央军事委员会。事在四方，要在中央。党中央是大脑和中枢，党和国家大政方针的决定权在党中央。党的任何组织和成员都必须维护党中央定于一尊、一锤定音的权威，服从党中央集中统一领导。

（2）党的地方组织。党的地方组织，是指按照国家行政区域设置的各级党的组织，是党的地方领导机关。包括：党的省、自治区、直辖市，设区的市、自治州、县（旗）、自治县，不设区的市、市辖区的代表大会，它们所产生的委员会（纪律检查委员会）和常务委员会，以及党的中央和地方各级委员会派出的代表机关。党的地方组织是躯干和四肢，要确保党中央重大决策部署落到实处。坚持和完善党的地方组织工作制度，健全议事决策和监督机制，增强整体功能，提高领导水平，把党的地方组织建设成为坚决听从党中央指挥、管理严格、监督有力、班子团结、风气纯正的坚强组织。截至 2021 年 12 月 31 日，全国共有党的各级地方委员会共 3 198 个。其中，省（区、市）委 31 个，市（州）委 397 个，县（市、区、旗）委 2 770 个。

（3）党的基层组织。党的基层组织是党的肌体的“神经末梢”，是党在社会基层组织中的战斗堡垒，是党的全部工作和战斗力的基础。党的基层组织，是指党在社会基层单位（包括企业、农村、机关、学校、医院、科研院所、街道社区、社会组织、人民解放军连队和其他基层单位）成立的组织。其中，党的基层组织按照建制分为基层党委、党总支和党支部三类，分别设立党的基层委员会、总支部委员会、支部委员会作为领导机构。在实践中，一般按照人数划分基层组织类型：党员人数 100 人以上的，设立党的基层委员会。党员人数不足 100 人、确因工作需要的，经上级党组织批准，也可以设立党的基层委员会；党员人数 50 人以上、100 人以下的，设立党的总支部委员会（简称党总支）。党员人数不足 50 人、确因工作需要的，经上级党组织批准，也可以设立党总支；正式党员 3 人以上的，成立党支部。正式党员 7 人以上的党支部，设立支部委员会。如有特殊情况，如某单位党员人数较少，但要加强党组织的领导的，也可以经上级批准后成立党总支甚至党的基层委员会。党支部是党的基础组织，是党组织开展工作的基本单元。要全面推进党支部标准化规范化建设，加强基础工作，完善基本制度，提升基本能力，落实基本保障，充分发挥党支部直接教育党员、管理党员、监督党员和组织群众、宣传群众、凝聚群众、服务群众的职责作用。党员人数较多或者党员工作地、居住地比较分散的党支部，应当按照便于组织开展活动原则，划分若干党小组。截至 2021 年 12 月 31 日，中国共产党共有基层组织 493.6 万个，其中基层党委 27.8 万个，总支部 31.6 万个，支部 434.2 万个。

（4）党的纪律检查委员会。党的各级纪律检查委员会是党内监督专责机关，按照党章的规定其主要任务是：维护党的章程和其他党内法规，检查党的路线、方针、政策和决议的执行情况，协助党的委员会推进全面从严治党、加强党风建设和组织协调反腐败工作，推动完善党和国家监督体系。党的各级纪律检查委员会的职责是监督、执纪、问责，要经常对党员进行遵守纪律的教育，作出关于维护党纪的决定；对党的组织和党员领导干部履行职责、行使权力进行监督，受理处置党员群众检举举报，开展谈话提醒、约谈函询；检查和处理党的组织和党员违反党的章程和其他党内法规的比较重要或复杂的案件，决定或取消对这些案件中的党员的处分；进行问责或提出责任追究的建议；受理党员的控告和申诉；保障党员的权利。

（5）党的工作机关。党的工作机关是党实施政治、思想和组织领导的政治机关，是落实党中央和地方各级党委决策部署，实施党的领导、加强党的建设、推进党的事业的执行机关，主要包括办公厅（室）、职能部门、办事机构和派出机关。其中，党委办公厅（室）是党委的综合部门，负责推动党委决策部署的落实，按照党委要求协调有关方面开展工作，承担党委运行保障具体事务；党委职能部门是负责党委某一方面工作的主管部门，按照规定行使相对独立的管理职能，制定相关政策法规并组织实施，协调指导本系统、本领域工作。党的组织、宣传、统战、政法委等部门，就属于这一类型；党委办事机构是协助党委办理某一方面重要事务的机构，一般是指党委为加强跨领域、跨部门重要工作的领导和组织协调而设立的议事协调机构的常设办事机构，承担议事协调机构的综合性服务工作，可以根据有关规定履行特定管理职责，如中央全面深化改革委员会、中央网络安全和信息化委员会、中央财经委员会、中央外事工作委员会的办公室，负责相关领域重大工作的顶层设计、总体布局、统筹协调、整体推进、督促落实等；党委派出机关是党委为加强对特定领域、行业、系统领导而派出的工作机关，根据有关规定代表党委领导该领域、行业、系统的工作。其中比较典型的，是党的机关工作委员会。

（6）党组。党组是党在中央和地方国家机关、人民团体、经济组织、文化组织和其他非党组织的领导机关中设立的领导机构，在本单位发挥领导作用，是党对非党组织实施领导的重要组织形式。党组在本单位发挥领导作用，履行把方向、管大局、保落实职责。基于党组在党的工作中的重要作用，要想加强和改进党的领导，必须要坚持和完善党组工作制度，健全工作规则和决策机制，坚持党建工作与业务工作同谋划、同部署、同推进、同考核，督促推动本单位领导班子依法依章程及时全面落实党组决策，确保党的理论和路线方针政策在本单位贯彻落实。截至 2021 年 6 月，全国从中央到县级共设有 12.5 万多个党组。

三、参与党内法规关系的非党员、非党组织

党内法规是调整党组织和党员行为和活动的规范形态，非党员、非党组织原本不是党内法规的调整对象，自然也不是党内法规关系的参加主体，但随着党的“统揽全局、协调各方”作用发挥的愈加充分，党的领导作用在党和国家各项工作中都体现得更加明显。2018 年 2 月 28 日党的十九届三中全会审议通过的《中共中央关于深化党和国家机构改革的决定》指出，根据坚持党中央集中统一领导的要求，科学设定党和国家机构，准确定位、合理分工、增强合力，防止机构重叠、职能重复、工作重合。党的有关机构可以同职能相近、联系紧密的其他部门统筹设置，实行合并设立或合署办公，整合优化力量和资源，发挥综合效益。所以在坚持优化协同高效原则的指导下，党内法规可以除了可以调整党组织和党员的行为和活动，还要涉及非党员和非党组织，如《中国共产党机构编制工作条例》第 4 条规定：“党和国家机构改革、体制机制和职责调整，各类机关和事业单位的机构、编制、领导职数的配备和调整，适用本条例。前款所称各类机关是指党的机关、人大机关、行政机关、政协机关、监察机关、审判机关、检察机关和各民主党派机关、群团机关。”这里的机构编制工作不仅仅是党的机关的编制工作，人大机关、行政机关、政协机关、监察机关、审判机关、检察机关和各民主党派机关、群团机关的编制工作同样适用该条例。

另外，在很多情况下，党政联合发文中的政府（部门）也有可能会成为党内法规关系的参加主体。党内法规涉及政府职权范围事项的，可以由党政机关联合制定。实践中，常有党委（部门）与政府（部门）联合行文的文件。《党政机关公文处理工作条例》第 17 条规定：“同级党政机关、党政机关与其他同级机关必要时可以联合行文。属于党委、政府各自职权范围内的工作，不得联合行文。党委、政府的部门依据职权可以相互行文。部门内设机构除办公厅（室）外不得对外正式行文。”《中国共产党党内法规制定条例》第 13 条规定：“涉及两个以上部委职权范围的事项，有关部委应当联合制定党内法规或者提请党中央制定中央党内法规。”

党政联合行文文件在形式上一般具有以下特点：（1）红头、文号分别为党委文件和党委发文字号；（2）标题、发文机关署名中包括党委和政府。从制定主体类别来看，则包括如下几类：一是一级党组织可以与同级政府联合发文，如中共中央与国务院、地方党委与地方政府可以联合发文；二是党的工作机关可以与同级政府部门联合发文，如环境保护部、中宣部、中央文明办、教育部、共青团中央、全国妇联等六部委联合发布的《全国环境宣传教育工作纲要（2016—2020 年）》；三是上级党委的工作机关与下一级政府可以联合发文，如《中共中央组织部、国家发展和改革委员会、北京市人民政府等关于中关村国家自主创新示范区建设人才特区的若干意见》。[①] 虽然此类文件署名单位包括党委（部门）和政府（部门），但是文件系党组织文号印发，不影响发文主体的认定，即发文主体是党委机关。根据党政分工的原则，地方党委与行政机关是不同的组织机构，地方党委与行政机关共享信息，是一种党的领导方式，不是行政法上的权利、义务关系。因此，党政联合行文文件一般不属于政府信息，而应属于党委信息。

案例与思考 3－1

以市委办为制定主体并以党委文号制发的

党政联合文件是否属于政府信息

《中华人民共和国政府信息公开条例》第 2 条规定，政府信息是指行政机关在履行行政管理职能过程中制作或者获取的，以一定形式记录、保存的信息。陈先生、胡女士据此条例，申请公开某市委办公室、市政府办公室文件《关于加快推进危房治理改造工作的实施意见》，但是市政府认为该文件并不属于政府信息，故告知陈先生、胡女士通过其他合法途径获取相关信息。二人对该决定不服，向人民法院提起诉讼。

本案中，一审法院认为：申请人申请公开的《关于加快推进危旧房治理改造工作的实施意见》是以中共某市委办公室为制定主体并以党委文号制发的党政联合文件，该党政联合文件的制定主体为市委办公室，并以党委文号下发，该党政联合文件属于党内的信息，不属于政府信息。因而某市政府作出的《政府信息公开申请答复书》，以陈先生、胡女士所申请公开的信息不属于政府信息为由，告知其通过其他合法途径获取相关信息，并无不当。一审

① 张力. 党政联合发文的信息公开困境与规则重塑：基于司法裁判的分析. 中国法学，2020 (1).

法院驳回了原告的诉讼请求，二审法院也驳回了上诉，维持原判。胡女士与陈先生向最高人民法院申请再审，最高人民法院经过审查，作出（2020）最高法行申746号行政裁定书，认为该再审申请不符合再审的条件，驳回了其再审申请。

思考题：判断党政联合文件是否属于政府信息的标准是什么？

第三节　党内法规关系的内容

一、党员义务和党员权利

义务和权利是党内法规关系的基本内容，也是党内法规体系的基础范畴。党内法规强调坚持义务和权利的统一，行使民主权利与坚持党性原则的统一，认为党员的民主监督不仅是权利，更是对党应尽的义务。为此，党中央坚持依法治国与制度治党、依规治党统筹推进、一体建设，陆续修改了《中国共产党章程》《关于新形势下党内政治生活的若干准则》《中国共产党党内监督条例》《中国共产党纪律处分条例》《中国共产党问责条例》《中国共产党党员权利保障条例》等一系列骨干性党内法规，对强化党内监督、发扬党内民主、激发党内活力、保障党员权利发挥了重要作用。

（一）党员义务和党员权利的内涵

党章是党的各级组织和全体党员必须遵守的基本准则和规定，党章关于共产党员的义务和权利的规定，是衡量一个党员的具体标准，是党对每一个共产党员的全面要求，也是党员条件的具体化。因此，每一个党员都要严格遵守党章中关于党员的义务和权利的规定，认真领会党员义务和党员权利的规范内涵和精神实质，认真履行自己的义务，正确行使自己的权利，自觉维护党的利益，积极推进党的事业，做一名合格共产党员。党员权利是党章规定的党员应当享有的党内各项权利，在性质上主要是指党员在党内应该享有的政治民主权利。了解党章中规定的党员义务和党员权利，是广大党员履行党员义务、增强党员意识、争做合格党员的前提和基础。

1. 党员的八项义务

党员义务是党员对党应尽的责任，是党对党员的基本要求，是党员条件的具体化，也是衡量一个党员是否合格的具体标准。党章规定了党员必须履行的八项义务，各项义务之间相互关联，具有严密的逻辑性。自觉履行八项义务，是保持党员先进性的内在要求，是每个党员不可推卸的政治责任。

（1）学习的义务。认真学习马克思列宁主义、毛泽东思想、邓小平理论、“三个代表”重要思想、科学发展观、习近平新时代中国特色社会主义思想，学习党的路线、方针、政策和决议，学习党的基本知识和党的历史，学习科学、文化、法律和业务知识，努力提高为人民服务的本领。

（2）执行路线的义务。增强“四个意识”、坚定“四个自信”、做到“两个维护”，贯彻执行党的基本路线和各项方针、政策，带头参加改革开放和社会主义现代化建设，带动群众为经济发展和社会进步艰苦奋斗，在生产、工作、学习和社会生活中起先锋模范作用。

（3）坚持党的宗旨的义务。坚持党和人民的利益高于一切，个人利益服从党和人民的利益，吃苦在前，享受在后，克己奉公，多做贡献。

（4）遵守党纪国法的义务。自觉遵守党的纪律，首先是党的政治纪律和政治规矩，模范遵守国家的法律法规，严格保守党和国家的秘密，执行党的决定，服从组织分配，积极完成党的任务。

（5）维护团结和统一的义务。维护党的团结和统一，对党忠诚老实，言行一致，坚决反对一切派别组织和小集团活动，反对阳奉阴违的两面派行为和一切阴谋诡计。

（6）开展批评、自我批评的义务。切实开展批评和自我批评，勇于揭露和纠正违反党的原则的言行和工作中的缺点、错误，坚决同消极腐败现象作斗争。

（7）联系群众的义务。密切联系群众，向群众宣传党的主张，遇事同群众商量，及时向党反映群众的意见和要求，维护群众的正当利益。

（8）发扬新风尚的义务。发扬社会主义新风尚，带头实践社会主义核心价值观和社会主义荣辱观，提倡共产主义道德，弘扬中华民族传统美德，为了保护国家和人民的利益，在一切困难和危险的时刻挺身而出，英勇斗争，不怕牺牲。

党员义务，是党员对党的承诺和不可推诿的天职。当每一名党员面对党旗进行入党宣誓时，已经明确表示拥护党的纲领，遵守党的章程，履行党员义务，执行党的决定。这也就是向党作出了承诺或约定。党员履行义务要做到全面、严格、自觉。“全面”，就是对党员八项义务的理解和履行要全面。这八项义务从政治、思想、组织、作风等方面，对党员都提出了严格的要求，每一条都很重要，都要切实履行。“严格”，就是指党员在履行义务时，标准要高，要求要严，不能有半点马虎和迁就。“自觉”，就是指党员在履行义务时要有高度的自觉性，时时刻刻按照党章规定的要求去做。履行党员的义务是与党员的本职工作紧密联系的。共产党员要充分发挥先锋模范作用，既要有为人民服务的热情，又要掌握为人民服务的过硬本领。只有联系实际工作，在工作岗位上学习科学、文化和业务知识，才能努力提高为人民服务的本领；否则党员在群众中就没有威信，就会在实际工作中感到心有余而力不足，起不到应有的作用。

2. 党员的八项权利

党员权利是党章规定的党员应当享有党内的各项权利。在党内，每个党员都是平等的，都有同样的权利共同管理党的事务，发挥自己的积极性和负责精神，维护党的利益，保证党的事业的健康发展。

（1）参加会议权、阅读文件权和接受教育培训权。党员有权参加党小组会、支部大会、党员大会以及按其担任的党内职务和代表资格应当参加的有关会议。党员应积极参加党的有关会议，因故不能到会者，应履行请假手续。党员有权阅读按规定可以阅读的各种党内文件。党员有权根据党组织的计划提出接受培训的要求。党员接受培训要服从组织安排。

（2）参加讨论权。党员有权在党的会议上参加关于党的政策和理论问题的讨论，可以在党的会议上充分发表自己的意见。党员有权在党报党刊上参加党的中央和地方组织的关于党的政策和理论问题的讨论，讨论中党员以个人名义投送稿件无须经过其所在党组织审阅或批准。党员在讨论党的政策和理论问题的过程中，必须坚持党的基本路线，在思想上、政治上同党中央保持一致。

（3）提出建议和倡议权。党员有权以口头或书面方式对本单位、本地区、本部门党组织，上级党组织直至中央的各方面工作提出建议和倡议。

（4）批评、揭发和检举权，要求处分、罢免或撤换权。党员有权在党的会议上有根据地批评党的任何组织和任何党员，也有权以写信的方式有根据地批评党的任何组织和任何党员，但该批评信件只能寄送被批评对象及其所在党组织或上级党组织。党员有权以口头或书面方式向党的各级组织直至中央负责地揭发、检举党的任何组织和任何党员违法违纪的事实，有权要求处分违法违纪的党员。党员有权要求党的组织罢免或撤换不称职的党员领导干部的职务。党员在进行批评、揭发、检举时，必须实事求是，明确列举事实根据，不得夸大和歪曲事实，更不准捏造事实、诬告陷害；必须按组织原则办事，符合有关程序，不得随便扩散、传播。

（5）行使表决权、选举权，享有被选举权。党组织讨论决定问题，要执行少数服从多数的原则。决定重要问题，应充分进行协商、酝酿，必要时进行表决。参加表决的党员有赞成、反对的权利，也可以弃权。每个正式党员都享有选举权和被选举权（正在受留党察看处分的党员除外）。选举人有了解候选人情况、要求改变候选人、不选任何一个候选人和另选他人的权利。

（6）参加权和申辩权。在党的支部大会讨论决定对党员的党纪处分时，在党组织对党员作出鉴定时，本人有权参加和进行申辩，其他党员可以为其作证和辩护。申辩、作证和辩护必须实事求是。作伪证者应受到党纪追究。

（7）提出意见权。中国共产党是高度集中统一的整体，党员应在政治上、思想上、组织上与党中央保持一致，坚决执行党的决议和政策，这是保证党的团结统一的基本条件，是党的纪律，是对党员的基本要求。但是，党员对党的决议和政策产生某些不同意见也是正常现象。党员对党的决议和政策如有不同意见，在坚决执行的前提下，有权以口头或书面形式向党组织声明保留，并且可以通过正常途径把自己的意见向党的上级组织直至中央提出。保证广大党员的这项权利，有利于发扬党内民主和坚持真理，修正错误。

（8）提出请求、申诉和控告权，要求答复权。党员在政治、工作、学习等方面遇到重要问题，需要党组织帮助解决的，有权向各级党组织直至中央提出请求。党员对于党组织给予本人或其他党员的处分、鉴定、审查结论或其他处理不服，有权逐级向党组织直至中央提出申诉。党员的各项合法权益受到党组织或其他党员的侵害时，有权向上级党组织直至中央提出控告。党员在请求申诉和控告时，应有正当理由，实事求是。党员提出请求、申诉和控告，有权要求有关组织给予负责的答复。

（二）党员义务和党员权利的关系

党员权利是党章规定的党员应当享有的党内的各项权利。党的任何一级组织直至中央都无权剥夺党员的上述权利。在党内，每个党员都是平等的，都有同样的权利共同管理党的事务，发挥自己的积极性和负责精神，维护党的利益，保证党的事业的健康发展。正确行使党员权利是共产党员保持先进性的重要体现和重要条件，党员权利得到有效行使的程度关系到党内民主的实现程度，是贯彻执行民主集中制原则的基础。党员能否有效而正确地行使权利，关系到党员先进性的发挥，关系到党的生命力和创造力的保持，从而也关系到党的执政能力建设。发展党内民主，是国内外历史经验教训的深刻启示，是提高党的执政能力和领导水平、提高拒腐防变和抵御风险能力的内在要求，是党的事业兴旺发达的重要保证。首先强调的是“民主基础上的集中”，也就是说，始终要以发扬民主为基础前提，只有在广泛发扬民主的基础上，才能实现正确的集中。

党员是党的主体，党员不仅要履行应尽的义务，而且要享受党章规定的各项民主权利。只有将党员的义务与权利结合起来，党员才能真正意识和体会到自己在党内政治生活中的主人翁地位，也才能深切地了解自己作为党的主体应负的责任和应发挥的作用。同时，党员权利也是相对的，出现了国家法律、党内法规规定的特定情形，党员权利也是可以受到限制的。例如，《中国共产党纪律处分条例》第30条规定："党员被依法留置、逮捕的，党组织应当按照管理权限中止其表决权、选举权和被选举权等党员权利。根据监察机关、司法机关处理结果，可以恢复其党员权利的，应当及时予以恢复。"

党员义务和党员权利是党章的规定，具有党内根本大法的严肃性。党章对党员义务和党员权利的规定，适用于所有的党员。在党内，党员无论职位高低、党龄长短、能力强弱、贡献大小，都必须认真履行党员义务，充分享有党员权利。党内不允许存在"只享有权利，不履行义务"的特殊党员。党员的权利和义务是与时俱进的。从七大党章的四项义务和四项权利，八大党章的十项义务和七项权利，到十二大党章的八项义务和八项权利，至十五大党章时党员义务和权利基本形成了一个完备的体系。十六大党章又在此基础上进一步补充，增加了"三个代表"重要思想内容，十八大党章增加了"科学发展观"内容，党的十九大党章增加了"习近平新时代中国特色社会主义思想"内容，二十大党章增加了学习"党的历史"和增强"四个意识"、坚定"四个自信"、做到"两个维护"内容，可以看出，随着时代的发展党员的义务和权利不断充实新的内容。

马克思曾经说过："没有无义务的权利，也没有无权利的义务。"义务和权利互为条件、相互联系、相辅相成。两者都统一于党和人民的根本利益。一方面，党员要履行自己的义务，没有一定的权利不行；另一方面，要让广大党员都行使应享有的权利，就必须都要履行自己的义务。广大党员要正确认识和处理义务和权利的辩证统一关系，行使权利必须以履行义务、担当责任、遵守纪律为前提。需要注意的是，《中国共产党章程》第3条、第4条分别规定了党员的八项义务和八项权利，并把党员义务规定在先，权利规定在后，党章这种规定顺序，正好与《宪法》规定公民权利先于公民义务相反，集中体现了中国共产党的性质和宗旨，体现了党员履行义务的自觉性和自愿性，从理论和实践的结合上摆正了党员的义务先于权利的关系，具有重要理论和现实意义。党员履行义务，是党员在高度觉悟的基础上，为完成党的任务而自觉承担的责任；党员行使权利，是党员发挥作用，维护党的利益的重要表现。履行义务是行使权利的前提，行使权利是履行义务的保证。只想享受权利不愿履行义务，或只要求党员履行义务而不尊重党员应有的权利，都是错误的。因此，对于普通公民来说，权利先于义务，权利本位是宪法、法律的基本价值取向，在个人和国家的关系上，个人对国家具有权利，强调国家公权力服从于权利，权利是权力的界限，法无明文规定时应当作出权利推定而不是推出义务。而对于党员来说，义务先于权利，义务本位是党内法规的基本价值取向，在个人与党组织的关系上，强调个人无条件服从党组织，个人对党组织首要的职责是履行义务，其价值取向是保证党组织的团结统一。

二、党内权力和党内责任

权力和责任是党内法规关系的核心内容，也是党内法规体系的核心范畴。权力和责任，是同时存在且相互依存的关系，权力意味着责任，有权力必然有责任，权力越大，责任越大，权力不正当行使也必然会导致责任的产生。

（一）党员权利的让渡与党内权力的产生

党内法规是党的中央组织、党中央工作机关和各省、自治区、直辖市党委制定的用以规范党组织的工作、活动和党员的行为的党内各类规章制度的总称，因此，从效力对象上看，党内法规只对党的成员和组织具有规范、调整作用与产生约束力，具有适用对象上的限定性、特定性。中国共产党作为中华民族的先进组织和先锋队伍，对其成员的要求要高于一般社会成员与组织，所以在立法立规的层面上要高于普通的法律，党内法规的规范力与约束力要严于国家的普通法律。党规党纪严于国家法律，申请加入共产党意味着主动放弃普通公民享有的一部分权利和自由，就必须多尽一份义务。对于不遵守党章党规党纪的党员，党的纪律检查机构可以行使党内法规赋予的监督执纪问责权力，对这些党员进行组织处理、纪律处分，在国家《监察法》通过之前，极端情况下甚至可以“两规”的形式来限制和剥夺其人身自由。由于党本质上不属于国家机关，行使的不是国家权力，那么，党内法规的权力来源是什么，即党内法规对违纪党员进行约束、惩戒、制裁的理论依据是什么呢？

一般认为，党员与党组织之间形成的法律关系是不同于一般法律关系的，党员与党组织之间形成的是一种“特别权力关系”，构成了党内法规的效力源泉。一般法律规定的法律保留等原则，以及一般法律赋予普通公民的某些权利如人身自由，在党员身上受到某种程度的限制，并且对这种人身自由的限制也无法诉诸司法上的救济。在公法学上，所谓“特别权力关系”，是指在特定行政领域内，为达到行政目的，在公民与国家之间所建立的、加强公民对国家从属性的关系。特别权力关系是相对于一般权力关系而言的，其“特别”指的是对公民权利的特别限制。在一般权力关系中，国家权力和公民权利受法治原则的支配，国家权力对公民权利的侵犯，可以诉诸法治原则予以救济；而在特别权力关系中，国家权力和公民权利之间是一种特殊的关系，权力主体对公民个人行使的权力不受法治原则的支配，公民个人权利在受到国家权力侵犯的时候也无法寻求一般的法治救济。

一般认为，特别权力关系理论主要存在于一些特殊的领域，比较典型的有公务员领域、军队领域、学校领域和监狱领域。我国党组织和党员的关系，在性质上近似于国家机关和公务员的关系，因此，这里可以借鉴特别权力关系理论来解释党组织和党员之间的权利义务关系，解决党组织惩戒权力的效力来源问题。基于这种理论，党内特别权力关系的特点主要：一是排除法律保留原则，二是剥夺权利救济手段。具体而言，党内特别权力关系包括如下特征：第一，党组织可以以党内法规的方式限制党员的自由权利。在党内特别权力关系中，党组织无须法律授权就可以制定党内法规，对党组织和党员的行为和权利进行限制。第二，党员义务具有不确定性。在党内特别权力关系中，党组织对党内的党员享有总括性命令支配权，只要有需要，即使法律无具体明确的规定，仍然可以以党内法规的形式为党员设定各种义务。第三，党组织对党员具有惩戒权。在党内特别权力关系中，如果党员违反党章党规党纪，或者公然违反党组织的决定命令，党组织有权行使公权力，对相关党员做出惩戒。第四，党内特别权力关系不适用权利救济原则。由于上述惩戒措施是党内措施，即使受惩戒的党员对其不服，也不能向法院申请司法救济。

在性质上我国党组织和党员的关系类似于公务机关和公务员的关系，因此，参照特别权力关系理论，党内法规之所以对党员具有较强的约束力，是因为党组织和党员之间处于一种特殊的权力关系之中，在这个关系中，党员自愿放弃和让渡了一部分作为公民享有的权利和自由，并自我承诺愿意遵守党组织的规定，接受党组织的惩戒制裁。所以，公民申请加入中国共产党就意味着主动放弃普通公民享有的一部分权利和自由，就应该用党章党规党纪约束自己行为，特别是一旦涉嫌违纪违规，就必须接受党组织一切形式的调查处理。即使党组织对自己采取严格的处理措施，也不能再拿普通公民的权利和自由来辩解，因为自从递交入党申请书那一刻起，就意味着让渡和放弃了部分权利和自由，而从党组织批准入党那一刻起，党组织也就有了对每一名党员采取严格要求的权力。

党员的这种自我承诺集中体现在入党誓词上。入党誓词是成为预备党员后，在入党宣誓仪式上，需要宣读的誓词。1982 年 9 月召开的党的十二大首次把入党誓词作为一条写进了党章。现行《中国共产党章程》第一章第 6 条明确规定：预备党员必须面向党旗进行入党宣誓。誓词如下："我志愿加入中国共产党，拥护党的纲领，遵守党的章程，履行党员义务，执行党的决定，严守党的纪律，保守党的秘密，对党忠诚，积极工作，为共产主义奋斗终身，随时准备为党和人民牺牲一切，永不叛党。"

从效力内容看，入党誓词是党章的正式条文，具有党内法规的刚性约束力，对党组织和党员具有正式的规范效力和拘束要求。从效力来源看，入党誓词是党员与党组织达成的一种政治契约，是双方合意的结果，具有明确的规范效力。每个党员在入党之时都写过书面的入党志愿书，从契约角度来看，这本质上是一种书面要约，党组织在接受入党志愿书并同意其入党之后，实际上就相当于作出了承诺。经过了要约和承诺这两个法定环节，一份具有法律意义的“合同”实际上已经完成了，所以党员就要服从自己的承诺，履行入党志愿书的内容。在入党宣誓时，每个党员面对党旗，进行庄严的宣誓，实际上是对着党组织又一次作出的承诺。因此，遵守党员的入党志愿，严格遵守党章党规党纪，是党员在入党时作出的庄严承诺，具有明确的规范效力。从这个意义上讲，党内法规其实是党员和党组织达成的政治契约，在这个契约中，党员让渡和放弃了一部分权利和自由交给党组织，由党组织来保护党员的权利和发展；党组织集中行使党员让渡的这部分权利和自由，形成党组织的权力，享有对违反契约党员的惩戒权力。所以，每个党员都要坚持初心、坚定信念、坚守承诺，重温入党志愿书、牢记入党誓词、严守党章党规，这既是每个党员的法定义务，也是党组织对每个党员的基本要求。

（二）党内责任的具体形态

义务的不履行会导致责任的产生，权力的不正当行使也会导致责任的产生。根据违反党内法规行为的性质和情节，党内法规呈现不同的责任机制。2016 年 10 月 27 日公布的《中国共产党党内监督条例》第 7 条规定：党内监督必须把纪律挺在前面，运用监督执纪“四种形态”，经常开展批评和自我批评、约谈函询，让“红红脸、出出汗”成为常态；党纪轻处分、组织调整成为违纪处理的大多数；党纪重处分、重大职务调整的成为少数；严重违纪涉嫌违法立案审查的成为极少数。2018 年 11 月 26 日审议通过的《中国共产党纪律检查机关监督执纪工作规则》第 4 条规定，坚持惩前毖后、治病救人，把纪律挺在前面，精准有效运用监督执纪“四种形态”，把思想政治工作贯穿监督执纪全过程，严管和厚爱结合，激励和约束并重，注重教育转化，促使党员自觉防止和纠正违纪行为，惩治极少数，教育大多数，实现政治效果、纪法效果和社会效果相统一。《中国共产党章程》第 40 条规定，坚持惩前毖后、治病救人，执纪必严、违纪必究，抓早抓小、防微杜渐，按照错误性质和情节轻重，给以批评教育、责令检查、诫勉直至纪律处分。运用监督执纪“四种形态”，让“红红脸、出出汗”成为常态，党纪处分、组织调整成为管党治党的重要手段，严重违纪、严重触犯刑律的党员必须开除党籍。综合监督执纪“四种形态”和有关规定，一般来讲，违反党内法规主要承担以下几种责任类型。

1. 谈话提醒、约谈函询

谈话提醒、约谈函询是党内监督的重要方式。对线索中反映的苗头性、倾向性问题及时进行处置，让咬耳扯袖、红脸出汗成为常态，防止小问题拖成大问题，这体现了对干部的信任、帮助、关心和爱护。谈话提醒、约谈函询，主要是指需要查证核实的问题线索或反映的问题具有一般性，需要及时批评教育，包括查清后可以给予轻处分。谈话记录和函询回复应当认真核实，存档备查。谈话提醒、约谈函询的政治性、政策性极强，纪律检查机关在工作实践中要坚持关口前移，加强对问题线索的综合研判，对职责范围内的要分类处置，对属于地方和部门管理的干部问题线索要移交处置。约谈函询要严格履行审批手续，函询结果要由本单位党组织主要负责人签字上交，有的还要让其在民主生活会上开展批评和自我批评。

2. 组织处理

组织处理是指党组织对违规违纪违法、失职失责失范的领导干部采取的岗位、职务、职级调整措施，包括停职检查、调整职务、责令辞职、免职、降职。组织处理是教育干部、管理干部的必备手段，是全面从严治党的重要措施。2021 年 3 月 19 日发布的《中国共产党组织处理规定（试行）》是做好组织处理工作的重要遵循，对指导和规范组织处理工作，推进组织处理与纪律处分、法律责任追究有机衔接，构建更加完备的干部管理监督制度体系，具有重要意义。组织处理的适应情形主要是，领导干部在政治表现、履行职责、工作作风、遵守组织制度、道德品行等方面不符合要求情形且问题严重。

组织处理的后果是：停职检查期限一般不超过 6 个月。受到调整职务处理的，1 年内不得提拔职务、晋升职级或者进一步使用。受到责令辞职、免职处理的，1 年内不得安排领导职务，2 年内不得担任高于原职务层次的领导职务或者晋升职级。受到降职处理的，2 年内不得提拔职务、晋升职级或者进一步使用。同时受到党纪政务处分和组织处理的，按照影响期长的规定执行。领导干部受到组织处理的，当年不得评选各类先进。当年年度考核按照以下规定执行：受到调整职务处理的，不得确定为优秀等次；受到责令辞职、免职、降职处理的，只写评语不确定等次。同时受到党纪政务处分和组织处理的，按照对其年度考核结果影响较重的处理处分确定年度考核等次。对受到责令辞职、免职处理的领导干部，可以根据工作需要以及本人特长，安排适当工作任务。需要注意的是，组织处理可以单独使用，也可以和党纪政务处分合并使用，但组织处理和纪律处分互不代替，不允许以组织处理代替纪律处分，或者以纪律处分代替组织处理。

3. 党纪处分

党的纪律是党的各级组织和全体党员必须遵守的行为规则，是维护党的团结统一、完成党的任务的保证。党组织必须严格执行和维护党的纪律，共产党员必须自觉接受党的纪律的约束。党的纪律主要包括政治纪律、组织纪律、廉洁纪律、群众纪律、工作纪律、生活纪律。2018 年 10 月 1 日起施行的《中国共产党纪律处分条例》第 8 条规定了对党员的纪律处分种类：（1）警告；（2）严重警告；（3）撤销党内职务；（4）留党察看；（5）开除党籍。第 9 条规定，对于违犯党的纪律的党组织，上级党组织应当责令其作出检查或者进行通报批评。对于严重违犯党的纪律、本身又不能纠正的党组织，上一级党的委员会在查明核实后，根据情节严重的程度，可以予以：（1）改组；（2）解散。

4. 政务处分

以“政务处分”代替“政纪处分”，是国家监察体制改革试点的重要内容。2018 年 3 月 20 日，《监察法》的通过标志着监察体制改革在全国范围内的正式完成。作为反腐败工作机构，国家监委与中央纪委具有非常密切的关系：在党中央统一领导下，中央纪委同国家监委合署办公，履行纪检、监察两项职能，实行一套工作机构、两个机关名称，实际上就是“两块牌子一套人马”，从而实现党内监督和国家机关监督、党的纪律检查和国家监察的有机统一，实现对所有行使公权力的公职人员监察全覆盖。在监委组建后，监察对象既包括行政机关工作人员，也包括法律、法规授权或者受国家机关依法委托管理公共事务的组织中从事公务的人员，国有企业管理人员等。以前使用的“政纪处分”，主要针对行政机关及其工作人员，适用范围过窄。“政务处分”的适用对象范围比“政纪处分”更宽，不仅包括公务员，还包括其他行使公权力的公职人员，体现了权责对等、失责必究的基本精神。2018 年 4 月 16 日公布的《公职人员政务处分暂行规定》第 6 条规定，监察机关对违法的公职人员可以依法作出警告、记过、记大过、降级、撤职、开除等政务处分决定。为了规范政务处分，加强对所有行使公权力的公职人员的监督，促进公职人员依法履职、秉公用权、廉洁从政从业、坚持道德操守，2020 年 6 月 20 日，第十三届全国人民代表大会常务委员会第十九次会议通过了《中华人民共和国公职人员政务处分法》，其第 7 条明确规定，政务处分的种类为：（1）警告；（2）记过；（3）记大过；（4）降级；（5）撤职；（6）开除。

5. 问责处理

问责是追究领导干部的责任，意即权责对等，是政治文明的体现。2016 年 6 月 28 日中共中央政治局审议通过、2019 年修订的《中国共产党问责条例》第 4 条第 1

款规定，党委（党组）应当履行全面从严治党主体责任，加强对本地区本部门本单位问责工作的领导，追究在党的建设、党的事业中失职失责党组织和党的领导干部的主体责任、监督责任、领导责任。第 5 条规定：党内问责的对象是党组织、党的领导干部，重点是党委（党组）、党的工作机关及其领导成员，纪委、纪委派驻（派出）机构及其领导成员。问责的方式较多，主要包括批评教育、作出书面检查、给予通报批评、公开道歉、诫勉谈话、组织处理、调离岗位、停职检查、引咎辞职、辞职、免职、降职、党纪军纪政纪处分、移送司法机关依法处理等。第 8 条规定：对党组织的问责，根据危害程度以及具体情况，可以采取以下方式：（1）检查。责令作出书面检查并切实整改。（2）通报。责令整改，并在一定范围内通报。（3）改组。对失职失责，严重违犯党的纪律、本身又不能纠正的，应当予以改组。对党的领导干部的问责，根据危害程度以及具体情况，可以采取以下方式：（1）通报。进行严肃批评，责令作出书面检查、切实整改，并在一定范围内通报。（2）诫勉。以谈话或者书面方式进行诫勉。（3）组织调整或者组织处理。对失职失责、危害较重，不适宜担任现职的，应当根据情况采取停职检查、调整职务、责令辞职、免职、降职等措施。（4）纪律处分。对失职失责、危害严重，应当给予纪律处分的，依照《中国共产党纪律处分条例》追究纪律责任。上述问责方式，可以单独使用，也可以依据规定合并使用。问责方式有影响期的，按照有关规定执行。

由此可见，《中国共产党问责条例》将这些问责方式规范为对党组织的检查、通报、改组 3 种方式，对党的领导干部的通报、诫勉、组织调整或者组织处理、纪律处分 4 种方式。这些方式均在党内法规中有明确规定、在实践中经常使用。其中，诫勉既包括谈话诫勉，也包括书面诫勉；组织调整或者组织处理包括停职检查、调整职务、责令辞职、降职免职等。该条例规定，问责方式既可以单独使用，也可以合并使用，这主要是考虑到，在问责实践中，有时要进行组织处理，也要给予纪律处分，这时就要将两种方式合并使用。

6. 严重违纪涉嫌违法立案审查

在全面从严治党的新形势下，把纪律和规矩挺在前面，要把握和运用好监督执纪的“四种形态”，其中第四种形态是“严重违纪涉嫌违法立案审查的成为极少数”。这里的违法立案一般指刑事违法立案，是对不守纪律和规矩的党员干部采取的最刚性措施。监督执纪中的“纪法分开”“先处后移”，要求纪律审查的重心从“查违法”向“查违纪”转换，厘清执纪与司法的界限，全面履行执纪监督职能，对涉嫌犯罪的腐败分子及时移送司法机关，而不是用党纪政务处分代替刑事责任追究。对此，《中国共产党纪律处分条例》第 29 条规定：“党组织在纪律审查中发现党员严重违纪涉嫌违法犯罪的，原则上先作出党纪处分决定，并按照规定给予政务处分后，再移送有关国家机关依法处理。”

案例与思考 3-2

民政部系统性腐败问题问责事件

2016 年 11 月 9 日，中纪委官网刊文《减遏并重 标本兼治 重构福彩公信力》，通报：对民政部下属中福彩中心领导班子违反《彩票管理条例》，集体研究同意中彩在线公司年度分红，造成国有资产巨额损失的 14 名责任人员予以严肃问责，其中对 12 人立案审查，对 2 人予以诫勉。查清了中福彩中心原主任鲍学全、原副主任王云戈的严重违纪事实，给予 2 人“双开”处分，并移送司法机关处理。对中福彩中心原主任王素英、原副主任冯立志采取留置措施。

2017 年 2 月 8 日，经中共中央批准，中共中央纪委对第十八届中央委员，民政部原党组书记、部长李立国和民政部原党组成员、副部长窦玉沛严重失职失责问题立案审查。经查，李立国同志作为民政部党组书记、部长，窦玉沛同志作为民政部党组成员、副部长，管党治党不力，严重失职失责，所辖单位发生系统性腐败问题，决定给予李立国同志留党察看两年处分，由监察部报请国务院批准给予其行政撤职处分，降为副局级非领导职务；决定给予窦玉沛同志党内严重警告处分，终止其党的十八大代表资格，提前退休。

思考题：中福彩中心领导班子贪腐，为什么要对原民政部党组进行问责？

（三）党内权力和党内责任的关系

有权就有责，权责要对等。在关系上，权力和责任是相互一致、不可分离的一个整体。有权力必须有对应的责任，有责任必须有对应的权力。权力与责任成正比关系，有多大的权力就有多大的责任。权力就是责任，责任就要担当。每一个党员干部都应秉持为民负责、从严治权的政治立场，坚守“权为民用，情为民所系，利为民所谋”政治原则。“权为民所用”就是必须正确看待和运用手中的权力，始终以党和人民的事业为重，为人民掌好权、用好权，用人民赋予的权力服务于人民、造福于人民，绝不以权谋私。“情为民所系”就是必须坚持与人民群众心连心，始终把人民群众的安危冷暖挂在心上，倾听群众呼声，关心群众疾苦，切实帮助群众解决实际困难，绝不脱离群众。“利为民所谋”就是树立正确的利益观，坚持人民的利益高于一切。全心全意为人民服务，一刻也不脱离人民群众，一切从人民的利益出发，一心为人民谋利益。

权力越大，越容易出现“灯下黑”，越容易出轨越轨，因此要保证权力的正当行使，必须要完善党内权力运行和监督机制，实行权责对应，坚决反对特权，防止滥用职权。中国共产党作为执政党，对资源的支配权力很大，应该建立权力清单，什么权能用，什么权不能用，什么是公权，什么是私权，从制度法规上予以分开，不能公私不分、公权私用。权力的行使和责任的承担紧密相连，权力是人民赋予的、法规授予的，用权必须对人民负责、对法规负责。要始终牢记立党为公执政为民，要把权力当成是责任，把责任当成是担当，对权力始终保持一颗敬畏心，始终把手中的权力用于为党为国工作、为人民群众办实事、做好事、解难事，把党和人民赋予自己的权力作为一种责任、一种担当，让权力更好地转化为为党和人民谋利益的工具。

权力是一把“双刃剑”：权力的正当行使可以干事创业，造福于民；权力如果被滥用，可能会祸国殃民、反伤自身。对党员干部来说，权力不仅仅是一种支配力量，更是一份沉甸甸的责任。党员干部手中的权力来自人民的委托、组织的信任和法规的授予，每一个权力行使者都必须要理解、把握、处理好权力与职责的关系，以向党和人民负责的态度，以高度的事业心和责任感，谨慎地用好自己手中的权力，为人民服务、对人民负责并自觉接受人民监督，决不能把权力变成牟取个人或少数人私利的工具。每一名权力行使者都要牢记，权力是党和人民赋予的，是为党和人民做事用的，姓公不姓私，只能用来为党分忧、为国干事、为民谋利。所以，要正确行使权力，依法用权、秉公用权、廉洁用权，做到法定职权必须为，法无授权不可为，保持如临深渊、如履薄冰的谨慎，做到心有所畏、言有所戒、行有所止，处理好公和私、义和利、情和法、权和责的关系。同时，又要恪尽职守、夙夜在公，在自己的职责范围内，善于谋划、勇于担当、敢于负责，以攻坚克难的勇气、务实有效的举措、干事创业的决心，推动党和国家事业不断向前发展，不负党组织的重托和人民的厚望。

第四节　党内法规关系的客体

党内法规关系客体是指党内法规关系主体之间的义务和权利、责任和权力所指向的对象。它是构成党内法规关系的要素之一。党内法规关系的客体理论源于法律关系的客体理论，并根据调整对象和适用范围的不同进行了调整。党内法规关系的客体一般是一定利益的规范形式，从表现形态上可以分为物质利益和精神利益、有形利益和无形利益、直接利益和潜在利益等。随着社会的不断发展，党内法规关系的客体的范围和形式、类型也在不断变化。总体来看，由于管党治党实践的不断深入，党员义务和党员权利的类型也不断丰富，党内权力和党内责任也不断健全，党内法规关系的客体的范围和种类有不断扩大和增多的趋势。归纳起来，有以下几类。

一、人身

人身是指人的身体和人的身份。党和国家的管理方式和运行机制包括对人的身体的作用和对人的身份的控制，两者都可以成为党内法规关系和法律关系的客体。在法律关系中，人身权是最基本的权利，主要包括人格权和身份权。在党内法规关系中，人身也是党内法规关系主体间权利义务所指向的对象，也会成为党内法规关系的客体。与法律关系一样，在党内法规关系中，人身是党内义务和党内权利指向的对象，也是党内权力和党内责任发生作用的承载体。在党内法规体系中，有很多的党内法规都有关于人身及其内容的规定。从具体内容上看，作为党内法规客体的人身可以分为三个方面：人身自由、身份和人格。

1. 人身自由

在法律关系中，人身自由是人们一切行动和生活的前提条件，是公民最基本的权利之一。狭义的人身自由仅指公民的身体自由不受侵犯，即公民享有不受非法限制、监禁、逮捕或羁押的权利。广义的人身自由还包括与人身紧密联系的人格尊严和公民住宅不受侵犯，公民的通信自由和通信秘密受法律保护等。在党内法规关系，人身自由同样是党员的最重要的党内权利，特别是在吸取“文化大革命”中对人身自由和人格尊严的侵害和践踏的惨痛教训后，1980 年 2 月 29 日中国共产党第十一届中央委员会第五次全体会议通过的《关于党内政治生活的若干准则》专门规定：党内不准用超越党的纪律或违犯国家法律的手段对待党员。要绝对禁止采用林彪、“四人帮”的封建法西斯手段解决党内问题。严禁所谓揪斗，严禁人身侮辱和人身迫害，严禁诱供逼供。

党员的人身自由受到保护，并不意味着党员的人身自由绝对不受限制。正如公民的人身自由会因为国家的强制措施、处罚行为、刑罚判决受到限制、剥夺一样，党员的人身自由也会因为党的纪律检查措施而受到限制，其中，较为典型的是《监察法》出台之前，在党内曾经普遍存在过的“两规”措施。“两规”又称为“双规”，是中国共产党纪律检查机关所采取的一种特殊调查手段，是各级党组织对涉嫌违纪党员采取的一种强制手段，主要目的是防止被调查人拖延时间、逃避调查，甚至串供、外逃。在性质上，“两规”并非正式司法程序的一部分，而是一个先于司法程序的对人身自由进行限制的党内措施。1994 年 5 月 1 日施行的《中国共产党纪律检查机关案件检查工作条例》第 28 条第 1 款第 3 项规定：纪检机关调查组可以“要求有关人员在规定的时间、地点就案件所涉及的问题作出说明”。这就使“两规”在党内的使用有了党内法规层面的规范依据。

尽管“两规”措施对惩治贪腐异化党员、深入推进反腐败斗争发挥了积极作用，但在全面依法治国成为治国理政的主要方式之后，“两规”作为党内措施对人身自由进行限制的合法性日益受到质疑。2017 年党的十九大报告提出，制定国家监察法，依法赋予监察委员会职责权限和调查手段，用留置取代“两规”措施。2018 年全国人大通过的《监察法》第 22 条规定：“被调查人涉嫌贪污贿赂、失职渎职等严重职务违法或者职务犯罪，监察机关已经掌握其部分违法犯罪事实及证据，仍有重要问题需要进一步调查，并有下列情形之一的，经监察机关依法审批，可以将其留置在特定场所：（一）涉及案情重大、复杂的；（二）可能逃跑、自杀的；（三）可能串供或者伪造、隐匿、毁灭证据的；（四）可能有其他妨碍调查行为的。”这就赋予了留置在程序上的合法性，使其更具法治精神和人权保护价值。

在《监察法》明确用留置取代“两规”措施之后，很多重要党内法规在涉及对党员人身自由的限制时都采用了留置表述。例如，《中国共产党党员权利保障条例》第 30 条规定：“党员被依法留置、逮捕的，党组织应当按照管理权限中止其表决权、选举权和被选举权等党员权利。根据监察机关、司法机关处理结果，可以恢复其党员权利的，应当及时予以恢复。”《中国共产党基层组织选举工作条例》第 5 条规定：“正式党员有表决权、选举权、被选举权。受留党察看处分的党员在留党察看期间没有表决权、选举权和被选举权；预备党员没有表决权、选举权和被选举权。党员被依法留置、逮捕的，党组织应当按照管理权限中止其表决权、选举权和被选举权等党员权利。”《中国共产党纪律处分条例》第 30 条规定：“党员被依法留置、逮捕的，党组织应当按照管理权限中止其表决权、选举权和被选举权等党员权利。根据监察机关、司法机关处理结果，可以恢复其党员权利的，应当及时予以恢复。”《中国共产党纪律检查机关监督执纪工作规则》第 41 条规定：“需要对被审查调查人采取留置措施的，应当依据监察法进行，在 24 小时内通知其所在单位和家属，并及时向社会公开发布。因可能毁灭、伪造证据，干扰证人作证或者串供等有碍调查情形而不宜通知或者公开的，应当按程序报批并记录在案。有碍调查的情形消失后，应当立即通知被留置人员所在单位和家属。”

案例与思考 3-3

国家监察委员会留置第一案

2018 年 3 月 23 日，中华人民共和国国家监察委员会正式揭牌，与中央纪律检查委员会合署办公，国家监察体制改革迈出具有里程碑意义的关键一步。2018 年 4 月 1 日，中央纪委国家监委网站发布消息：贵州省委原常委、副省长王晓光涉嫌严重违纪违法，目前正接受纪律审查和监察调查。当天，国家监委向王晓光发出了编号为“国监留字［2018］110001 号”的《留置决定书》。王晓光是国家监委成立后第一个被采取留置措施的中管干部。

思考题：用留置取代“两规”有什么意义？

2. 身份

党内法规关系中的身份，是作为主体的党员在党内关系中的一种不可让与的地位或资格。党员是一种政治身份，党内法规关系中对身份的规定，主要涉及党员身份的认定和调整。党组织和党员的活动和行为往往会导致党员身份的变化，比如，申请入党的人，在履行完必要的入党申请程序后，一般情况下要先成为预备党员，经过预备期的考察后，才能成为正式党员。这里“预备党员”就是一种党员身份，预备党员的义务同正式党员一样。预备党员的权利，除没有表决权、选举权和被选举权以外，也同正式党员一样。

党的纪律处分也会导致党员身份的变化。党的纪律处分是党的组织对于违犯党纪的党员，根据其错误性质和情节的轻重，按照党章的有关规定作出的处罚。对党员的纪律处分有五种：警告、严重警告、撤销党内职务、留党察看、开除党籍。留党察看的时间最长不超过两年。党员在留党察看期间没有表决权、选举权和被选举权。党员经过留党察看，确已改正错误的，应当恢复其党员的权利；坚持错误不改的，应当开除党籍。党员受到开除党籍处分，五年内不得重新入党，也不得推荐担任与其原任职务相当或者高于其原任职务的党外职务。开除党籍是党内的最高处分。各级党组织在决定或批准开除党员党籍的时候，应当全面研究有关的材料和意见，采取十分慎重的态度。

3. 人格

党员是党的主体，所有党员在党内一律平等，都有平等地参与党内各种事务的权利，有权平等地直接或间接地决定党内的一切重大事务。党内一律平等是党内民主的精髓和核心，也是保障党员人格尊严的前提和基础。只有坚持党内一律平等，保障党员人格尊严，尊重党员主体地位，才能保障党员民主权利，形成积极健康的党内政治生活。《宪法》第38条规定，中华人民共和国公民的人格尊严不受侵犯。禁止用任何方法对公民进行侮辱、诽谤和诬告陷害。党纪严于国法，党内法规对党员人格尊严的保障必须坚持宪法至上原则，严格遵照宪法规定，将宪法中的保障人格尊严精神体现在党内法规的原则和具体规定中。例如，《关于新形势下党内政治生活的若干准则》专门规定："任何人都不准把党的干部当作私有财产，党内不准搞人身依附关系。领导干部特别是高级干部不能搞家长制，要求别人唯命是从，特别是不能要求下级办违反党纪国法的事情；下级应该抵制上级领导干部的这种要求并向更上级党组织直至党中央报告，不应该对上级领导干部无原则服从。规范和纯洁党内同志交往，领导干部对党员不能颐指气使，党员对领导干部不能阿谀奉承。"

案例与思考3-4

辱骂殴打党的干部案件

2018年7月13日，甘肃省纪检监察发布消息，政协甘肃省委员会农业和农村工作委员会副主任火某某涉嫌严重违纪违法，正接受甘肃省纪委监委纪律审查和监察调查。2019年1月10日，甘肃省纪委监委通报了火某某严重违纪违法案详情。通报特别指出，火某某违背中央决策另搞一套、辱骂殴打领导干部、随意且大量调整干部、搞形象工程等，把主政地方视为私人领地和独立王国。经甘肃省纪委常委会会议暨省监委委务会议审议并报甘肃省委批准，决定给予火某某开除党籍、开除公职处分；收缴其违纪所得；将其涉嫌犯罪问题移送检察机关依法审查起诉。

2020年11月11日早晨，河南省济源市政府秘书长翟某与其他市领导在机关餐厅里吃早餐，被济源市委书记张某质疑："你有什么资格在这里吃饭?"翟某上前解释时，张某"突然举起右手，狠狠地打了他一记响亮的耳光"。"掌掴事件"发生后，河南省委决定对济源市委书记张某作出处理，免去张某的中共济源市委书记、常委、委员等相关职务。

思考题：如何理解"不能把党组织等同于领导干部个人，对党尽忠不是对领导干部个人尽忠"?

4. 人身利益

党员人身利益包括人格利益和身份利益，是党员人格权和身份权的客体。人身利益是党内法规关系的重要客体，很多的党内法规的规定内容最终都要转化为人身利益才能对党内法规关系主体发生作用。例如，《中国共产党纪律处分条例》第40条规定："对于违纪行为所获得的经济利益，应当收缴或者责令退赔。对于违纪行为所获得的职务、职称、学历、学位、奖励、资格等其他利益，应当由承办案件的纪检机关或者由其上级纪检机关建议有关组织、部门、单位按照规定予以纠正。"这里列举的职务、职称、学历、学位、奖励、资格等其他利益，都属于党内法规关系客体的"人身利益"的范畴。

二、物

法律意义上的物是指法律关系主体支配的、在生产上和生活上所需要的客观实体。它可以是天然物，也可以是生产物；可以是活动物，也可以是不活动物。作为法律关系客体的物与物理意义上的物既有联系，又有不同，前者不仅具有物理属性，而且应具有法律属性。物理意义上的物要成为法律关系客体，须具备以下条件：第一，应得到法律认可。第二，应为人类所认识和控制。不可认识和控制之物不能成为法律关系客体。第三，能够给人们带来某种物质利益，具有经济价值。第四，须具有独立性。不可分离之物一般不能脱离主物，故不能单独作为法律关系的客体存在。作为党内法规关系客体的"物"，在范围和种类上大致等同于作为法律关系客体的物。在党内法规实践中，至于哪些物可以作为党内法规关系的客体或可以作为哪些党内法规关系的客体，应由党内法规予以具体规定。例如，《中国共产党党徽党旗条例》是我们党历史上第一部关于党徽党旗的基础主干法规，是党徽党旗制作、使用、管理的基本遵循。该条例规定，中国共产党的党徽党旗是中国共产党的象征和标志。维护党徽党旗的尊严，就是维护党的尊严，是各级党组织和每名党员必须履行的政治责任。在该条例中，党徽党旗作为一种客观存在物，就成为党内法规关系中的客体。

领导干部个人事项报告中的很多内容也属于党内法规关系中的"物"的范畴。例如，《领导干部报告个人有关事项规定》第4条规定，领导干部应当报告下列收入、房产、投资等事项：(1) 本人的工资及各类奖金、津贴、补贴等；(2) 本人从事讲学、写作、咨询、审稿、书画等劳务所得；(3) 本人、配偶、共同生活的子女为所有权人或者共有人的房产情况，含有单独产权证书的车库、车位、储藏间等；(4) 本人、配偶、共同生活的子女投资或者以其他方式持有股票、基金、投资型保险等的情况；(5) 配偶、子女及其配偶经商办企业的情况，包括投资非上市股份有限公司、有限责任公司，注册个体工商户、个人独资企业、合伙企业等，以及在国(境)外注册公司或者投资入股等的情况；(6) 本人、配偶、共同生活的子女在国(境)外的存款和投资情况。

类似的还有干部人事档案、党费、公文、办公经费、公务用车、办公用房等。由于党规严于国法，有可能对普通公民来说，某物是合法的物，但是对于共产党员来说，就有可能是违规违纪的物。比如，对于普通公民来说，购买名车名表、名烟名酒等奢侈物品是个人的消费自由，但对于共产党员来说，相关行为就有可能违反党的作风建设的相关规定，构成违规违纪。

三、精神产品

精神产品是人通过某种物体（如书本、砖石、纸张、胶片、磁盘等）记载下来并加以流传的思维成果。精神产品不同于有体物，其价值和利益在于物中所承载的信息、知识、技术、标识（符号）和其他精神文化。同时它又不同于人的主观精神活动本身，是精神活动的物化、固定化。精神产品属于非物质财富，又被称为“智力成果”。

作为党内法规关系客体的精神产品指的是党内主体在智力活动中所创造的精神财富，是知识产权所指向的对象。例如，《关于改进工作作风、密切联系群众的八项规定》规定：“要严格文稿发表，除中央统一安排外，个人不公开出版著作、讲话单行本，不发贺信、贺电，不题词、题字。”《中国共产党地方委员会工作条例》第19条规定：“常委会委员代表党委的讲话和报告，署名发表或者出版同工作有关的文章、著作、言论，应当事先经过常委会审定或者党委书记批准。”《中国共产党党组工作条例》第29条规定：以党组名义发布或者上报的文件、发表的文章，党组成员代表党组的讲话和报告，应当事先经党组集体讨论或者传批审定。党组成员署名发表或者出版同工作有关的文章、著作、言论，应当事先经党组审定或者党组书记批准。

四、行为

在法律关系中，法律行为是法律事实的一种，是指能引起法律关系产生、变更和消灭的人的活动和行为。在党内法规关系中，党内法规主体的活动和行为同样会引起党内法规关系的产生、变更和消灭，成为党内法规关系的客体。从主体角度来看，党内法规行为可以分为党员行为和组织行为两大类。

1. 党员行为

作为党内法规关系客体的党员行为，主要调整党员个人和党组织之间、党员个人之间的党内关系。党内法规是党员行为的基本准则和对党员的根本要求，党员行为分为禁止性行为和倡导性行为。倡导性行为是党中央对党员提出的倡导和希望，如《中国共产党廉洁自律准则》提出：党员要按照廉洁自律规范要求，坚持公私分明，先公后私，克己奉公。坚持崇廉拒腐，清白做人，干净做事。坚持尚俭戒奢，艰苦朴素，勤俭节约。坚持吃苦在前，享受在后，甘于奉献。党员领导干部要廉洁自律规范要求，廉洁从政，自觉保持人民公仆本色。廉洁用权，自觉维护人民根本利益。廉洁修身，自觉提升思想道德境界。廉洁齐家，自觉带头树立良好家风。禁止性行为是党员不可实施的行为，是党中央对党员设置的行为红线和底线，主要表现为党的纪律要求。党员必须要增强纪律意识，提升党规观念，强化纪律执行，知敬畏、存戒惧、守底线，习惯在受监督和约束的环境中工作生活，才能使得自己的行为时时刻刻符合党的纪律规矩的规定。党员违反党章和其他党内法规，违反国家法律法规，违反党和国家政策，违反社会主义道德，危害党、国家和人民利益的行为，依照党章党规党纪规定应当给予纪律处理或者处分的，都必须受到追究。党员标准是严于公民标准的，对普通公民而言并不违法的行为，对共产党员来说有可能是违规违纪行为。例如，在实践中，一些党员干部操办婚丧喜庆事宜时，罔顾纪律规定，有的不知收敛、巧立名目，有的囿于陋俗、党性不彰，有的化整为零、规避监督，有的贪图私利、明知故犯，不仅扭曲了正常的民俗人情，而且败坏了社会风气。对此，《中国共产党纪律处分条例》第 91 条规定："利用职权或者职务上的影响操办婚丧喜庆事宜，在社会上造成不良影响的，给予警告或者严重警告处分；情节严重的，给予撤销党内职务处分；借机敛财或者有其他侵犯国家、集体和人民利益行为的，从重或者加重处分，直至开除党籍。"婚丧嫁娶是正常的社会行为，操办婚丧喜庆事宜也是正当的传统民俗，普通民众在操办婚丧喜庆事宜时，为了表达喜庆或寄托哀思，收取一些钱财礼金，可能导致场面过于宏大，存在一些铺张浪费现象，但只要没有违法违规都是可以的。但是对于党员来说，如果出现了党员利用职权或者职务上的影响操办婚丧喜庆事宜，借机敛财或者有其他侵犯国家、集体和人民利益的行为，那就是明确的违规违纪行为，需要严肃予以处理。

2. 组织行为

党组织是党内法规关系的重要主体，对党组织工作和活动的调整和规范是党内法规的重要使命，党组织的工作和活动自然是党内法规关系的重要客体。党组织的工作和活动主要包括党的各级各类党组织在履行职责、完成任务等过程中所进行的工作和活动，如宣传引导、选拔任用、教育管理、干部培训，考核考查、巡视巡察、评比表彰、问责、处分、组织处理等。不同的党组织有不同的工作职责和活动内容。《中国共产党党组工作条例》第17条规定：“党组讨论和决定本单位下列重大问题：（一）贯彻落实党中央以及上级党组织决策部署的重大举措；（二）制定拟订法律法规规章和重要规范性文件中的重大事项；（三）业务工作发展战略、重大部署和重大事项；（四）重大改革事项；（五）重要人事任免等事项；（六）重大项目安排；（七）大额资金使用、大额资产处置、预算安排；（八）职能配置、机构设置、人员编制事项；（九）审计、巡视巡察、督查检查、考核奖惩等重大事项；（十）重大思想动态的政治引导；（十一）党的建设方面的重大事项；（十二）其他应当由党组讨论和决定的重大问题。”如果党组织没有按照党内法规规定履行工作职责，有可能会有引发相关的党内责任。如《中国共产党纪律处分条例》第9条规定：“对于违犯党的纪律的党组织，上级党组织应当责令其作出检查或者进行通报批评。对于严重违犯党的纪律、本身又不能纠正的党组织，上一级党的委员会在查明核实后，根据情节严重的程度，可以予以：（一）改组；（二）解散。”《中国共产党问责条例》第8条规定：“对党组织的问责，根据危害程度以及具体情况，可以采取以下方式：（一）检查。责令作出书面检查并切实整改。（二）通报。责令整改，并在一定范围内通报。（三）改组。对失职失责，严重违犯党的纪律、本身又不能纠正的，应当予以改组。”

本章小结

党内法规关系，是指党内法规在调整和规范党组织之间、党组织和党员之间、党员之间的行为、活动过程中所形成的社会关系。党内法规关系由三要素构成，即党内法规关系的主体、党内法规关系的客体和党内法规关系的内容。党内法规关系的主体包括党员、党组织和参与党内法规关系的非党员、非党组织；党内法规关系的客体包括物、党员行为以及党组织的工作和活动；党内法规关系的内容包括义务和权利、权力和责任。

本章思考题

1. 党内法规关系的特征是什么？
2. 如何把握党员义务和党员权利的关系？
3. 如何把握党内权力与党内责任的关系？
4. 如何理解入党誓词的规范效力？

第四章 党内法规效力

习近平总书记重要论述

要建立健全相关制度，用制度管权管事管人。要突出重点，重在管用有效，全方位扎紧制度笼子，更多用制度治党、管权、治吏。

——2015 年 3 月 5 日，习近平在参加十二届全国人大三次会议上海代表团审议时的讲话

课程思政

1. 通过对党内法规效力机制的学习，了解党内法规的基本责任形式，重点掌握新时代全面从严治党的三大责任机制，即党风廉政建设责任制、党建工作责任制和意识形态工作责任制，了解全面从严治党战略布局的基本内涵和重要意义。

2. 通过对党内法规效力范围和效力位阶的学习，了解党内权力和党内责任的关系，明确权力不正确行使必然产生责任的法治原理，增强学生的宗旨意识、法治意识、责任意识。

第一节 党内法规效力概述

党内法规的效力理论源于国家法律的效力理论。在法理学上，所谓法律效力是指法律所具有或者被赋予的约束力。根据法律规范的效力形态的不同，可以将法律规范的效力分为规范效力和实际效力两种，前者是指“据以衡量人的行为之行为要求或标准，其所具有的准则性或拘束性”。后者意指“规范的效率或其贯彻施行的机会”[①]。凯尔森将这种分类称为法律实效（efficacy）和法律效力（validity）的区别，

① ［德］拉伦茨. 法学方法论. 陈爱娥，译. 北京：商务印书馆，2003：78.

一个规则可能会因为多种原因缺乏实效，并未被服从或者被适用，但是它却仍然是有效力的。[①] 在国内，这种区分被称为“应然法律效力”和“实然法律效力”之别。[②]

党内法规效力就是党内法规的约束力，是指党内法规在何种范围、何种程度上得以实施的保护力和拘束力。[③] 基于法律规范效力的应然与实然二分法，我们可以将党内法规的效力形态也分为应然效力与实然效力两种。党内法规的应然效力是指党内法规作为一种规范所应当产生的拘束力，而党内法规的实然效力是指党内法规作为一种规范实际上产生的拘束力。由于党内法规的实际性效力或者实然效力是一个事实层面的描述性问题，这里主要研究党内法规作为一种特殊规范形态所应当具有的规范性效力。

党内法规具有规范效力，违反党内法规，必然要承担相应的规范责任，否则，党内法规就会形同虚设。责任机制是确保党内法规效力的重要机制，党组织和党员违反党章和其他党内法规，违反国家法律法规，违反党和国家政策，违反社会主义道德，危害党、国家和人民利益的行为，依照党内法规规定应当给予纪律处理或者处分的，都必须受到追究。管党治党责任是最根本的政治责任，是全面从严治党与依规治党相结合的必然结果。全面从严治党说到底是个责任问题，不明确责任、不落实责任、不追究责任，全面从严治党就是一句空话。各级党委（党组）要强化全面从严治党主体责任，肩负管党治党主体责任，党委（党组）书记是第一责任人，决不能当“甩手掌柜”，要切实把管党治党当作分内之事、应尽之责，真正把担子担起来，种好自己的“责任田”。落实主体责任能否形成长效机制，很大程度取决于相关的制度建设是否配套跟进。以深入推进党的建设制度改革为契机，建立健全选人用人、防错纠错、源头防腐、“三重一大”决策等制度机制，增强落实主体责任的严肃性和严密性。按照“谁主管、谁负责”的原则，通过听取汇报、检查指导、诫勉谈话等方式，加大制度执行和权力运行的监督检查力度，将压力层层传导下去，把责任压紧压实。《中国共产党党内法规制定条例》第 36 条规定：“坚持制定和实施一体推进，健全党内法规执行责任制，加大党内法规宣传、教育、培训力度，对党内法规执行情况、实施效果开展评估，加强监督执纪问责，确保党内法规得到有效实施。”《中国共产党党内法规执行责任制规定（试行）》第 10 条也规定：“党的纪律检查机关应当带头严格执行党内法规，并对其他党组织和党员领导干部履行执规责任进行监督检查，切实维护党章和其他党内法规。”当前，比较重要的党内法规责任形

① ［奥］凯尔森. 法与国家的一般理论. 沈宗灵，译. 北京：中国大百科全书出版社，1996：3－32.

② 张根大. 法律效力论. 北京：法律出版社，1999：159.

③ 宋功德，张文显. 党内法规学. 北京：高等教育出版社，2020：31－32.

式是党风廉政建设责任制、党建工作责任制和意识形态工作责任制，这三大主体责任既是党内法规执行责任制的核心内容，也是新时代管党治党的基本抓手。

一、党风廉政建设责任制

党风廉政建设责任制是指各级党委（党组）、政府（行政）及其职能部门的领导班子、领导干部在党风廉政建设中应当承担责任的制度。党风廉政建设的责任主体为各级党政领导班子及其成员，各级党政领导班子中的正职为本地区、本部门、本单位党风廉政建设第一责任人。党风廉政建设责任制的法规依据是2010年11月10日颁布的《关于实行党风廉政建设责任制的规定》第6条的规定："领导班子对职责范围内的党风廉政建设负全面领导责任。领导班子主要负责人是职责范围内的党风廉政建设第一责任人，应当重要工作亲自部署、重大问题亲自过问、重点环节亲自协调、重要案件亲自督办。领导班子其他成员根据工作分工，对职责范围内的党风廉政建设负主要领导责任。"

党风廉政建设责任制是新时代全面从严治党三大主体责任之一，也是新时代党内法规制度建设的重要内容，贯穿于各部重要的党内法规之中。例如，2017年12月20日施行的《中国共产党党务公开条例（试行）》第22条规定："党的组织应当建立健全党务公开工作督查机制，开展经常性检查和专项督查，专项督查可以与党风廉政建设责任制检查考核、党建工作考核等相结合。督查情况应当在适当范围通报。"2017年3月1日施行的《中国共产党工作机关条例（试行）》第22条第2款规定："党的工作机关领导班子应当认真履行全面从严治党主体责任，落实党风廉政建设责任制，模范执行廉洁自律各项规定，坚决维护党的纪律，推动形成风清气正、干事创业的良好环境。"因此，坚持全面从严治党必须要压实党风廉政建设责任制，在党内法规制度体系建设中贯彻和体现党风廉政建设责任制要求，在每一部党内法规中都要体现出党风廉政建设责任制、全面从严治党精神。

二、党建工作责任制

党建工作责任制是加强党的建设的管理机制，主要规定党建工作的各项制度、目标任务、工作责任、保障机制等。建立健全党建工作责任制，目标是要形成党委统一领导，一把手负总责，分管领导具体负责，党的各级组织抓落实的党的建设工作格局。党建工作责任制实行集体领导与个人分工负责相结合，各级领导干部"一岗双责"，谁主管谁负责，一级抓一级，层层抓落实，做到党建工作与教育、管理等工作一起部署、落实、检查、考核、总结。

党内法规制度建设是党的建设的重要内容和有力保证。在党内法规制度建设中，党建工作责任制是多部党内法规规定的重要的责任机制。例如，2019 年 12 月 30 日起施行的《党委（党组）书记抓基层党建工作述职评议考核办法（试行）》第 2 条规定："开展党委（党组）书记抓基层党建工作述职评议考核……必须坚持以习近平新时代中国特色社会主义思想为指导，把党的政治建设摆在首位，全面从严治党；坚持围绕中心、服务大局，推动基层党建与中心工作深度融合；坚持书记抓、抓书记，强化责任落实；坚持分类指导、务求实效，重在解决问题，坚决防止形式主义。"2014 年 6 月 10 日公布的《中国共产党发展党员工作细则》第 38 条规定："各级党委应当把发展党员工作列入重要议事日程，纳入党建工作责任制，作为党建工作述职、评议、考核和党务公开的重要内容。"2015 年 6 月 11 日起施行的《中国共产党党组工作条例（试行）》第 13 条规定："党组应当认真履行党要管党、从严治党责任，加强对本单位党的建设的领导，落实党建工作责任制。党组书记应当履行抓党建第一责任人的职责，其他党组成员根据分工抓好职责范围内党的建设工作。"因此，党内法规制度建设应当以加强和完善党的全面领导为出发点，以"把抓好党建作为最大的政绩"作为价值目标，完善工作机制，夯实主体责任，确保党建工作责任制的落地生根。

三、意识形态工作责任制

意识形态关乎旗帜、关乎道路、关乎国家政治安全。旗帜指引方向，道路决定命运，因此，意识形态涉及的都是原则性、战略性和根本性问题，涉及党治国理政、管党执政的合法性和正当性，涉及中国特色社会主义事业的方向性和导向性。从意识形态角度来看，要想高举旗帜，坚定道路，维护好国家政治安全，就必须始终坚持管党意识形态原则，核心就是坚持正确的政治方向，站稳政治立场，坚决同党中央保持高度一致，坚决维护中央权威。因此，意识形态的首要问题就是举什么旗、走什么路问题，在这个问题上，一定要政治态度鲜明、政治立场坚定、政治认识清醒，高举中国特色社会主义旗帜不含糊，坚定中国特色社会主义道路不动摇，以对党和人民事业负责的态度牢牢掌握意识形态工作的领导权、管理权。

意识形态工作的极端重要性首次提出于 2013 年 8 月 19 日召开的全国宣传思想工作会议。在这次会议上，习近平指出，经济建设是党的中心工作，意识形态工作是党的一项极端重要的工作，能否做好意识形态工作，事关党的前途命运，事关国家长治久安，事关民族凝聚力和向心力。因此，必须把意识形态工作的领导权、管理权牢牢掌握在手中，任何时候都不能旁落，否则就要犯无可挽回的历史性错误。① 为了贯彻落实习近平关于做好意识形态工作的重要论述，2015 年 10 月 3 日，中共中央办公厅颁布了《党委（党组）意识形态工作责任制实施办法》。该文件指出：全党要强化党管宣传、党管意识形态，牢牢掌握意识形态工作的领导权主动权，要进一步明确各级领导干部的意识形态工作责任，坚决守好“责任田”；要不断改进和加强宣传思想工作，着力加强宣传思想阵地建设与管理，进一步加强思想政治教育队伍建设；要高度重视网络安全，进一步提升网络舆论引导水平，严密防范网上意识形态渗透，牢牢把握网络意识形态主导权。这是党的十八大以来意识形态领域的第一部中央党内法规，在党的历史上第一次以党内法规形式对意识形态工作责任制作出制度规定，具有里程碑意义。2016 年，中共中央办公厅颁布了《党委（党组）网络意识形态工作责任制实施细则》，明确网络意识形态工作是意识形态工作的重中之重，各班子成员要按照属地管理、分级负责和谁主管谁负责的原则，对分管网络意识形态工作负主体责任，应当带头抓网络意识形态工作，并严格按照“一岗双责”的要求，抓好网络意识形态工作。

为了确保意识形态工作责任制落到实处，从 2016 年年底十八届中央第十一轮巡视开始，党中央把意识形态工作责任制落实情况纳入巡视工作安排。2017 年 7 月 1 日，中共中央对《中国共产党巡视工作条例》进行修改，明确将“落实意识形态工作责任制不到位”问题列入第十五条“违反政治纪律和政治规矩，存在违背党的路线方针政策”的言行之中。对意识形态工作责任制落实情况进行监督检查是《中国共产党巡视工作条例》与《党委（党组）意识形态工作责任制实施办法》这两部重要党内法规的有机结合，深化了巡视内容、丰富了巡视手段、创新了巡视制度设计，在党的历史上、在巡视工作发展史上、在意识形态工作发展史上都具有里程碑意义。2019 年 4 月 19 日，中共中央政治局会议审议通过了《中国共产党宣传工作条例》，里面专设一章对意识形态建设进行了规定。2020 年 6 月，中共中央修订通过了《党委（党组）意识形态工作责任制实施办法》，对新形势下的意识形态工作提出了新的要求。通过制定、修订这些重要党内法规，不断增强党的政治领导力、思想引领力，为夺取新时代中国特色社会主义胜利、实现中华民族伟大复兴的中国梦提供坚强制度保障。

---

① 习近平在全国宣传思想工作会议上强调 胸怀大局 把握大势 着眼大事 努力把宣传思想工作做得更好. 人民日报，2013-08-21.

第二节　党内法规的效力范围

通常，法律效力是指法律的生效范围或适用范围，即法律对什么人、什么事、在什么地方和什么时间有约束力。法律一般具有四维效力：第一，时间效力，指法律开始生效的时间和效力终止的时间；第二，空间效力，指法律生效的地域（包括领陆、领水、领空），通常全国性法律适用于全国，地方性法规仅在本地区有效；第三，事件效力，指法律的适用范围，即对哪些事有约束力；第四，对象效力，指法律对什么人生效，如有的法律适用于全国公民，有的法律只适用于一部分公民。作为一种特殊的法律规范形态，党内法规也具有四维效力，分别是时间效力、空间效力、对事效力和对人效力。

一、党内法规的时间效力

党内法规的时间效力是指党内法规何时生效、何时终止效力以及对其生效以前的事件和行为有无溯及力。

第一，党内法规的生效时间。其主要有三种：(1) 自党内法规公布之日起生效，如没有明确生效时间规定的，根据惯例，自党内法规公布之日起生效；(2) 党内法规条文中自行规定具体生效时间；(3) 定党内法规公布后符合一定条件时生效，即由有权主体另行发布专门文件规定党内法规的生效时间。

第二，党内法规效力终止的时间。党内法规效力终止，意味着党内法规被废止，规范效力自然消灭，一般分为明示的废止和默示的废止两类。具体形式主要有：(1) 党内法规本身规定了有效期，有效期届满，自动失效；(2) 新党内法规明确规定自该法实施之日起，旧党内法规立即失效；(3) 党内法规据以存在的时代背景或者条件消失，或者其所调整的对象不复存在，或者其使命完成，使法律法规失去了存在的意义，从而自动失效，比如在特殊时期公布的一些特殊党内法规制度规定；(4) 有权机关进行党内法规清理，对外公布某项党内法规作废；(5) 随着新党内法规的颁布实施，与已生效的新党内抵触的旧的党内法规自动失效。

第三，党内法规的溯及力。党内法规的溯及力，也称党内法规溯及既往的效力，是指党内法规对其生效以前的事件和行为是否适用。如果适用，就具有溯及力；如果不适用，就没有溯及力。法律一般以不溯既往为原则。各国普遍采用的通例是“从旧兼从轻”的原则，即新法原则上不溯既往，但是新法不认为是犯罪或者处刑较轻的，适用新法。在某些有关民事权利的法律中，法律有溯及力。党内法规是否具有溯及力，在不同党内法规规范之间是不同的。关于党内法规的溯及力问题，一般通行两个原则：首先，“不溯及既往”原则，即不能用现在制定的党内法规指导人们过去的行为，更不能对人们过去从事的某种当时是合规而现在看来是违规的行为，依照现在的规定加以处罚。其次，作为不溯及既往原则的补充，党内法规的效力可以有条件地适用于既往的行为。目前有关党内法规的规定，一般采用“不溯及既往”的原则，只有在极少数情况下，党内法规才有溯及力。

二、党内法规的空间效力

党内法规的空间效力，是指党内法规发生效力的地域范围，即在哪些地域有效力，适用于哪些地区。党内法规的空间效力范围主要由党内法规的形式、效力位阶、调整对象或内容等因素决定，通常有两种情况。

一是有的党内法规在全国范围内有效，即在国家主权所及全部领域有效，包括属于主权范围的全部领陆、领水、领空，也包括国家驻外使馆和在境外航行的飞机或停泊在境外的船舶。这种党内法规一般是由党的中央组织制定的党章和中央党内法规。中央纪律检查委员会和中央工作机关制定的部门党内法规，除本身有特别规定外，通常情况下也都在全国范围内有效。

二是有的党内法规在一定区域内有效。这里主要有两种情况：其一，由各省、自治区、直辖市党委制定的党内法规，只在本省级行政区域内有效；其二，被赋予党内法规制定权的沈阳、福州、青岛、武汉、深圳、南宁、兰州等7个副省级城市和省会城市党委制定的党内法规，仅在本级行政区域内有效。

三、党内法规的对事效力

党内法规的对事效力，即党内法规的适用范围问题，指的是党内法规对什么样的行为有效力，适用于哪些事项。明确这种效力范围的意义有两个方面。

一是告诉调整对象什么行为应当做、什么行为不应当做、什么行为可以做。例如，2017年3月1日起施行的《中国共产党工作机关条例（试行）》第3条规定：“本条例适用于中央和地方党的工作机关。党委直属事业单位、设在党的工作机关或者由党的工作机关管理的机关，参照本条例执行，法律法规和中央另有规定的除外。党的纪律检查机关的产生和运行，按照党章和中央有关规定执行。”

二是指明党内法规对什么事项有效，对哪些事有约束力，确定不同党内法规调整范围的界限。例如，2015年10月14日起施行的《干部教育培训工作条例》第3

条规定："本条例适用于党的机关、人大机关、行政机关、政协机关、审判机关、检察机关，以及列入公务员法实施范围的其他机关和参照公务员法管理的机关（单位）的干部教育培训工作。国有企业、不参照公务员法管理的事业单位结合各自特点执行本条例。"

四、党内法规的对人效力

与国家法律相比，党内法规的调整对象具有特殊性，具有典型的"属人效力"的特征，对人的效力比较清楚。《中国共产党党内法规制定条例》第 3 条第 1 款规定："党内法规是党的中央组织，中央纪律检查委员会以及党中央工作机关和省、自治区、直辖市党委制定的体现党的统一意志、规范党的领导和党的建设活动、依靠党的纪律保证实施的专门规章制度。"由此可以看出，党内法规的调整对象仅限于党组织和全体党员，无论该党组织和该党员是在国内还是在国外，都要接受党内法规的约束。

虽然党内法规的调整对象是党组织和党员，但是由于各部党内法规的制定目的不同，因而，不同层级的党组织和党员往往也会适用不同的党内法规。这样导致的一个结果是，党内法规的对人效力因规范对象的不同而产生区别效力，主要有以下几种情形。

第一，有的党内法规规范各级党组织和广大党员，如《中国共产党章程》《中国共产党廉洁自律准则》《关于新形势下党内政治生活的若干准则》，适用于全党。

第二，有的党内法规规范某一部分党组织，如 2015 年 12 月 25 日起施行的《中国共产党地方委员会工作条例》第 2 条规定，"本条例适用于党的省、自治区、直辖市，设区的市和自治州，县（旗）、自治县、不设区的市和市辖区委员会及其常务委员会"，即适用于党的地方委员会。

第三，有的党内法规规范某一部分党员，如 2019 年 9 月 1 日起施行的《中国共产党问责条例》第 5 条规定："问责对象是党组织、党的领导干部，重点是党委（党组）、党的工作机关及其领导成员，纪委、纪委派驻（派出）机构及其领导成员。"这表明该条例只适用于各级党委（党组）、党的工作部门及其领导成员，各级纪委（纪检组）及其领导成员，而不是全体党员。2012 年 12 月 4 日通过的《十八届中央政治局关于改进工作作风、密切联系群众的八项规定》，适用于中央政治局领导同志。

案例与思考 4-1

党内法规的溢出效应

溢出效应，原本是一个经济学上的术语，是指一个组织在进行某项活动时，不仅会产生活动所预期的效果，而且会对组织之外的人或社会产生的影响。党内法规的溢出效应是指，党内法规的对人效力本来是适用于党组织和党员，但在中国共产党的全面领导下，党内法规的对人效力已经开始扩展到非党组织和非党员。

思考题： 如何看待党内法规的溢出效应？

第三节 党内法规的效力位阶

效力位阶是确立党内法规适用规则的前提，是指因不同层级的制定机关制定的党内法规的效力不同，而由此形成的相互关联、层级分明的效力等级体系。党内法规的效力位阶体现不同党内法规在党内法规制度体系中的不同等级。效力等级高的是上位党内法规，效力等级低的是下位党内法规。党内法规发生冲突时，一般遵循“上位法规优于下位法规”“特别规定优于一般规定”“新规定优于旧规定”等冲突规则。

一、上位法规优于下位法规

由于制定机关不同，党内法规的效力等级是不同的。制定机关地位的高低直接影响到其制定的党内法规的效力高低，地位高的制定机关制定的党内法规，效力高于地位低的制定机关制定的党内法规。不同层级的党内法规发生效力冲突时，应当选择适用位阶高的党内法规，这是党内法规效力等级的一般规则和首要规则。

根据《中国共产党党内法规制定条例》的规定，党内法规可以分为以下几个等级。

（1）党章。党章是党内根本大法，是最根本的党内法规，是制定其他党内法规的基础和依据。党章在党内法规中具有最高效力，其他任何党内法规都不得同党章相抵触。

（2）中央党内法规。中央党内法规是党的中央组织制定的，主要规定党的地方组织和基层组织的产生、组成和职权，党员义务和权利的基本方面，党的各方面工作的基本制度等，是党内法规体系的主干部分，其效力低于党章，高于中央纪律检查委员会以及党中央工作机关和省、自治区、直辖市党委制定的党内法规，中央纪律检查委员会以及党中央工作机关和省、自治区、直辖市党委制定的党内法规不得同中央党内法规和规范性文件相抵触。中央党内法规一般以中共中央文件、中共中央办公厅文件形式发布。

（3）部委党内法规。中央纪律检查委员会以及党中央工作机关制定的党内法规主要对党的某一方面工作或者事项作出具体规定，是党内法规体系的重要组成部分，其效力低于中央党内法规，高于省、自治区、直辖市党委制定的党内法规，省、自治区、直辖市党委制定的党内法规不得同中央纪律检查委员会以及党中央工作机关制定的党内法规相抵触。不同部委制定的党内法规对同一事项作出的规定相冲突的，提请党中央处理。部委党内法规一般采用中央纪律检查委员会、中央工作机关文件形式发布。

（4）地方党内法规。各省、自治区、直辖市党委制定的地方党内法规主要对本地区党的工作或者事项作出具体规定，是党内法规体系的重要组成部分，其内容不得同中央党内法规和部委党内法规相抵触。省、自治区、直辖市党委制定的党内法规一般采用省、自治区、直辖市党委文件、党委办公厅文件形式发布。

中央纪律检查委员会以及党中央工作机关和省、自治区、直辖市党委制定的党内法规有下列情形之一的，党中央予以责令改正或者撤销：（1）同党章、党的理论和路线方针政策相抵触；（2）同宪法、法律和行政法规相抵触；（3）同上位党内法规和规范性文件相抵触；（4）其他应当责令改正或者撤销的情形。

二、特别规定优于一般规定

从理论上说，党内法规整体上应当协调一致。但由于不同党内法规规范党内生活和党内关系的范围和角度不同，制定党内法规的时间有先有后，以及受制定者认识能力、制定技术等因素限制，同一机关制定的党内法规有时会出现不一致现象，给党内法规的遵守和执行造成混乱。在这种情况下，确立“特别规定优于一般规定”冲突规则是极其必要的。《中国共产党党内法规制定条例》第33条规定：同一制定机关制定的党内法规，一般规定与特别规定不一致的，适用特别规定。

特别规定优于一般规定是就同一效力等级的两个或者更多党内法规而言的特殊规则。所谓特别规定，是指根据某种特殊情况和需要制定的调整某种特殊党内关系的规范。所谓一般规定，是指为了调整某类党内关系制定的规范。所谓特别规定优于一般规定，是指同一效力等级的两个或者更多党内法规，在适用时期、对象、事项、地域等方面，具有特别指向的特别规定优于适用范围广泛的一般规定。具体而言，适用于特定时期的党内法规优于适用于一般时期的党内法规，适用于特定党组织和党员群体的党内法规优于适用于各级党组织和全体党员的党内法规，适用于特定事项的党内法规优于适用于一般事项的党内法规，适用于特定地域的党内法规优于适用于一般地域的党内法规。

三、新规定优于旧规定

随着党的建设深入推进，党内法规的一些规定可能过时，与党的建设新要求不相适应，需要加以修改完善。因此，党内法规发布后，在新的党内法规与旧的党内法规之间、新的规定与旧的规定之间，可能产生不一致。在这种情况下，确立“新规定优于旧规定”冲突规则是极其必要的。对此《中国共产党党内法规制定条例》第 33 条专门规定：同一制定机关制定的党内法规，旧的规定与新的规定不一致的，适用新的规定。

新规定优于旧规定是就同一效力等级的两个或者更多党内法规而言的特殊规则，是指就同一事项作出的不同规定，后制定的党内法规的效力优于先制定的党内法规的效力。这主要有两种情况：一是新的党内法规发布后，旧的党内法规被废止，自然适用新的党内法规；二是新的党内法规虽然发布，但旧的党内法规并未被废止，在两部党内法规涉及的内容相同或者相似的情况下，适用新的党内法规。修改后的党内法规，更加符合发展变化了的新情况，体现了制定机关作出的新调整，应当优先适用。

案例与思考 4－2

张某退休后违规接受宴请案

张某，中共党员，某县生态环境局党组成员、副局长，2018 年 10 月退休。2019 年 1 月以来，张某在春节、端午节、中秋节和生日期间，先后 10 余次接受该县私营企业主王某、李某、赵某等人（均系张某任生态环境局党组成员、副局长期间的管理服务对象）安排的宴请，并饮用茅台年份酒等高档酒水，食用高档菜肴。2021 年 3 月，张某受到党内警告处分。

思考题：退休后的公职人员接受可能影响公正执行公务的宴请，是否构成违纪？

本章小结

党内法规效力就是党内法规的约束力，是指党内法规在何种范围、何种程度上得以实施的保护力和拘束力。党内法规具有规范效力，责任机制是确保党内法规效力的重要机制。当前，比较重要的党内法规责任形式是党风廉政建设责任制、党建工作责任制和意识形态工作责任制，这三大责任机制既是党内法规执行责任制的核心内容，也是新时代管党治党的主要抓手。在效力范围上，党内法规也具有四维效力，分别是时间效力、空间效力、对事效力和对人效力。在效力等级上，党内法规一般遵循"上位法规优于下位法规""特别规定优于一般规定""新规定优于旧规定"等冲突规则。

本章思考题

1. 党内法规的责任机制主要有哪些？
2. 什么是党内法规的效力范围？
3. 党内法规的效力位阶是什么？

第五章 党内法规价值

习近平总书记重要论述

中国共产党是中国特色社会主义事业的领导核心，处在总揽全局、协调各方的地位。在当今中国，没有大于中国共产党的政治力量或其他什么力量。党政军民学，东西南北中，党是领导一切的，是最高的政治领导力量。中国共产党是执政党，党的领导是做好党和国家各项工作的根本保证，是我国政治稳定、经济发展、民族团结、社会稳定的根本点，绝对不能有丝毫动摇。

——2015 年 2 月 2 日，习近平在省部级主要领导干部学习贯彻党的十八届四中全会精神全面推进依法治国专题研讨班上的讲话

课程思政

1. 通过对党内法规价值的学习，引导学生充分认识把社会主义核心价值观融入法治建设的重要意义，了解依规治党和以德治党相统一的内在原理，了解中国共产党人的高尚思想道德情操和价值追求。

2. 通过对党内法规价值体系中的秩序、自由和正义价值的学习，引导学生了解中国共产党追求的和平、发展、公平、正义、民主、自由等全人类共同价值，了解以忠诚老实、公道正派、实事求是、清正廉洁为核心内容的中国共产党人的价值观。

第一节　党内法规价值概述

党内法规具有强烈政治属性、鲜明价值导向、科学治理逻辑、统一规范功能，坚持依规治党、加强党内法规制度建设，是“中国之治”的一个独特治理密码。党内法规制度建设的根本目的是提高党科学执政、民主执政、依法执政水平，推进国家治理体系和治理能力现代化。因此，加强党内法规制度建设是关乎党的前途命运

的根本问题，是关乎中华民族伟大复兴的根本问题，是关乎国家治理体系和治理能力现代化的根本问题，必须要把制度建设摆在党和国家治理全局的重要位置，在制度轨道上推进党和国家的各项事业。

国家法律和党内法规都体现鲜明价值导向，直接影响人们对社会主义核心价值观的认知认同和自觉践行。在法治建设中，要坚持以社会主义核心价值观为引领，恪守以民为本、立法为民理念，把社会主义核心价值观的要求体现到国家法律、党内法规和公共政策之中，转化为具有刚性约束力的法律规定，特别是在制定经济社会政策和重大改革措施、出台与人们生产生活和现实利益密切相关的具体政策措施时，要充分体现公平正义和社会责任，注重政策目标和价值导向有机统一，注重经济效益和社会效益有机统一，形成有利于培育和弘扬社会主义核心价值观的良好政策导向和利益引导机制，实现公共政策和道德建设良性互动。国家法律与党内法规具有相同的价值目标，都是巩固和实现党的执政权、领导权和监督权的制度依据，目的都是实现党和国家的治理现代化。具体来说，党内法规是党直接制定的，国家法律是在党的领导下制定的，二者都致力于巩固党的执政权和执政地位，都是我们党治国理政、执政兴国的内在要求。党推进全面依法治国和全面从严治党，根本目的都是实现领导权、执政权的法定化、稳定化，为党的科学执政、民主执政、依法执政提供规范基础。

加强党内法规制度建设，要以党章为根本遵循，完善党内法规，健全制度保障，构建起配套完备的党内法规制度体系，推动党员干部带头践行社会主义核心价值观，把从严治党实践成果转化为道德规范和纪律要求，做到依规治党和以德治党相统一，充分展现共产党人高尚思想道德情操和价值追求。坚持依规治党，要发挥党内法规的价值导向作用，加强和规范党内政治生活，严肃党的政治纪律和政治规矩，全面净化党内政治生态，加强党的作风建设，重点突出坚定理想信念、践行根本宗旨、加强道德修养，坚持不懈整治形式主义、官僚主义、享乐主义和奢靡之风，使党的作风全面纯洁起来。以零容忍态度惩治腐败，严格依纪依法查处各类腐败案件，建设廉洁政治。坚持全面从严治党，要坚持依规治党与以德治党紧密结合，增强党内法规的道德底蕴，以道德滋养法治精神。道德使人向善，是纪律的必要前提和基础；纪律用来惩恶，是道德的坚强后盾和保障。党内法规既要坚持正面倡导、重在立德、重申党的理想信念宗旨、优良传统作风，展现共产党人高尚的道德追求，又要围绕着党纪戒尺要求，开列“负面清单”，重在立规，划出党组织和党员不可触碰的底线。在党内法规制度建设中，要着重把法治教育与道德教育结合起来，深入开展社会公德、职业道德、家庭美德、个人品德教育，大力弘扬爱国主义、集体主义、社会主义思想，强化规则意识，倡导契约精神，弘扬公序良俗，引导人们自觉履行法定义务、社会责任、家庭责任，大力弘扬中华优秀传统文化，深入挖掘和阐发中华民族讲仁爱、重民本、守诚信、崇正义、尚和合、求大同的时代价值，汲取中华法律文化精华，使之成为涵养社会主义法治文化的重要源泉。

第二节　中国共产党的价值体系

政党是为了特定政治目标而结合起来的组织体，任何政党都有自己的奋斗目标和价值观。中国共产党的核心价值观集中体现在党的性质、宗旨和根本任务上。中国共产党是中国工人阶级的先锋队，同时是中国人民和中华民族的先锋队，是中国特色社会主义事业的领导核心，代表中国先进生产力的发展要求，代表中国先进文化的前进方向，代表中国最广大人民的根本利益。中国共产党的根本宗旨是坚持全心全意为人民服务，这也是中国共产党的最高价值取向。是否实现人民的利益，得到广大人民群众的拥护，是衡量中国共产党的路线、方针和政策是否正确的根本标准。中国共产党的根本任务是实现共产主义，这也是党的最高理想和最终目标；中国共产党的现阶段任务，是坚持和发展中国特色社会主义，把我国建设成为富强、民主、文明、和谐、美丽的社会主义现代化强国，实现中华民族伟大复兴。

中国共产党的价值观是由多层次、多种类价值构成的综合价值体系，既包括中国共产党的最高价值、基本价值和具体价值，也包括中国共产党为之奋斗的政治价值、经济价值、文化价值等。从价值层次看，中国共产党的最高价值追求是实现共产主义，中国共产党的基本价值追求是为人民谋幸福、为民族谋复兴，中国共产党的具体价值追求包括坚持人民至上、生命至上，坚持解放思想、实事求是，坚持胸怀天下、天下为公，坚持独立自主、开拓创新，坚持自我革命、全面从严等。这些具体价值内容其实是中国共产党的指导思想、目标理想、精神动力、道德标准的集中体现，是中国共产党的价值追求和价值理念的具体表现。从内容上看，中国共产党的价值体系主要体现为三个方面：首先是作为整体的中国共产党的价值观，即中国共产党通过对政治领导、思想领导、组织领导和理论路线方针政策的贯彻，实现自身的价值目标和价值追求，并在此过程中向社会传导自身的价值，引领全社会的价值方向。其次是作为主体的中国共产党人的价值观。共产党人是自觉践行党的价值体系的主体，在中国共产党一百多年的非凡奋斗历程中，一代又一代中国共产党人顽强拼搏、不懈奋斗，涌现了一大批视死如归的革命烈士、一大批顽强奋斗的英雄人物、一大批忘我奉献的先进模范，使得党所倡导的理想信念、价值理念、优良传统深入党员、干部思想和心灵，最终形成了以忠诚老实、公道正派、实事求是、清正廉洁为核心内容的中国共产党人的价值观，为我们党立党兴党强党提供了丰厚滋养。最后是作为客体的中国共产党党内法规的基本价值。党内法规是党的统一意志的集中体现，是管党治党的重要依据，党内法规所体现的价值观念实际上是中国共产党的价值观念的制度凝结，是中国共产党核心价值体系的重要组成部分。

一、中国共产党的价值观

中国共产党是执政党。作为执政党，中国共产党的价值观主要体现在改革发展稳定、内政外交国防、治党治国治军的价值目标和执政实践之中。从国际上看，中国共产党秉持全人类共同价值，坚守为人类谋进步、为世界谋大同的天下情怀，积极推动构建人类命运共同体，为解决人类问题贡献了中国智慧和中国方案，为人类文明和进步事业作出了卓越贡献。2014 年 6 月 28 日，习近平在和平共处五项原则发表 60 周年纪念大会上讲话指出，和平共处五项原则作为一个开放包容的国际法原则，集中体现了主权、正义、民主、法治的价值观。[①] 2015 年 9 月 28 日，习近平在第七十届联合国大会一般性辩论时指出：“和平、发展、公平、正义、民主、自由，是全人类的共同价值。”[②] 2021 年 7 月 1 日，习近平在庆祝中国共产党成立 100 周年大会上指出，我们将继续同一切爱好和平的国家和人民一道，弘扬和平、发展、公平、正义、民主、自由的全人类共同价值，坚持合作、不搞对抗，坚持开放、不搞封闭，坚持互利共赢、不搞零和博弈，反对霸权主义和强权政治，推动历史车轮向着光明的目标前进。[③] 2022 年 10 月，党的二十大报告再次强调，弘扬和平、发展、公平、正义、民主、自由的全人类共同价值，促进各国人民相知相亲，尊重世界文明多样性，以文明交流超越文明隔阂、文明互鉴超越文明冲突、文明共存超越文明优越，共同应对各种全球性挑战。[④]

从国内看，一百多年来，中国共产党弘扬伟大建党精神，在长期奋斗中构建了中国共产党人的精神谱系，不断铸就中国共产党的价值观，从根本上改变了中国人民和中华民族的前途命运。伟大建党精神是中国共产党价值观的价值源泉和集中体现，以伟大建党精神为源头的中国共产党的精神谱系构成了中国共产党价值观的主

① 习近平. 弘扬和平共处五项原则 建设合作共赢美好世界. 人民日报，2014-06-29.

② 习近平. 携手构建合作共赢新伙伴 同心打造人类命运共同体. 人民日报，2015-09-29.

③ 习近平. 在庆祝中国共产党成立 100 周年大会上的讲话. 人民日报，2021-07-02.

④ 习近平. 高举中国特色社会主义伟大旗帜 为全面建设社会主义现代化国家而团结奋斗：在中国共产党第二十次全国代表大会上的报告. 人民日报，2022-10-26.

体架构和核心内容。2021 年 7 月，习近平在庆祝中国共产党成立 100 周年大会上深刻指出，一百年前，中国共产党的先驱们创建了中国共产党，形成了坚持真理、坚守理想，践行初心、担当使命，不怕牺牲、英勇斗争，对党忠诚、不负人民的伟大建党精神，是中国共产党的精神之源。党的十九届六中全会进一步提出，党的百年奋斗锻造了走在时代前列的中国共产党，形成了以伟大建党精神为源头的精神谱系，保持了党的先进性和纯洁性，党的执政能力和领导水平不断提高。这就从历史的维度、政治的高度和理论的深度，追溯和标识了中国共产党的革命精神的血脉渊源，揭示和总结了伟大建党精神的功能品格，深化和拓展了中国共产党的价值观的内容意义。

（1）在坚持真理、坚守理想中，始终做到信仰如山、信念如铁、信心如磐。“坚持真理、坚守理想”是对中国共产党的指导思想和奋斗目标的阐释。十月革命一声炮响，给我们送来了马克思列宁主义这个普遍真理。马克思列宁主义的广泛传播和工人运动的蓬勃兴起，直接促成了中国共产党的产生。中国共产党人的理想，就是为实现共产主义最高理想和中国特色社会主义共同理想而奋斗。我们党之所以叫共产党，就是因为从成立之日起我们党就把共产主义确立为远大理想。为了实现这个远大理想，我们党历经千辛万苦，终于探索出了一条将马克思主义普遍真理与中国革命具体实践、中华优秀传统文化相结合的正确道路，在当下，就是坚定不移走中国特色社会主义道路，把我国建设成为富强、民主、文明、和谐、美丽的社会主义现代化国家，这也是现阶段我国各族人民的共同理想。心中有信仰，脚下有力量。当前，国内发展日新月异，国际形势风云变幻，在世界百年未有之大变局和中华民族伟大复兴战略全局面前，我们要破除思想迷雾，勇于探求真理、发现真理、追求真理、坚持真理，就要以党章为根本遵循，坚持辩证唯物主义、历史唯物主义，在习近平新时代中国特色社会主义思想的科学指引下，不为任何风险所惧、不为任何干扰所惑、不为私心利欲所动、不为杂音噪音所扰，始终做到信仰如山、信念如铁、信心如磐。

（2）在践行初心、担当使命中，矢志不渝地为人民谋幸福、为民族谋复兴。“践行初心、担当使命”是对中国共产党的历史初心和时代使命的阐释。中国共产党诞生之时，列强入侵、军阀混战，生灵涂炭、民不聊生，中华民族面临着亡国灭种的危险。中国共产党一经成立，就以改造中国为己任，把为中国人民谋幸福、为中华民族谋复兴确立为自己的初心使命，为争取民族独立和人民解放、实现国家的繁荣富强和人民的共同富裕，开始了艰苦卓绝的斗争历程。为了实现这个初心使命，无数共产党人初心不改、矢志不渝，生命不息、奋斗不止，经历了英勇的抗争，进行了艰辛的探索，付出了巨大的牺牲，最终团结带领人民迎来了新中国的成立，赢得了改革开放的成功，建立了一个国家富强、人民幸福、社会和谐的社会主义现代化国家，并且将继续团结带领人民朝着实现中华民族伟大复兴中国梦的雄伟目标迈进。党的初心使命是党的性质宗旨、理想信念、奋斗目标的集中体现，是党一切工作的出发点和落脚点，也是检验和评判党的工作成败得失的根本价值标准。坚守初心和使命，既需要党的创新理论来滋养、党的非凡历史来激励、严肃党内政治生活来锤炼，也需要落到具体实际行动上，把初心和使命变成埋头苦干、真抓实干的原动力。初心易得，始终难守。“始终”二字，是对党的性质宗旨的坚持，是对理想信念的考验。广大党员要信念坚定、意志如山，修身律己、慎终如始，尤其是在困境、逆境时依然能够初心如磐、使命在肩，创造出经得起实践、人民、历史检验的实绩。

（3）在不怕牺牲、英勇斗争中，踔厉奋发，笃行不怠，培养和保持顽强的斗争精神。“不怕牺牲、英勇斗争”是对中国共产党人大无畏革命精神状态的阐释。“为有牺牲多壮志，敢教日月换新天。”牺牲个人、无私奉献，敢于斗争、勇于胜利，是中国共产党不可战胜的强大精神力量。这种精神，在革命战争年代体现为保家卫国、浴血奋战的奋斗精神，在隐蔽战线体现为忘我奉献、甘于无名的牺牲精神，在建设时期体现为艰苦奋斗、自力更生的拼搏精神，在改革开放时期体现为开拓创新、勇于担当的进取精神，在新时代体现为顽强拼搏、许党许国的担当精神。幸福不会从天降，社会主义等不来。实现伟大梦想必须要不怕牺牲、英勇斗争，忘我奉献、努力拼搏，用忠诚和担当彰显共产党人的初心使命，用生命和鲜血诠释共产党人的政治本色。复兴之路无坦途，前行路上必须要有攻坚克难、百折不挠的韧劲，锐意进取、闯关夺隘的闯劲，干事创业、履职尽责的干劲，敢于斗争、善于斗争，在大是大非面前敢于亮剑，在矛盾冲突面前敢于迎难而上，在危机困难面前敢于挺身而出，以“越是艰险越向前”的战斗姿态和“斗罢艰险又出发”的斗争精神，艰苦奋斗、奋勇前行，我们的民族复兴伟业，必将迎来更加美好、更加灿烂的明天。

（4）在对党忠诚、不负人民中，永葆共产党人忠诚、干净、担当的政治品格。对党忠诚、不负人民，这是对中国共产党人根本政治立场的阐释。对党忠诚，是共产党人首要的政治品质。我们党一路走来，经历了无数艰险和磨难，但任何困难都没有压垮我们，任何敌人都没能打倒我们，靠的就是千千万万党员的忠诚和广大人民群众的拥护支持。人民立场是党的根本政治立场，群众路线是党的生命线，中国共产党根基在人民、血脉在人民、力量在人民，中国共产党必须要始终代表最广大人民的根本利益，与人民休戚与共、生死相依。我们要始终牢记江山就是人民、人民就是江山，人民是我们党执政的最大底气，自觉坚持人民立场、践行群众路线，永远和人民群众同呼吸、共命运、心连心，始终把人民放在心中最高位置，把人民对美好生活的向往作为奋斗目标。忠诚、干净、担当是党中央对新时代党员干部的基本要求。忠诚需要坚定信仰，干净需要廉洁用权，担当需要提升能力。忠诚、干净与担当都是共产党员不可或缺的重要品质。党员干部要勇挑重担、严格管理、自我加压，立志为党分忧、为国尽责、为民奉献，勇于担苦、担难、担重、担险，始终做到“心中有党、心中有民、心中有责、心中有戒”，以实际行动诠释对党的忠诚心、对人民的感恩心、对事业的进取心。

二、中国共产党人的价值观

共产党人的价值观是共产党人对价值、价值关系的总的看法和根本观点，是处理各种价值问题的根本态度和行为准则。中国共产党人的价值观是“共产党人自身的阶级属性、理论基础、政治目标、历史使命以及时代特征的高度概括和集中体现，是共产党人在社会实践和日常生活中所反映出来的思想政治品质、道德行为准则和价值判断尺度，是共产党人对自身的性质和宗旨、理想和信念、传统和作风的一种自觉意识”①。中国共产党人价值观发源于博大精深的中华优秀传统文化，扎根于刚健质朴的革命文化，立足于与时俱进的社会主义先进文化，集中反映了社会主义核心价值观的根本性质和基本要求，集中展现了百余年来中国共产党人一以贯之、坚守践行的精神风貌和品质品格。加强党内政治文化建设，涵养风清气正的党内政治生态，关键是倡导和弘扬共产党人价值观。中国共产党高度重视自身的价值观建设问题，将其视为加强和改进党的建设的基础性工程来抓。2017 年 1 月 6 日，习近平在中国共产党第十八届中央纪律检查委员会第七次全体会议上强调，要坚持共产党人价值观，不断坚定和提高政治觉悟。② 2017 年 3 月，中共中央办公厅印发的《关于推进“两学一做”学习教育常态化制度化的意见》中明确要求，要继承发扬党的优良传统和作风，大力弘扬忠诚老实、光明坦荡、公道正派、实事求是、艰苦奋斗、清正廉洁等共产党人价值观，带头践行社会主义核心价值观。党的十九大报告提出，弘扬忠诚老实、公道正派、实事求是、清正廉洁等价值观，坚决防止和反对个人主义、分散主义、自由主义、本位主义、好人主义，坚决防止和反对宗派主义、圈子文化、码头文化，坚决反对搞两面派、做两面人。2018 年 6 月 29 日，习近平在十九届中央政治局第六次集体学习时讲话指出，要加强党内政治文化建设，让党所倡

① 王寿林. 科学把握共产党人价值观. 光明日报，2020-06-07.

② 习近平在十八届中央纪委七次全会上发表重要讲话强调 全面贯彻落实党的十八届六中全会精神 增强全面从严治党系统性创造性实效性. 人民日报，2017-01-07.

导的理想信念、价值理念、优良传统深入党员、干部思想和心灵。要弘扬社会主义核心价值观，弘扬和践行忠诚老实、公道正派、实事求是、清正廉洁等价值观，以良好政治文化涵养风清气正的政治生态。[①] 中国共产党作为中华民族的先锋队组织，始终把忠诚老实、公道正派、实事求是、清正廉洁作为恪守践行的价值追求，经过百年征程的历史磨炼和实践砥砺，形成了中国共产党人的核心价值观。

1. 忠诚老实

天下之德，莫过于忠。忠诚老实、坚守道义，体现了对人的精神、文化价值的敬重，体现了道德价值的无上崇高地位，是中华优秀传统文化的精髓。中国共产党作为中华优秀传统文化的忠诚传承者，在长期的革命、建设、改革发展过程中，始终注重把马克思主义基本原理同中国具体实际相结合、同中华优秀传统文化相结合。一代又一代共产党人在马克思主义的思想引领下，不仅坚持不懈地用马克思主义武装头脑、指导实践，而且还继承了中华优秀传统文化中的忠诚品格，将其继续发扬光大。作为共产党员最重要的政治品格，忠诚是对马克思主义信仰、共产主义远大理想、中国特色社会主义信念的坚定信心，是对党和人民事业的矢志不渝，是对中华优秀传统文化的忠实传承。

忠诚是共产党人的价值原点和政治底色，“对党忠诚老实”是党员务必履行的首要义务。2018 年 7 月 3 日，习近平在全国组织工作会议上强调指出：我们挑选优秀年轻干部，千条万条，第一条就是看是否对党忠诚；我们培养优秀年轻干部，千条万条，第一条就是教育他们对党忠诚，坚决防止政治上的两面人。[②] 对党忠诚，是共产党员的党性原则和政治品质，是保持党的先进性和纯洁性的政治基础，是推进事业发展的政治保证。对党忠诚，是党员对党的庄严承诺，是党员对党组织认同感和归属感的集中体现，是党组织的凝聚力和战斗力的力量源泉。对党忠诚，贯穿于中国共产党革命、建设和改革时期的始终。共产党员对党忠诚，就是要忠于党、忠于国家、忠于人民，就是要与党中央保持高度一致，就是要为中国特色社会主义、为壮丽的共产主义事业不懈奋斗。对于共产党员来说，对党忠诚就是最根本的政治品质，是党性的基本要求。党章中明确规定，共产党员要“对党忠诚老实”，入党誓词中也要求对党忠诚，永不叛党。共产党员如果丧失了对党的忠诚，就丧失了作为共产党员的最起码的资格。

2. 公道正派

公道正派是共产党员的立身之本、为人之道、正气之源、处事之基，是共产党

---

① 习近平. 增强推进党的政治建设的自觉性和坚定性. 求是，2019 (14).

② 习近平在全国组织工作会议上强调 切实贯彻落实新时代党的组织路线全党 努力把党建设得更加坚强有力. 人民日报，2018-07-05.

员的工作“生命线”。公道正派既是一种道德情操和思想境界，又是一项基本的行为准则和工作要求。做事先做人，公道正派要求共产党员首先要学会做厚德载物的人，做顶天立地的人，做行正言正的人，以公道之心、宽阔之胸襟、创新之意识、服务于人民之态度，多做有益于人民的好事，为党的工作尽职尽责。古人云：“君子坦荡荡”，“大贤秉高鉴，公烛无私光”，“政者，正也”，“其身正不令而行；其身不正，虽令不行”。

干事创业，关键在人。办好中国的事情，关键在党，关键在人，关键在人才。只有坚持德才兼备、以德为先，坚持五湖四海、任人唯贤，坚持事业为上、公道正派，才能坚决防止和纠正选人用人上的不正之风，把党和人民需要的好干部精心培养起来、及时发现出来、合理使用起来。每一名共产党员只有不忘初心、牢记使命，拧紧世界观、人生观、价值观这个“总开关”，时时处处做到心中有党、心中有民、心中有责、心中有戒，才能把为党和人民事业无私奉献作为人生的最高追求。作为一名共产党员，要时刻牢记：自己的一言一行都代表着党员队伍的形象，必须做到公私分明、克己奉公、严格自律。公道正派才能赢得人心。古语说，“当官不为民做主，不如回家卖红薯”。共产党员无论干任何工作都要做到想事要公心，办事要公道，要始终维护好人民群众特别是弱势群体的利益。为官一任就要造福一方。每名党员干部，不管职务高低、能力大小，都要牢记宗旨，立足自己的岗位，尽到自己的能力，公开公平公正地做好本职工作，为党的事业发展献出自己的力量。因此，作为共产党员特别是党员领导干部，看人、用人、为人，谋事、处事、干事，都要怀有一颗公道心，坚持对人对事公道正派，严格按规矩、按政策、按制度、按程序办事，做到凡事有政策制度支持、凡事有程序规定把持、凡事有人负责到底，做到“有令则行、有禁则止”，始终保持积极、健康的生活情趣，保持高尚和纯洁的人格。

3. 实事求是

一切从实际出发，理论联系实际，实事求是，在实践中检验真理和发展真理，是中国共产党在长期的革命和建设实践中确立的思想路线，是党认识、分析和处理问题所遵循的最根本的指导原则和思想基础。实事求是，是马克思主义的根本观点，是中国共产党人认识世界、改造世界的根本要求，是中国共产党的基本思想方法、工作方法、领导方法。毛泽东曾说：“‘实事’就是客观存在着的一切事物，‘是’就是客观事物的内部联系，即规律性，‘求’就是我们去研究。”① 毛泽东还把实事求是形象地比喻为“有的放矢”，强调“马克思列宁主义之箭，必须用了去射中国革命之的”。习近平指出，坚持一切从实际出发，是我们想问题、作决策、办事情的出发

① 毛泽东选集：第3卷. 北京：人民出版社，1991：819－820.

点和落脚点。坚持从实际出发，前提是深入实际、了解实际，只有这样才能做到实事求是。同样，只有坚持实事求是的原则和态度才能重视深入实际、了解实际。要了解实际，就要掌握调查研究这个基本功。坚持从实际出发、实事求是，不只是思想方法问题，也是党性强不强问题。①

对共产党人来说，坚持实事求是，就要深入实际了解事物的本来面貌。要透过现象看本质，从零乱的现象中发现事物内部存在的必然联系，从客观事物存在和发展的规律出发，在实践中按照客观规律办事。坚持实事求是，就要清醒认识和正确把握我国仍处于并将长期处于社会主义初级阶段这个基本国情。我们推进改革发展、制定方针政策，都要牢牢立足社会主义初级阶段这个最大实际，都要充分体现这个基本国情的必然要求，坚持一切从这个基本国情出发。坚持实事求是，就要坚持为了人民利益坚持真理、修正错误。要有光明磊落、无私无畏、以事实为依据、敢于说出事实真相的勇气和正气，及时发现和纠正思想认识上的偏差、决策中的失误、工作中的缺点，及时发现和解决存在的各种矛盾和问题，使我们的思想和行动更加符合客观规律、符合时代要求、符合人民愿望。

4. 清正廉洁

在中华优秀传统文化中，清正廉洁代表着一种政治思想主张，是“内圣外王”的一种高尚品德，是为官从政必须具备的行为品德。廉洁最早出现在战国时期诗人屈原的《楚辞·招魂》中：“朕幼清以廉洁兮，身服义而未沬。”东汉著名学者王逸在《楚辞·章句》中注释说：“不受曰廉，不污曰洁。”在《周礼》中，“廉”的含义为：“一曰廉善，二曰廉能，三曰廉敬，四曰廉正，五曰廉法，六曰廉辨。”此“六廉”是中国古代对为官者“廉”的基本要求，也是我国最早的官吏考核标准。明朝郭允礼《官箴》载：“吏不畏吾严而畏吾廉，民不畏吾能而畏吾公，公则民不敢慢，廉则吏不敢欺，公生明，廉生威。”人生唯有廉洁重，世界须凭气骨撑。廉洁就是“一身正气，两袖清风”，清以自修，诚以自勉，敬而不怠，满而不溢。所谓清风正气，是指不贪财肥私，不贪赃枉法，不以权谋利，不沾公家一分便宜，忠于职守、坚持原则、秉公办事、不徇私情。古代官服的宽袖可以载物，两袖一抖，贪官污吏常常抖出赃银贿财，而清官廉吏只能抖出“两袖清风”，隐喻为堂堂正正做人、清清白白做官、干干净净做事。

清正廉洁是共产党员的基本操守，是共产党员践行忠诚、干净、担当价值观念的保证。践行清正廉洁的价值观念，就是要牢固树立正确的权力观、地位观和利益观，做到自重、自省、自警、自励，立身不忘做人之本，为政不移公仆之心，用权

① 习近平. 努力成为可堪大用能担重任的栋梁之才. 求是，2022 (3).

不谋一己之私，永葆为民务实清廉的政治本色。一切权力属于人民。领导干部手中的权力是党和人民赋予的，是为党和人民做事用的，只能用来为党分忧、为国干事、为民谋利。大道至简，有权不可任性，法无授权不可为，法定职责必须为。习近平多次指出，一个政党，一个政权，其前途命运取决于人心向背。人民群众反对什么、痛恨什么，我们就要坚决防范和纠正什么。党的十九大报告强调："人民群众最痛恨腐败现象，腐败是我们党面临的最大威胁。只有以反腐败永远在路上的坚韧和执着，深化标本兼治，保证干部清正、政府清廉、政治清明，才能跳出历史周期率，确保党和国家长治久安。"① 党的二十大报告也专门强调，腐败是危害党的生命力和战斗力的最大毒瘤，反腐败是最彻底的自我革命。只要存在腐败问题产生的土壤和条件，反腐败斗争就一刻不能停，必须永远吹冲锋号。② 国廉则安，家俭则宁；俭节则昌，淫佚则亡。对国家来说，勤俭节约是立国之本，也是治国之道。俭可以养廉，廉可以治国。历史表明，勤俭和廉洁如同一对孪生兄弟，克勤克俭往往能实现国家的长治久安。对党员干部来说，勤俭廉洁是为官从政的最低要求和道德底线。勤俭节约所要求的清静寡欲、淡泊节制，可以消解和克制人内心的贪婪和欲望，有效防止权力的腐败滥用和官吏的贪污腐化，实现廉洁自律的内在要求。

第三节　党内法规的基本价值

党内法规是党的统一意志的集中体现，党内法规是管党治党、从严治党的重要依据，是中国共产党的价值观的制度凝结，反映和承载着中国共产党的价值观，体现和指引着中国共产党人的价值观。作为法治规范的一种，党内法规和国家法律规范一样，具有行为选择的预期作用。通过发挥制度规范的指引作用，教育引导行为主体通过理性判断、预期评估、价值衡量，做出符合党和国家主流价值导向的理性选择和行为模式，最终形成稳定和谐、安定有序的社会状态。党内法规的价值源于中国共产党的价值观、中国共产党人的价值观：中国共产党追求的和平、发展、公平、正义、民主、自由等价值观，和中国共产党人追求的忠诚老实、公道正派、实事求是、清正廉洁等价值观，直接影响和决定着党内法规的价值。党内法规的价值体系，立足中国共产党管党治党、执政治国实践，参照国家法律价值体系，在党内

① 习近平. 决胜全面建成小康社会 夺取新时代中国特色社会主义伟大胜利：在中国共产党第十九次全国代表大会上的报告. 人民日报，2017-10-28.

② 习近平. 高举中国特色社会主义伟大旗帜 为全面建设社会主义现代化国家而团结奋斗：在中国共产党第二十次全国代表大会上的报告. 人民日报，2022-10-26.

法规制度建设中形成和体现了多种价值。从内容上看，党内法规价值体系中的秩序、自由和正义价值，是党内法规的基本价值，在党内法规价值体系中具有基础性和支撑性作用。

一、党内法规的秩序价值

法治建设的核心要义是要使社会主体对行为形成一种预期，从而达致一种秩序状态。秩序包含着多种法治价值，比如正义、民主、自由、平等、安全、效率等，由于特定时期、特定社会的价值取向不同，这些价值之间可能也会发生冲突，法治的作用是把这些价值冲突限制在一定的范围内，避免冲突过于激烈而对社会秩序造成破坏。不论是什么价值，都必须要在一个大致稳定的社会环境中才能实现。不论是在哪个社会或社会发展的哪个阶段，秩序都是法治最基本的价值。事实上，秩序是一切社会活动的必要前提，也是人类社会活动的基本目标。法治作为社会治理的基本方式，其根本价值就在于为人类社会的正常运转创造一个和谐、有序的外部环境。离开了稳定的社会秩序，人类的一切价值追求都无从谈起。秩序的重要意义主要体现在，秩序是维持社会生活正常运行的前提，是保障其他社会价值实现的基础，是法治建设和调整的直接目的。从这个意义上讲，秩序是法治的最基本的价值。

作为法治体系的有机组成部分，党内法规秩序同样尊崇秩序价值。党内法规的秩序价值主要体现在坚持依规治党、制度治党，发挥好党内法规在维护党中央集中统一领导、保障党长期执政和国家长治久安方面的重大作用。中国共产党领导人民治国理政所依据的制度体系，主要由党的路线方针政策、党内法规制度、国家法律制度、社会自治制度等构成，它们相辅相成、相得益彰，共筑治理轨道、共生保障合力、共推社会发展，共建法治秩序。在党和国家治理体系中，党内法规具有不可或缺性，它主要用来规范党组织的工作、活动和党员行为，是调整党内关系、维护党内秩序、巩固党的团结、保障党员权利的主要遵循，是全面从严治党的主要依据。①

根据调整对象和规范领域的不同，不同的党内法规具有不同的秩序追求，呈现出不同的秩序内涵。例如，2022 年 1 月 24 日中共中央政治局会议审议批准，2022 年 2 月 25 日中共中央、国务院发布的《信访工作条例》第 1 条规定："为了坚持和加强党对信访工作的全面领导，做好新时代信访工作，保持党和政府同人民群众的密切联系，制定本条例。"因此，《信访工作条例》的秩序价值主要体现为，在新时

① 宋功德. 紧扣保障政治大局深化依规治党. 习近平法治思想研究与实践，2022（3）［民主与法制，2022（10）］.

代加强和改进人民信访工作中，要牢记为民解难、为党分忧的政治责任，坚守人民情怀，坚持底线思维、法治思维，服务党和国家工作大局，维护群众合法权益，化解信访突出问题，促进社会和谐稳定。2019 年 1 月 31 日起施行的《中国共产党重大事项请示报告条例》第 1 条开宗明义提出："为了加强和规范重大事项请示报告工作，严明党的政治纪律、组织纪律和工作纪律，保证全党全国服从党中央、政令畅通，根据《中国共产党章程》、《关于新形势下党内政治生活的若干准则》等党内法规，制定本条例。"因此，该条例的秩序价值主要体现在，下级党组织向上级党组织以及党员、领导干部向党组织请示报告重大事项相关活动时，要坚持规范有序原则，落实依规治党要求，严格按照党章党规规定的主体、范围、程序和方式开展重大事项请示报告工作，保证全党团结统一和行动一致，确保党始终总揽全局、协调各方。2019 年 8 月 5 日起施行的《中国共产党机构编制工作条例》第 1 条规定："为了加强党对机构编制工作的集中统一领导，规范党和国家机构编制工作，巩固党治国理政的组织基础，根据《中国共产党章程》，制定本条例。"该条例的秩序价值主要体现为，用法治思维和法治方式维护机构编制的权威性和严肃性，切实把机构编制工作纳入法治化轨道，科学、审慎地设置党和国家机构，统筹谋划好党和国家机构职能体系建设，理顺党的领导体系和政府治理体系、武装力量体系、群团工作体系之间的领导指挥关系，构建运行顺畅、充满活力、令行禁止的工作体系。

在实践中，党内法规的秩序价值主要体现为以党内法规的制度刚性有力维护党的思想统一、组织团结、行动一致。党的十九届六中全会提出：党的领导是全面的、系统的、整体的，保证党的团结统一是党的生命；党中央集中统一领导是党的领导的最高原则，加强和维护党中央集中统一领导是全党共同的政治责任，坚持党的领导首先要旗帜鲜明讲政治，保证全党服从中央。鲜明讲政治是我们党作为马克思主义政党的根本要求，保证党的团结统一是党的生命。党历来强调，全党必须做到理想信念坚定、组织体系严密、行动步调一致。

1. 维护党的思想统一

党的团结统一是党的生命，善于在总结历史中统一思想、统一行动，是我们党的成功经验。在党的百年发展历程中，我们党始终把统一思想、统一行动作为党团结领导人民开展革命、建设、改革的关键环节，着重在思想改造、党性涵养、作风锤炼中教育引导广大党员干部牢记党的初心使命、坚守党的理想信念、践行党的信仰宗旨，以思想的统一保证了全党政治的团结、行动的一致。

理论上的成熟是政治上坚定的基础，理论上的与时俱进是行动上锐意进取的前提，思想上的统一是全党步调一致的重要保证。马克思主义信仰、共产主义远大理想、中国特色社会主义共同理想，是中国共产党人的精神支柱和政治灵魂，也是保持党的团结统一的思想基础。党内存在的一些突出问题，从根源上说都是思想上的问题，从本质上看都是政治上的问题。从延安整风运动以来，中国共产党开展历次集中性教育活动，都是以思想教育打头。因此，加强思想教育和理论武装，是党内政治生活的首要任务，是保证全党行动统一、步调一致的前提。

党的十八大以来，中国共产党以党的政治建设统领新时代党的建设新的伟大工程，以一系列重要党内法规制度安排把加强党的领导、维护党的团结统一落实到治国理政全过程各方面，以严明政治纪律和政治规矩、严肃党内政治生活促进全党团结统一，促使广大党员干部不断增强政治判断力、政治领悟力、政治执行力，自觉在思想上政治上行动上同党中央保持高度一致。例如，通过制定《中国共产党党校（行政学院）工作条例》，旨在加强马克思主义基本理论研究和党的思想理论建设，充分发挥党校（行政学院）干部培训、思想引领、理论建设、决策咨询的作用；通过制定《中国共产党党委（党组）理论学习中心组学习规则》等，旨在推动理论武装工作深入开展，加强领导班子思想政治建设；通过制定《党委（党组）意识形态工作责任制实施办法》，旨在加强思想教育和理论武装，巩固马克思主义在意识形态领域的指导地位，巩固全党全国人民团结奋斗的共同思想基础。

2. 维护党的组织团结

“党的力量来自组织，组织能使力量倍增。”① 严明的组织纪律是中国共产党坚强有力的保障，是对党员干部行为的严格约束，更是对党员干部敢于担当、敢于作为的组织保障。中国共产党的组织纪律，指党的组织和党员必须遵守和维护党在组织上团结统一的行为准则，是处理党组织之间和党组织与党员之间关系的纪律。党章规定，党员个人服从党的组织，少数服从多数，下级组织服从上级组织，全党各个组织和全体党员服从党的全国代表大会和中央委员会，并把遵守党的组织纪律、维护党的团结统一作为党员的基本义务，强调党员要自觉遵守党的纪律，首先是党的政治纪律和政治规矩，模范遵守国家的法律法规，严格保守党和国家的秘密，执行党的决定，服从组织分配，积极完成党的任务；强调党员要维护党的团结和统一，对党忠诚老实，言行一致，坚决反对一切派别组织和小集团活动，反对阳奉阴违的两面派行为和一切阴谋诡计。《关于新形势下党内政治生活的若干准则》规定，党的组织生活是党内政治生活的重要内容和载体，是党组织对党员进行教育管理监督的重要形式。必须坚持党的组织生活各项制度，创新方式方法，增强党的组织生活活

---

① 习近平在十八届中央纪委三次全会上发表重要讲话强调 强化反腐败体制机制创新和制度保障 深入推进党风廉政建设和反腐败斗争. 人民日报，2014－01－15.

力。全体党员、干部特别是高级干部必须增强党的意识，时刻牢记自己第一身份是党员；任何党员都不能游离于党的组织之外，更不能凌驾于党的组织之上。每个党员无论职务高低，都要参加党的组织生活。党组织要严格执行组织生活制度，确保党的组织生活经常、认真、严肃；领导干部必须强化组织观念，工作中重大问题和个人有关事项必须按规定按程序向组织请示报告，离开岗位或工作所在地要事先向组织请示报告。对无正当理由不按时报告、不如实报告或隐瞒不报的，要严肃处理。《中国共产党纪律处分条例》分别从领导制度、决策制度、干部选拔制度、党员权利保障以及党组织生活制度等方面，对违反组织纪律的行为作出了规定。凡是违背民主制集中制原则，不执行组织决定，不服从组织分配调动交流决定，不尊重组织工作的原则和程序，不尊重党员的民主权利等行为，都是触犯组织纪律的行为。这些规定对防止个人专权、保护党员正当权益、净化干部成长环境、严肃党内政治生活具有重要保障作用。

根据中国共产党的组织纪律要求，共产党员必须强化党的意识，在党爱党、在党为党、在党忧党、在党护党，任何时候都与党同心同德，在组织面前不隐瞒自己，言行一致、表里如一，对党讲真话、讲实话、讲心里话。党员是有着特殊政治使命、受到严格组织约束的公民，入了党就意味着主动放弃一部分普通公民享有的权利和自由，就要在政治上讲忠诚、组织上讲服从、行动上讲纪律，绝不允许用普通公民意义上的权利和自由，来对抗组织纪律的规定和要求。例如，2017 年 2 月 8 日起施行的《领导干部报告个人有关事项规定》要求，领导干部要切实强化组织观念，对党忠诚老实、光明磊落，说老实话、办老实事、做老实人，按规定按程序向组织如实报告个人有关事项，自觉接受组织监督。这些个人有关事项主要是与领导干部权力行为关联紧密的家事、家产情况，其中，家事包括婚姻、因私出国（境）证件和行为、移居国（境）外、从业、被司法机关追究刑事责任等情况。家产包括工资收入，劳务所得，房产，持有股票、基金和投资型保险，经商办企业以及在国（境）外的存款和投资等情况。

3. 维护党的行动一致

事在四方，要在中央。保证全党服从中央，维护党中央权威和集中统一领导，是党的政治建设的首要任务，是党的最根本政治纪律和政治规矩。党的政治建设具有丰富的思想内涵，一方面表现在树牢“四个意识”、坚定“四个自信”、做到“两个维护”的内容要求上，另一方面体现在“同党中央保持高度一致”的实效要求上。“同党中央保持高度一致”，首先是保持一致，把准正确的政治方向，朝着党中央确定的宏伟目标，方向不变、目标不偏、靶心不移，团结一致向前进；其次是保持

"高度一致",不能有任何的偏差和背离,在贯彻落实党中央理论方针政策和决策部署上杜绝一切形式的"打折扣、做选择、搞变通",确保全党令行禁止、言出法随,确保全党团结统一、行动一致,确保党中央定于一尊、一锤定音。

同党中央保持高度一致,不是一个空洞的口号,而是一个重大的政治原则。毛泽东同志曾指出:"政治工作是一切经济工作的生命线。"[①] 坚决维护党中央权威、保证全党令行禁止,是党和国家前途命运所系,是全国各族人民根本利益所在。坚持党的领导,首先是坚持党中央的集中统一领导,深刻领会"两个确立"的决定性意义,增强"四个意识"、坚定"四个自信"、做到"两个维护",自觉在思想上、政治上、行动上同党中央保持高度一致。

在实践要求上,"同党中央保持高度一致"体现为以下三个方面的内容:一是"在思想上"要有清醒的政治认识。思想理论上清醒,政治上才能坚定,行动上才能坚决。在思想认识上,全体党员干部必须清醒地认识到,坚持和加强党的全面领导,首先要坚决维护党中央权威和集中统一领导;坚决维护党中央权威和集中统一领导,关键是坚决维护习近平总书记党中央的核心、全党的核心地位。二是"在政治上"要有鲜明的政治态度。旗帜鲜明讲政治是我们党作为马克思主义政党的根本要求。党员干部必须鲜明政治态度,站稳政治立场,把准政治方向,坚定政治信念,确保政治过硬,在重大原则问题上立场坚定,在大是大非面前旗帜鲜明,在关键时刻要经得起考验,始终保持共产党员忠诚干净担当、为民务实清廉的政治本色。三是"在行动上"要有切实的政治举措。不管是树牢"四个意识"、坚定"四个自信"、做到"两个维护"也好,还是"同党中央保持高度一致"也好,这些要求都是具体的而不是抽象的,各级党员领导干部必须从知行合一、笃信笃行的角度审视自己、要求自己、检查自己,对党和人民一心一意、真心诚意、全心全意,说老实话、办老实事、做老实人,对党中央决策部署,必须坚定坚决、不折不扣、落实落细,体现在行动上、落实在实践中。党章规定,党的下级组织必须坚决执行上级组织的决定。下级组织如果认为上级组织的决定不符合本地区、本部门的实际情况,可以请求改变;如果上级组织坚持原决定,下级组织必须执行,并不得公开发表不同意见,但有权向再上一级组织报告。《关于新形势下党内政治生活的若干准则》规定,党的各级组织、全体党员特别是高级干部都要向党中央看齐,向党的理论和路线方针政策看齐,向党中央决策部署看齐,做到党中央提倡的坚决响应、党中央决定的坚决执行、党中央禁止的坚决不做;强调对党中央决策部署,任何党组织和任何党员都不准合意的执行、不合意的不执行,不准先斩后奏,更不准口是心非、阳奉阴违。属

① 毛泽东文集:第6卷.北京:人民出版社,1996:449.

于部门和地方职权范围内的工作部署，要以贯彻党中央决策部署为前提，发挥积极性、主动性、创造性，但决不允许自行其是、各自为政，决不允许有令不行、有禁不止，决不允许搞上有政策、下有对策。《中国共产党纪律处分条例》第 44 条规定："在重大原则问题上不同党中央保持一致且有实际言论、行为或者造成不良后果的，给予警告或者严重警告处分；情节较重的，给予撤销党内职务或者留党察看处分；情节严重的，给予开除党籍处分。"

二、党内法规的自由价值

自由是马克思主义的核心价值观。马克思是十分注重人的自由，强调"自由确实是人所固有的东西"[①]，认为"自由的有意识的活动恰恰就是人的类特性"[②]，主张"只有在共同体中，个人才能获得全面发展其才能的手段，也就是说，只有在共同体中才可能有个人自由"[③]。马克思和恩格斯所构想的理想社会"将是这样一个联合体，在那里，每个人的自由发展是一切人的自由发展的条件"[④]。

自由是社会主义核心价值观的重要内容，也是社会主义法治的基本价值之一。中国共产党是马克思主义执政党，民主集中制是党的根本组织原则。维护党内自由、保障党员权利、发扬党内民主，与维护党的团结统一、加强党的领导是有机统一的。任何党员都不能无视党的纪律自作主张、自行其是，都必须自觉服从党组织的领导和监督。党的纪律与党内自由是对立统一的关系，是一个统一体的两个侧面。正确理解党的纪律与党内自由的关系，一方面要看到充分发扬党内民主、发挥自由是激发党员的主动性、创造性，制定党的正确的路线方针政策的重要条件，另一方面也要看到严格党的纪律是革命事业取得胜利的关键，"加强纪律性，革命无不胜"，这是党百年奋斗的一条重要经验。任何社会绝对的自由都是不存在的。严格执行党的纪律不是排斥党内自由，而是保障每个党员享有党章规定的民主自由，只不过这种自由是在党的民主集中制许可范围内的，在服从党的整体利益、不违背党的纪律的前提下行使，而不是不受任何约束的自由。

因此，在党内法规关系中，党内自由往往和党员权利、党内民主浑然一体、密不可分。党内自由是党员主体地位的根本体现，是党员权利的重要内容，是党内民主的逻辑起点。党章第 9 条规定："党员有退党的自由。党员要求退党，应当经支部大会讨论后宣布除名，并报上级党组织备案。"该条确立的党员"入党志愿、退党自

---

① 马克思恩格斯全集：第 1 卷. 北京：人民出版社，2006：63.
② 马克思恩格斯文集：第 1 卷. 北京：人民出版社，2009：162.
③ 马克思恩格斯文集：第 1 卷. 北京：人民出版社，2009：571.
④ 马克思恩格斯文集：第 2 卷. 北京：人民出版社，2009：53.

由”原则，实际上就是党内自由的一种体现。《关于新形势下党内政治生活的若干准则》规定：党内民主是党的生命，是党内政治生活积极健康的重要基础。要坚持和完善党内民主各项制度，提高党内民主质量，党内决策、执行、监督等工作必须执行党章党规确定的民主原则和程序，任何党组织和个人都不得压制党内民主、破坏党内民主。《关于新形势下党内政治生活的若干准则》强调，必须尊重党员主体地位、保障党员民主权利，落实党员知情权、参与权、选举权、监督权，保障全体党员平等享有党章规定的党员权利、履行党章规定的党员义务，坚持党内民主平等的同志关系，党内一律称同志。任何党组织和党员不得侵害党员民主权利。

为了更好地保障党员权利、永葆党的生机活力，2020 年 11 月 30 日，中共中央政治局会议修订《中国共产党党员权利保障条例》。该条例是一部以保障党员权利为主题的党内法规，其根本任务是通过明确各级党组织的党员权利保障法定责任，来落实和保障党员权利，激发广大党员的积极性、主动性、创造性，最终实现坚持党的领导、加强党的建设、实现党的奋斗目标的根本目的。在内容上，该条例将党章规定的八项党员权利细化为十三个方面党员权利，系统规定了二十项保障措施，进一步明确细化了党员的党内知情权、接受党的教育培训权、党内参加讨论权、党内建议和倡议权、党内监督权、党内提出罢免撤换要求权、党内表决权、党内选举权和被选举权、党内申辩权、党内提出不同意见权、党内请求权、党内申诉权、党内控告权等权利。通过明确和细化党员权利内容，充实和完善保障措施，积极回应党员关切，进一步提高党员权利保障工作的水平和效果。

《中国共产党党员权利保障条例》规定，党组织必须尊重党员主体地位，强化管党治党政治责任，将党员权利保障融入新时代党的建设，严格按照党章和其他党内法规保障党员各项权利、完善党员权利保障制度机制。党员应当增强党的观念和主体意识，将行使党章规定的权利作为对党应尽的责任，向党组织讲真话、讲实话、讲心里话，敢于担当、敢于负责，遵守纪律规矩，正确行使权利。这实际规定了党组织和党员在党员权利保障方面的总体要求。党员既是党员权利保障的主体主角，又是党员权利保障的客体对象。作为党员权利保障方面的主体，党员应当增强党的观念和主体意识，将行使党章规定的权利作为对党应尽的责任，向党组织讲真话、讲实话、讲心里话，敢于担当、敢于负责。作为党员权利保障的客体对象，党员个人又是党员权利保障的直接受益人，必须要严格遵守党章党规党纪，履行党员义务，完成职责任务，遵守纪律规矩，正确行使权利，做一名合格的共产党员。党员应当正确行使党章规定的各项权利，并在宪法和法律的范围内活动，同时必须履行党章规定的义务，不得侵犯其他党员的权利。党员权利是党章赋予每个党员的尚方宝剑，每个党员都要严格按照党内生活的正常渠道和组织程序行使权利。在行使自身权利时，必须尊重其他党员的权利，不得侵犯他人的权利。还要把权利和义务统一起来，在行使党员权利的同时，也要履行好党员义务。

三、党内法规的正义价值

正义是社会制度的首要价值，是人类社会普遍认可的崇高价值。正义是一个相对的概念，不同的社会、不同的阶级有不同的正义观。一般认为，正义是指具有公正性、合理性的观点、行为、活动、思想和制度等。衡量正义的客观标准是这种正义的观点、行为、思想是否促进社会进步，是否符合社会发展的规律，是否满足社会中绝大多数人最大利益的需要。

正义是法治建设的终极价值。法律与正义是相互联系、相互促进的，正义对法律发展起了一定的推动作用。正义作为法律追求的最高目标，作为区别良法与恶法的标准，始终是法律进化的精神驱动力。同时，法律也是实现正义的重要手段，法律运用国家强制性，保护社会主体的合法利益，通过裁决纠纷，惩治非正义的违法行为，以实现社会正义。根据正义涉及内容和实现方式的不同，在法治建设中可以把正义分为实体正义和程序正义。实体正义，又称实质正义，是指对实体上的权利、义务和责任进行确定所要遵循的价值标准，强调结果的正当合理与道德性。程序正义，又称形式正义，程序法中对权利和义务的分配应符合的正义标准，主要是指按照公平、公正原则设计的程序处理事情，是程序在具体运作过程中所要实现的价值目标。

坚持形式正义与实质正义的有机统一，需要充分发挥法治在维护社会大局稳定、加强和创新社会治理中的作用，实现法治效果、政治效果与社会效果的有机统一。首先，从法治效果而言，就是要依法治国、依法行政、依法裁判，是否依法办事是检验法治效果的重要标准，树立正确的法治理念，全面准确地理解和适用国法党规，实现法治的目的和秩序、正义、自由、平等等价值；其次，从政治效果而言，就是通过法治的实施实现国家意志，维护党的执政地位、维护国家安全、维护人民利益、服务社会大局，保障党和国家事业顺利进行；最后，从社会效果而言，法治规范作为社会关系的调节器，其最终目的是要通过法治规范的公正高效权威实施回应社会需求、获得社会的认同，实现社会关系的协调和社会利益的调整。实现“三个效果”的统一，要充分注意到法治与政治、社会密切相关，不可分割，要通过法治效果实现政治效果和社会效果，合法性是前提；要结合政治效果和社会效果追求法治效果，服务大局、服务社会是目的。既不能单纯追求法治效果，忽视政治效果和社会效果，也不能片面强调政治效果和社会效果，损毁法治的权威性和公信力。

（一）党内法规的实体正义价值

党内法规的实体正义价值，是指党内法规在规定具体权利义务、权力职责内容或者在规范党组织的活动、党员的行为时，以及在加强和保障具体事项时所体现出来的价值取向和想要达致的价值目标。

1. 坚持和加强党的领导

加强党内法规制度建设，根本目的和价值目标是坚持和加强党的领导，充分发挥党总揽全局、协调各方的领导核心作用，推动中国特色社会主义事业不断向前发展。党的十八大以来，党中央围绕统筹推进“五位一体”总体布局和协调推进“四个全面”战略布局，贯彻党的领导是全面的、系统的、整体的这一本质要求，着力完善坚持党的全面领导的制度体系，加强党对各级各类组织领导和各方面事业领导的法规制度，保证党在各种组织中发挥领导核心作用，基本实现了对党的领导的全覆盖。①

2. 坚持以人民为中心，维护社会公平正义，促进共同富裕

中国共产党作为执政党，代表的不是哪个利益集团的利益，而是中国最广大人民的根本利益。党章明确指出：“党除了工人阶级和最广大人民群众的利益，没有自己特殊的利益。”我们党是人民群众利益的代表者，又是人民群众的领导者。所谓领导，归根到底，就是领导人民群众去实现他们自身的利益。社会主义法治说到底就是为了人民的法治、依靠人民的法治、造福人民的法治、保护人民的法治，它以人民为主体，以依法治权、依法治官为手段，以保障人民根本权益为出发点和落脚点，保证人民依法享有广泛的权利和自由、承担应尽的义务，维护社会公平正义，促进共同富裕。

坚持公平正义是中国特色社会主义的内在要求，也是中国共产党的一贯主张。中国共产党从诞生之日起，就把实现公平正义作为一项政治主张和价值目标，并一直在为实现这一政治主张和目标而奋斗。坚持公平正义必然要求共同富裕，消除贫富差距，防止两极分化。早在改革开放之初，邓小平同志就讲过：“让一部分人、一部分地区先富起来，大原则是共同富裕。一部分地区发展快一点，带动大部分地区，这是加速发展、达到共同富裕的捷径”②，“社会主义的目的就是要全国人民共同富裕，不是两极分化。如果我们的政策导致两极分化，我们就失败了，如果产生了什

① 中共中央办公厅法规局．发挥依规治党对党和国家事业发展的政治保障作用．党建研究，2022（3）．

② 邓小平文选：第三卷，北京：人民出版社，1993：166．

么新的资产阶级，那我们就真是走了邪路了”①。

党的十八大以后，中国共产党更加注重共同富裕和公平正义，强调要随时随刻倾听人民呼声、回应人民期待，保证人民平等参与、平等发展权利，维护社会公平正义，在学有所教、劳有所得、病有所医、老有所养、住有所居上持续取得新进展，不断实现好、维护好、发展好最广大人民根本利益，使发展成果更多更公平惠及全体人民，在经济社会不断发展的基础上，朝着共同富裕方向稳步前进。党的十八届五中全会提出，必须坚持发展为了人民、发展依靠人民、发展成果由人民共享，作出更有效的制度安排，使全体人民朝着共同富裕方向稳步前进，绝不能出现“富者累巨万，而贫者食糟糠”的现象。② 党的十九大指出，公平正义的发展取向，强调要不断满足人民日益增长的美好生活需要，不断促进社会公平正义，形成有效的社会治理、良好的社会秩序，使人民获得感、幸福感、安全感更加充实、更有保障、更可持续。③ 党的二十大强调，共同富裕是中国特色社会主义的本质要求，也是一个长期的历史过程。我们坚持把实现人民对美好生活的向往作为现代化建设的出发点和落脚点，着力维护和促进社会公平正义，着力促进全体人民共同富裕，坚决防止两极分化。④ 而要想实现这个主张和目标，就必须坚持以人民为中心的发展思想，始终把人民利益摆在至高无上的地位，让改革发展成果更多更公平惠及全体人民，朝着实现全体人民共同富裕不断迈进。

3. 为实现中华民族伟大复兴中国梦提供制度保障

加强党内法规制度建设，就是要以党内法规形式把党所指明的正确政治方向确立为全党统一意志，把党内法规制度建设放在党和国家事业全局中、放在党的长期执政中来谋划和部署，使党和国家事业始终沿着正确方向前进。党中央把加强党内法规制度建设作为全面从严治党的长远之策、根本之策，作为坚持和完善中国特色社会主义制度、推进国家治理体系和治理能力现代化的重要内容，通过党内法规制度确立并强化党的初心使命，保证党始终团结带领人民为实现中华民族伟大复兴而不懈奋斗。党内法规以制度形式确立党的人民立场，确保党始终全心全意为人民服务。中国共产党来自人民、植根人民、服务人民。从毛泽东同志提出为人民服务，到习近平同志提出以人民为中心，全心全意为人民服务始终是党的根本政治立场。党章开宗明义，强调中国共产党代表中国最广大人民的根本利益，坚持全心全意为

① 邓小平. 建设有中国特色的社会主义. 增订本. 北京：人民出版社，1987：199.

② 中共中央文献研究室. 十八大以来重要文献选编：中. 北京：中央文献出版社，2016：827.

③ 本书编写组. 党的十九大报告辅导读本. 北京：人民出版社，2017：44.

④ 习近平. 高举中国特色社会主义伟大旗帜 为全面建设社会主义现代化国家而团结奋斗：在中国共产党第二十次全国代表大会上的报告. 人民日报，2022-10-26.

人民服务，以党的根本大法形式确立了党的宗旨立场。党的十九大党章增写必须坚持以人民为中心的发展思想，赋予其新的时代内涵。二十大党章增写始终把为中国人民谋幸福、为中华民族谋复兴作为自己的初心使命，将其作为全党的奋斗目标。党中央出台一系列党内法规制度，并将侵害群众利益问题作为《中国共产党党内监督条例》《中国共产党巡视工作条例》《中国共产党问责条例》《中国共产党纪律处分条例》等党内法规的规制对象，以制度保障党的根本宗旨在创新发展理念、促进共同富裕、实现公平正义实践中得以实现。中国共产党党内法规制度建设的奋斗目标是，坚持以人民为中心建章立制，建立不忘初心、牢记使命的制度，健全为人民执政、靠人民执政的各项制度，为实现中华民族伟大复兴中国梦提供制度保障。①

（二）党内法规的程序正义价值

党内法规的程序正义价值，是指党内法规在规定保护党内主体权利义务内容得到实现、保证党组织和党员职责使命得到履行、保障党和国家事业得到推进所需要采取的方式方法、步骤措施时，所体现出来的程序要求和价值目标。迟到的正义非正义，无救济则无权利。程序正义是实体正义的根本保证，程序权利是实体权利的制度基础，没有程序正义，实体正义也很难得到保障。我国党内法规高度重视程序正义的价值作用，在规定党内法规实体权利的同时，也规定了大量的程序权利。例如，党章在规定党员实体权利的同时，也规定了党员的程序权利，这些程序主要是：在党组织讨论决定对党员的党纪处分或作出鉴定时，本人有权参加和进行申辩，其他党员可以为他作证和辩护；对党的决议和政策如有不同意见，在坚决执行的前提下，可以声明保留，并且可以把自己的意见向党的上级组织直至中央提出；向党的上级组织直至中央提出请求、申诉和控告，并要求有关组织给以负责的答复。《中国共产党党员权利保障条例》也非常重视党员权利的程序保障，将“保障措施”单列一章，规定了保障党员权利实现的二十项具体措施。这二十项保障措施主要围绕如何保障权利的正常行使进行具体设计，对知情权、参与权、表决权、选举权和监督权等各项党员权利作出了具体规定，并规定了相应的保障措施，使党员权利的行使做到制度化、规范化、程序化，使得党员权利的保障更加充分全面、有力有效。同时，在《中国共产党党内监督条例》《中国共产党巡视工作条例》《中国共产党纪律处分条例》《中国共产党问责条例》《中国共产党纪律检查机关监督执纪工作规则》《纪检监察机关处理检举控告工作规则》《中国共产党组织处理规定（试行）》等党内法规中，系统全面规定了党内监督、巡视监督、纪律处分、党内问责等方面的程序要求，对于保障党员实体权利，维护党员、干部合法权益，规范纪检监察机关处理

① 中共中央办公厅法规局．发挥依规治党对党和国家事业发展的政治保障作用．党建研究，2022（3）．

涉及和影响党员实体权利的处理、处分、处置程序，促进监督执纪问责正确行使，推动全面从严治党向纵深发展，具有重要意义。[①]

案例与思考 5-1

对林某予以容错免责案

林某，中共党员，A 市 B 区政府党组成员、副区长。2019 年 9 月，A 市启动创建全国文明城市、国家卫生城市（以下简称“双创”）工作，林某负责 B 区背街小巷改造项目。同年 10 月，B 区政府召开“双创”工作领导小组会议，要求背街小巷改造项目必须在 10 月底前开工建设。为加快推进改造项目，林某主持召开工作会议，研究通过了 B 区“双创”投资项目（背街小巷改造）小型项目抽签法确定施工单位方案，其中明确规定对于不属于依法必须招标的工程项目，在报名单位通过资格审核后，以公开抽签方式确定施工单位，并随后依据该方案分两批抽签确定了十六个项目的施工单位。

2021 年 8 月，有群众举报林某的上述做法违反法律法规规定。A 市纪委监委经核查发现，林某采用抽签方式确定施工单位的小型项目，均未达到国家发展和改革委员会《必须招标的工程项目规定》（国家发展改革委 2018 年第 16 号令）明确的项目规模标准，依法可以不进行招标；但采用抽签方式采购工程项目，违反了《中华人民共和国政府采购法》《中华人民共和国政府采购法实施条例》关于政府采购方式的规定。考虑到 B 区“双创”工作有关制度规范尚不健全，背街小巷改造项目工期紧任务重，林某此前并不分管财政和城建等领域，有关业务主管部门未提出明确反对意见等客观情况，加之林某在主观上是为了快速推进工作，更好完成“双创”任务，且未发现林某有借机谋取私利的情形，A 市纪委监委在征求 A 市委组织部和 B 区委意见后，决定对林某进行谈话提醒，并向 B 区政府发出监察建议书，督促 B 区政府规范政府采购工作。林某受到谈话提醒后，及时召开工作会议废止上述方案，规范了工作程序，并在民主生活会上作了深刻检讨。

① 关于党内法规程序权利制度特别是党员权利救济制度的内容，在第十六章第三节中将有较为详细的介绍，故这里仅仅简要述之。

思考题：

1. 如何精准把握追责问责与容错纠错的关系？

2. 如何通过容错纠错工作贯彻惩前毖后、治病救人方针，营造干事创业的良好氛围？

本章小结

党内法规具有强烈政治属性、鲜明价值导向、科学治理逻辑、统一规范功能。坚持依规治党，要发挥党内法规的价值导向作用，坚持依规治党与以德治党紧密结合，增强党内法规的道德底蕴，以道德滋养法治精神。中国共产党是执政党，作为执政党，中国共产党的价值观主要体现在改革发展稳定、内政外交国防、治党治国治军的价值目标和执政实践之中，主要体现为坚持真理、坚守理想，践行初心、担当使命，不怕牺牲、英勇斗争，对党忠诚、不负人民的伟大建党精神上。党内法规的价值观来源于中国共产党的价值观、中国共产党人的价值观，中国共产党追求的和平、发展、公平、正义、民主、自由等价值，和中国共产党人追求的忠诚老实、公道正派、实事求是、清正廉洁等价值，直接影响和决定着党内法规的价值。党内法规的价值体系，是立足中国共产党管党治党、执政治国实践，参照国家法律价值体系，在党内法规制度建设中形成和体现的多种价值的综合体。从内容上看，党内法规价值体系中的秩序、自由和正义价值，可以称为党内法规的基本价值，在党内法规价值体系中具有基础性和支撑性作用。

本章思考题

1. 如何理解中国共产党的价值观问题？
2. 如何弘扬共产党人的价值观？
3. 党内法规的基本价值有哪些？

第六章

党内法规制度建设

习近平总书记重要论述

要坚持依法治国和依规治党有机统一，确保党既依据宪法法律治国理政，又依据党内法规管党治党、从严治党。

——2020 年 11 月 16 日，习近平在中央全面依法治国工作会议上的讲话

课程思政

通过对党中央关于党内法规制度建设的一系列重大决策部署的学习，教育引导学生了解以习近平同志为核心的党中央高度重视党内法规制度建设，推动党内法规制度建设取得重大进展和显著成效的具体实践，明确党内法规制度建设为党和国家事业取得历史性成就、发生历史性变革提供的制度保障作用。

第一节　党内法规制度建设的决策部署

党的十八大以来，以习近平同志为核心的党中央高度重视党内法规在管党治党、执政治国中的重要作用，把党内法规制度建设摆到更加突出的位置，就制度治党、依规治党作出了一系列重大决策部署，推动党内法规制度建设取得重大进展和显著成效，为党和国家事业取得历史性成就、发生历史性变革提供了有力制度保障。

一、党的十八大：把制度建设摆在突出位置

党的十八大提出，全党要增强紧迫感和责任感，牢牢把握和加强党的执政能力建设、先进性和纯洁性建设这条主线，坚持解放思想、改革创新，坚持党要管党、从严治党，全面加强党的思想建设、组织建设、作风建设、反腐倡廉建设、制度建设，增强自我净化、自我完善、自我革新、自我提高能力，建设学习型、服务型、

创新型的马克思主义执政党，确保党始终成为中国特色社会主义事业的坚强领导核心。党的十八大提出的“把制度建设摆在突出位置”，为之后几年党的制度建设尤其是大力开展党内法规制度建设确定了主基调。在党的制度建设中，党内法规制度建设是最基本、最核心的制度，所以党的十八大报告“十二、全面提高党的建设科学化水平”部分专门强调，“坚持党要管党、从严治党，全面加强党的思想建设、组织建设、作风建设、反腐倡廉建设、制度建设”。把党的制度建设作为党的建设五大重要内容之一，充分显示了党中央对党的制度建设的高度重视。

（一）十八届三中全会：把深化党的建设制度改革作为推进国家治理体系和治理能力现代化的重要方面

2013年11月12日，党的十八届三中全会审议通过了《中共中央关于全面深化改革若干重大问题的决定》。该决定提出，全面深化改革的总目标是完善和发展中国特色社会主义制度，推进国家治理体系和治理能力现代化，必须更加注重改革的系统性、整体性、协同性，加快发展社会主义市场经济、民主政治、先进文化、和谐社会、生态文明，让一切劳动、知识、技术、管理、资本的活力竞相迸发，让一切创造社会财富的源泉充分涌流，让发展成果更多更公平惠及全体人民。① 党的十八届三中全会把深化党的建设制度改革作为推进国家治理体系和治理能力现代化的重要方面。国家治理体系和治理能力现代化有很多表现形式，其中，党的建设的制度化就是国家治理体系和治理能力现代化的一个重要体现。党的十八届三中全会将党的制度建设上升为关乎国家治理体系和治理能力现代化的高度，紧紧围绕提高科学执政、民主执政、依法执政水平深化党的建设制度改革，加强民主集中制建设，完善党的领导体制和执政方式，保持党的先进性和纯洁性，为改革开放和社会主义现代化建设提供坚强政治保证，为进一步深入开展党内法规制度建设奠定了制度基础。

（二）十八届四中全会：将党内法规体系确立为全面依法治国总目标的重要内容

2014年10月，党的十八届四中全会历史性地将“形成完善的党内法规体系”确立为全面依法治国总目标的重要内容，对加强党内法规制度建设作出了全面部署。全面依法治国的总目标是建设中国特色社会主义法治体系，建设社会主义法治国家。中国特色社会主义法治体系包含的内容是：在中国共产党的领导之下，坚持中国特色社会主义制度，贯彻中国特色社会主义法治理论，形成完备的法律规范体系、高效的法治实施体系、严密的法治监督体系、有力的法治保障体系，形成完善的党内法规体系。党的十八届四中全会进一步将党内法规纳入中国特色社会主义法治体系

① 中共中央关于全面深化改革若干重大问题的决定. 人民日报，2013-11-16.

之中，将“形成完善的党内法规体系”确立为全面依法治国总目标的重要内容，努力形成国家法律法规与党内法规制度相辅相成、相互促进、相互保障的格局。十八届四中全会对于党内法规发展是非常重要的，它专门提出全面依法治国的总目标是“形成完备的法律规范体系、高效的法治实施体系、严密的法治监督体系、有力的法治保障体系，形成完善的党内法规体系”。这五大体系中，前四个是关于国家法律法规的，第五个是关于党内法规的。这是中国法治发展史上第一次将党内法规制度体系与国家法律法规体系并列起来，一起作为管党治党、治国执政的基本方式，具有划时代的里程碑意义。

（三）十八届五中全会：全面提高党依据宪法法律治国理政、依据党内法规管党治党的能力和水平

2015年10月29日，党的十八届五中全会通过了《中共中央关于制定国民经济和社会发展第十三个五年规划的建议》。该建议提出，党的领导是中国特色社会主义制度的最大优势，是实现经济社会持续健康发展的根本政治保证。必须贯彻全面从严治党要求，不断增强党的创造力、凝聚力、战斗力，不断提高党的执政能力和执政水平，确保我国发展航船沿着正确航道破浪前进。反腐倡廉建设永远在路上，反腐不能停步、不能放松。要坚持全面从严治党，落实“三严三实”要求，严明党的纪律和规矩，落实党风廉政建设主体责任和监督责任，健全改进作风长效机制，强化权力运行制约和监督，巩固反腐败成果，构建不敢腐、不能腐、不想腐的有效机制，努力实现干部清正、政府清廉、政治清明，为经济社会发展营造良好政治生态。要运用法治思维和法治方式推动发展。厉行法治是发展社会主义市场经济的内在要求。必须坚持依法执政，全面提高党依据宪法法律治国理政、依据党内法规管党治党的能力和水平。[①] 因此，十八届五中全会把依规治党和依法治国作为党依法执政的两个轮子，要求全面提高党依据宪法法律治国理政、依据党内法规管党治党的能力和水平，把依规治党和依法治国作为“车之两轮”“鸟之两翼”并行推进，这对党内法规理论研究和制度实践的深入开展具有极大的促进作用。

（四）十八届六中全会：审议通过《关于新形势下党内政治生活的若干准则》和《中国共产党党内监督条例》

2016年10月24日至27日，党的十八届六中全会在京召开。十八届六中全会坚持思想建党和制度治党紧密结合，深刻总结了十八大以来党内政治生活和党内监督的理论和实践创新成果，审议通过了《关于新形势下党内政治生活的若干准则》和修订后的《中国共产党党内监督条例》，进一步扎紧制度笼子、夯实依规治党的制

---

① 中共中央关于制定国民经济和社会发展第十三个五年规划的建议．人民日报，2015-11-04.

度基础，进一步完善全面从严治党的制度体系，把党的建设新的伟大工程推向前进。上述两部重要的党内法规都是党内法规体系中比较核心、比较基础的骨干党内法规，也是此次全会最大的一个成果。在党的一次全会上通过两部重要党内法规，由此也可以看出党中央对党内法规制度建设的高度重视。

二、党的十九大：加快形成覆盖党的领导和党的建设各方面的党内法规制度体系

2017 年 10 月 18 日，中国共产党第十九次全国代表大会召开。党的十九大对新时代中国特色社会主义事业作了规划部署，其中对新时代党内法规建设也进行了规划部署。党的十九大提出，新时代党的建设，要坚持和加强党的全面领导，坚持党要管党、全面从严治党，以加强党的长期执政能力建设、先进性和纯洁性建设为主线，以党的政治建设为统领，以坚定理想信念宗旨为根基，以调动全党积极性、主动性、创造性为着力点，全面推进党的政治建设、思想建设、组织建设、作风建设、纪律建设，把制度建设贯穿其中，深入推进反腐败斗争，不断提高党的建设质量，把党建设成为始终走在时代前列、人民衷心拥护、勇于自我革命、经得起各种风浪考验、朝气蓬勃的马克思主义执政党。要实现这个伟大目标，我们党既要政治过硬，也要本领高强，尤其是要增强依法执政本领，加快形成覆盖党的领导和党的建设各方面的党内法规制度体系，加强和改善对国家政权机关的领导。[①]

（一）十九届二中全会：在宪法条文中充实坚持和加强中国共产党全面领导的内容

2018 年 1 月 18 日至 19 日，党的十九届二中全会审议通过了《中共中央关于修改宪法部分内容的建议》。2018 年 3 月 11 日十三届全国人大一次会议第三次全体会议经投票表决通过了《中华人民共和国宪法修正案》，充实了坚持和加强中国共产党全面领导的内容。该宪法修正案在 2004 年《宪法》第 1 条第 2 款“社会主义制度是中华人民共和国的根本制度”后增加一句，内容为“中国共产党领导是中国特色社会主义最本质的特征”[②]。这样修改的主要考虑是：中国共产党是执政党，是国家的最高政治领导力量。中国共产党领导是中国特色社会主义最本质的特征，是中国特色社会主义制度的最大优势。宪法从社会主义制度的本质属性角度对坚持和加强党的全面领导进行规定，有利于在全体人民中强化党的领导意识，有利于把党的领导

① 习近平. 决胜全面建成小康社会 夺取新时代中国特色社会主义伟大胜利：在中国共产党第十九次全国代表大会上的报告. 人民日报，2017-10-28.

② 中华人民共和国宪法修正案. 人民日报，2018-03-12.

落实到国家工作全过程和各方面，确保党和国家事业始终沿着正确方向前进。在宪法条文中增加坚持和加强中国共产党全面领导的内容，对于党内法规制度建设具有重要的影响。一方面，在宪法条文中增加党的领导条款，为党内法规制度建设提供了最高法依据。宪法是国家根本大法，是治国理政的总章程，是党和人民意志的集中体现，是中国特色社会主义法治体系的总遵循。不仅国家法律要根据宪法来制定，作为中国特色社会主义法治体系的重要组成部分的党内法规也要根据宪法来制定。在将党的领导条款写入宪法条文之前，党内法规制度体系中的最高规范依据是党章，但在将党的领导条款写入宪法条文之后，党内法规制度体系中的最高规范依据就变成了宪法，宪法成为党内法规制度体系的最高法和制高点。由此，宪法不仅控制国家法律体系的发展方向，更是直接统摄整个党内法规制度体系建设，宪法本身也成为党内法规法治制度体系的重要组成部分并具有最高效力位阶。另一方面，在宪法条文中增加党的领导条款，要求新时代党内法规制度建设必须符合宪法精神。宪法不仅是国家的根本法、治国安邦的总章程，而且是保障人民民主权利、维护人民根本利益的法律武器。十九届二中全会提出，要在全党全社会深入开展尊崇宪法、学习宪法、遵守宪法、维护宪法、运用宪法的宣传教育活动，大力弘扬宪法精神，大力弘扬社会主义法治精神，不断增强人民群众宪法意识。新时代新使命新目标，对提高依法治国、依宪治国工作水平提出新的更高要求。同时，要在全社会深入开展宪法教育，大力弘扬宪法精神，增强公民的宪法观念、法治意识、法律素质，提高各级领导干部和执法人员依法决策、依法行政、依法办事的水平。最后，要使宪法精神植根心底，让法治信仰蓬勃生长，为新时代伟业提供有力宪法保障。由于宪法在党内法规制度体系中的地位要高于党章，党章也要遵守宪法，所以宪法中才专门强调："全国各族人民、一切国家机关和武装力量、各政党和各社会团体、各企业事业组织，都必须以宪法为根本的活动准则，并且负有维护宪法尊严、保证宪法实施的职责。"党内法规制度建设作为党的一项重要工作，必须要符合宪法规定和宪法精神，以坚持和加强党的全面领导、监督和制约权力、保障人民民主权利、维护人民根本利益为根本价值取向。

（二）十九届三中全会：完善党和国家机构法规制度

2018年2月26日至28日，党的十九届三中全会审议通过了《中共中央关于深化党和国家机构改革的决定》和《深化党和国家机构改革方案》，全会提出，深化党和国家机构改革是推进国家治理体系和治理能力现代化的一场深刻变革。党和国家机构职能体系是中国特色社会主义制度的重要组成部分，是中国共产党治国理政的重要保障。深化党和国家机构改革的首要任务是：完善坚持党的全面领导的制度，加强党对各领域各方面工作领导，确保党的领导全覆盖，确保党的领导更加坚强有力。为此，要建立健全党对重大工作的领导体制机制，强化党的组织在同级组织中的领导地位，更好发挥党的职能部门作用，统筹设置党政机构，推进党的纪律检查体制和国家监察体制改革。全会提出，机构编制法定化是深化党和国家机构改革的重要保障。要完善党和国家机构法规制度，依法管理各类组织机构，加快推进机构、职能、权限、程序、责任法定化，全面推行政府部门权责清单制度，规范和约束履职行为，让权力在阳光下运行，强化机构编制管理刚性约束，加大机构编制违纪违法行为查处力度。①

（三）十九届四中全会：坚持和完善中国特色社会主义制度、推进国家治理体系和治理能力现代化

2019年10月28日至31日召开的党的十九届四中全会审议通过了《中共中央关于坚持和完善中国特色社会主义制度、推进国家治理体系和治理能力现代化若干重大问题的决定》。全会提出，中国特色社会主义制度是党和人民在长期实践探索中形成的科学制度体系，我国国家治理一切工作和活动都依照中国特色社会主义制度展开，我国国家治理体系和治理能力是中国特色社会主义制度及其执行能力的集中体现。这些显著优势，是我们坚定中国特色社会主义道路自信、理论自信、制度自信、文化自信的基本依据。坚持和完善中国特色社会主义制度、推进国家治理体系和治理能力现代化的总体目标是，到中国共产党成立100年时，在各方面制度更加成熟更加定型上取得明显成效；到2035年，各方面制度更加完善，基本实现国家治理体系和治理能力现代化；到新中国成立100年时，全面实现国家治理体系和治理能力现代化，使中国特色社会主义制度更加巩固、优越性充分展现。②

（四）十九届五中全会：坚持和完善党领导经济社会发展的体制机制，坚持和完善中国特色社会主义制度

2020年10月26日至29日召开的党的十九届五中全会审议通过了《中共中央关于制定国民经济和社会发展第十四个五年规划和二〇三五年远景目标的建议》，提出了“十四五”时期经济社会发展指导思想和必须遵循的原则，强调要坚持党的全面领导，坚持和完善党领导经济社会发展的体制机制，坚持和完善中国特色社会主义制度，不断提高贯彻新发展理念、构建新发展格局能力和水平，为实现高质量发展提供根本保证。坚持以人民为中心，坚持新发展理念，坚持深化改革开放，坚持

---

① 中共中央关于深化党和国家机构改革的决定. 人民日报，2018-03-05.

② 中共中央关于坚持和完善中国特色社会主义制度 推进国家治理体系和治理能力现代化若干重大问题的决定. 人民日报，2019-11-06.

系统观念。在制度建设方面，全面深化改革，构建高水平社会主义市场经济体制。坚持和完善社会主义基本经济制度，充分发挥市场在资源配置中的决定性作用，更好发挥政府作用，推动有效市场和有为政府更好结合。[①]

（五）党的十九届六中全会：深入总结建党百年法治建设的成就和经验，为新时代推进全面依法治国提供了遵循

2021年11月11日党的十九届六中全会审议通过的《中共中央关于党的百年奋斗重大成就和历史经验的决议》，回顾了党走过的百年奋斗历程，总结了党的百年奋斗重大成就和历史经验，着重阐释了党的十八大以来党和国家事业取得的历史性成就、发生的历史性变革，对实现第二个百年奋斗目标提出了明确要求，是一篇马克思主义的纲领性文献，是新时代中国共产党人牢记初心使命、坚持和发展中国特色社会主义的政治宣言，是以史为鉴、开创未来、实现中华民族伟大复兴的行动指南。该决议高度重视法治建设，深入总结建党百年法治建设的成就和经验，为新时代推进全面依法治国提供了遵循。该决议强调，我们党坚持以党章为根本遵循，把纪律建设纳入党的建设总体布局，坚持纪严于法、执纪执法贯通，深化运用“四种形态”，建成内容科学、程序严密、配套完备、运行有效的党内法规制度体系，锲而不舍抓执行，全体党员制度意识、纪律意识、规矩意识不断增强，逐步习惯在受监督和约束的环境中工作生活。[②]

三、党的二十大：形成比较完善的党内法规体系

2022年10月16日至22日召开的中国共产党第二十次全国代表大会，是在全党全国各族人民迈上全面建设社会主义现代化国家新征程、向第二个百年奋斗目标进军的关键时刻召开的一次十分重要的大会。大会把“形成比较完善的党内法规体系”作为过去五年的工作和新时代十年的伟大变革的重要成就，强调要完善党的自我革命制度规范体系，坚持制度治党、依规治党，以党章为根本，以民主集中制为核心，完善党内法规制度体系，增强党内法规权威性和执行力，形成坚持真理、修正错误，发现问题、纠正偏差的机制。大会审议通过的《中国共产党章程（修正案）》，体现了党的十九大以来党的理论创新、实践创新、制度创新成果，体现了党的二十大报告确定的重要思想、重要观点、重大战略、重大举措，对坚持和加强党的全面领导、坚定不移推进全面从严治党、坚持和完善党的建设、推进党的自我革命提出了明确要求。“形成比较完善的党内法规体系”是党的建设史上，特别是党内

① 中共十九届五中全会在京举行．人民日报，2020－10－30．
② 中共中央关于党的百年奋斗重大成就和历史经验的决议．人民日报，2021－11－17．

法规制度建设史上的一个重要里程碑，标志着我们党在管党治党方面全面实现了有规可依、有章可循。

第二节　党内法规制度建设的基本遵循

一、坚持依法治国与制度治党、依规治党相结合

法治是治国理政的基本方式，依法治国是中国共产党领导人民治理国家的基本方略。中国特色社会主义法治建设的一个鲜明特征，就是坚持依法治国与依规治党相结合，全面提高党依据宪法法律治国理政、依据党内法规管党治党的能力和水平。全面依法治国，是坚持和发展中国特色社会主义的本质要求和重要保障，是实现国家治理体系和治理能力现代化的必然要求，事关中国共产党执政兴国，事关人民幸福安康，事关党和国家长治久安。因此，中国特色社会主义法治是中国特色社会主义的重要组成部分，是中国特色社会主义事业发展前进的基本保障。从坚持中国特色社会主义政治发展道路到有序推进政治体制改革，从创建社会主义市场经济体制到加快转变经济发展方式，从加强社会主义文化强国建设到改善民生、加强生态文明建设，无一能离开法治的指导和保障作用。在这个意义上，加快建设社会主义法治国家，发展社会主义政治文明，推进社会主义政治体制改革，既是我国全面深化改革中不可或缺的核心环节，同时也是党和国家事业发展中必不可少的重要保障。

2014 年 10 月 23 日，为加快建设社会主义法治国家，中国共产党第十八届中央委员会第四次全体会议研究了全面推进依法治国若干重大问题，审议通过了《中共中央关于全面推进依法治国若干重大问题的决定》。有关该决定的说明提出，加快建设社会主义法治国家，必须全面推进科学立法、严格执法、公正司法、全民守法进程，强调坚持党的领导，更加注重改进党的领导方式和执政方式；依法治国，首先是依宪治国；依法执政，关键是依宪执政；新形势下，中国共产党要履行好执政兴国的重大职责，必须依据党章从严治党、依据宪法治国理政；党领导人民制定宪法和法律，党领导人民执行宪法和法律，党自身必须在宪法和法律范围内活动，真正做到党领导立法、保证执法、带头守法。① 上述决定提出，全面推进依法治国，总目标是建设中国特色社会主义法治体系，建设社会主义法治国家。这就是，在中国共产党领导下，坚持中国特色社会主义制度，贯彻中国特色社会主义法治理论，形

① 习近平. 关于《中共中央关于全面推进依法治国若干重大问题的决定》的说明. 人民日报，2014 - 10 - 29.

成完备的法律规范体系、高效的法治实施体系、严密的法治监督体系、有力的法治保障体系，形成完善的党内法规体系，坚持依法治国、依法执政、依法行政共同推进，坚持法治国家、法治政府、法治社会一体建设，实现科学立法、严格执法、公正司法、全民守法，促进国家治理体系和治理能力现代化。

《中共中央关于全面推进依法治国若干重大问题的决定》提出的“形成完备的法律规范体系、高效的法治实施体系、严密的法治监督体系、有力的法治保障体系，形成完善的党内法规体系”，不仅构成了全面依法治国总目标，同时确定了中国特色社会主义法治体系的丰富内涵，在中国法治发展史上第一次将党内法规制度体系与国家法律法规体系并列起来，一起作为管党治党、治国执政的基本方式，进一步将党内法规纳入中国特色社会主义法治建设之中，将形成“完善的党内法规体系”确立为中国特色社会主义法治体系建设的重要内容，对于推动形成国家法律法规与党内法规制度相辅相成、相互促进、相互保障的格局，具有划时代的里程碑意义。

二、坚持思想建党与依规治党相结合

注重从思想上建党是马克思主义政党建设的基本原则和根本要求，也是中国共产党 100 多年不断发展壮大的宝贵经验和重要法宝，更是党的十八大以来管党治党的鲜明特征和首要任务。习近平同志深刻指出，“我们党不断历经艰难困苦创造新辉煌的重要原因就是始终重视思想建党、理论强党”[①]。这一重大论断的提出，为中国共产党在新的历史条件下加强党的建设特别是思想建党指明了方向。党的十八届六中全会坚持思想建党和依规治党、制度治党紧密结合，突出强调思想建党的价值取向、本质要求和制度保障，为推动全面从严治党向纵深发展提供了制度利器。

思想建设是党的基础性建设，用党的创新理论武装全党是党的思想建设的根本任务。革命理想高于天，共产主义远大理想和中国特色社会主义共同理想，是中国共产党人的精神支柱和政治灵魂，也是保持党的团结统一的思想基础。党的十八大以来，以习近平同志为核心的党中央高度重视思想建设和理论学习，在不同场合多次就加强各级领导班子和领导干部理论学习作出重要指示，并身体力行、率先垂范。十八届中央政治局共集体学习 43 次，十九届中央政治局共集体学习了 41 次，为全党作出表率，有力推动了全党理论学习的深入开展。为进一步加强全党思想政治学习，用党的创新理论武装头脑，党中央采取一系列重大举措：2013—2014 年先后分两批组织开展了党的群众路线教育实践活动；2015 年在县处级以上领导干部中组织

① 习近平. 坚持用马克思主义及其中国化创新理论武装全党. 求是，2021（22）.

开展了“三严三实”专题教育；2016 年在全体党员中开展“学党章党规、学系列讲话，做合格党员”学习教育；2019 年在全党开展“不忘初心、牢记使命”主题教育；2021 年在全党开展党史学习教育。经过这些学习教育，全党大兴学习之风，通过学习增强理论素养和党性修养的风气蔚然形成。新时代加强党的思想理论建设，最根本的是用习近平新时代中国特色社会主义思想来武装全党、教育人民。2016 年 10 月，党的十八届六中全会审议通过了《关于新形势下党内政治生活的若干准则》和《中国共产党党内监督条例》，前者明确提出“必须高度重视思想政治建设，把坚定理想信念作为开展党内政治生活的首要任务”，把思想建设摆在党的建设重要位置，对思想建党作出了重要部署，对思想建党的原则、内容、要求作出了明确规定。党中央在《中央党内法规制定工作五年规划纲要（2018—2022 年）》中提出，要贯彻落实新时代党的建设总要求，坚持思想建党和制度治党同向发力，在制定《党委（党组）意识形态工作责任制实施办法》《中国共产党党委（党组）理论学习中心组学习规则》的基础上，继续制定《中国共产党宣传工作条例》《中国共产党思想道德准则》，不断增强党的政治领导力、思想引领力，为夺取新时代中国特色社会主义胜利、实现中华民族伟大复兴的中国梦提供坚强制度保障。

新时代党内法规制度建设的一个鲜明特征是：坚持思想建党和制度治党、依规治党紧密结合。全面从严治党靠教育，也靠制度，二者一柔一刚，要同向发力、同时发力。思想教育要结合落实制度规定来进行，抓住主要矛盾，突出问题导向，不搞凌空蹈虚。要使加强制度治党的过程成为加强思想建党的过程，也要使加强思想建党的过程成为加强制度治党的过程。[①] 注重思想建党和制度治党相结合，是中国共产党自身建设的显著特点和特有优势。在相互关系上，思想建党是制度治党的前提和基础，制度治党是思想建党的方式和保障，建党治党是一个系统工程，思想建党和制度治党不可偏废。实践证明，依规治党需要正确的政治方向进行思想引领，思想建党需要依靠依规治党的刚性约束进行制度保障。坚持思想建党与依规治党有机结合，就能相互补充、相互促进，确保党始终成为中国特色社会主义事业的坚强领导核心。

三、坚持依规治党与以德治党相结合

依规治党与以德治党都是中国共产党治国理政、执政兴国的重要方式。依规治党是强调制度规定的外在规制作用，以德治党是强调道德对于党员干部的内在自律

① 习近平. 在党的群众路线教育实践活动总结大会上的讲话. 人民日报，2014-10-09.

作用。以德治党是依规治党的内在需求，依规治党是以德治党的前提条件，依规治党和以德治党是相辅相成的，不可偏废。如果只注重依规治党，忽视了以德治党，管党治党就会失去价值基础和道德底蕴，行而不远；如果只是追求以德治党，忽视了依规治党，管党治党就会失去制度保障和刚性约束，流于形式。党的十八届四中全会专门提出，要坚持依法治国和以德治国相结合。国家和社会治理需要法律和道德共同发挥作用。必须坚持一手抓法治、一手抓德治，大力弘扬社会主义核心价值观，弘扬中华传统美德，培育社会公德、职业道德、家庭美德、个人品德，既重视发挥法律的规范作用，又重视发挥道德的教化作用，以法治体现道德理念、强化法律对道德建设的促进作用，以道德滋养法治精神、强化道德对法治文化的支撑作用，实现法律和道德相辅相成、法治和德治相得益彰。

2016 年 12 月 9 日，十八届中央政治局就我国历史上的法治和德治进行第三十七次集体学习。习近平同志在主持学习时强调：法律是准绳，任何时候都必须遵循；道德是基石，任何时候都不可忽视。在新的历史条件下，我们要把依法治国基本方略、依法执政基本方式落实好，把法治中国建设好，必须坚持依法治国和以德治国相结合，使法治和德治在国家治理中相互补充、相互促进、相得益彰，推进国家治理体系和治理能力现代化。他指出，法律是成文的道德，道德是内心的法律。法律和道德都具有规范社会行为、调节社会关系、维护社会秩序的作用，在国家治理中都有其地位和功能。法安天下，德润人心。法律的有效实施有赖于道德支持，道德践行也离不开法律约束。法治和德治不可分离、不可偏废，国家治理需要法律和道德协同发力。因此，要发挥领导干部在依法治国和以德治国中的关键作用。领导干部既应该做全面依法治国的重要组织者、推动者，也应该做道德建设的积极倡导者、示范者。要坚持把领导干部带头学法、模范守法作为全面依法治国的关键，推动领导干部学法经常化、制度化。以德修身、以德立威、以德服众，是干部成长成才的重要因素。领导干部要努力成为全社会的道德楷模，带头践行社会主义核心价值观，讲党性、重品行、作表率，带头注重家庭、家教、家风，保持共产党人的高尚品格和廉洁操守，以实际行动带动全社会崇德向善、尊法守法。①

依法治国和以德治国的有机结合为依规治党与以德治党的有机结合提供了理论依据和实践支撑。全面从严治党，必然要求依规治党与以德治党紧密结合。道德使人向善，是纪律的必要前提和基础。纪律用来惩恶，是道德的坚强后盾和保障。全面从严治党，既要注重规范惩戒、严明纪律底线，更要引导人向善向上，发挥理想

① 习近平在中共中央政治局第三十七次集体学习时强调 坚持依法治国和以德治国相结合 推进国家治理体系和治理能力现代化. 人民日报，2016－12－11.

信念和道德情操引领作用。2015年党中央颁布的《中国共产党廉洁自律准则》和《中国共产党纪律处分条例》强调，坚持依规治党和以德治党相统一，坚持高标准和守底线相结合，把从严治党实践成果转化为道德规范和纪律要求，党内法规制度体系更加健全。习近平指出，全党同志都要明大德、守公德、严私德，清清白白做人、干干净净做事，做到克己奉公、以俭修身，永葆清正廉洁的政治本色。[①] 明大德，就是要铸牢理想信念、锤炼坚强党性；守公德，就是要强化宗旨意识，全心全意为人民服务，恪守立党为公、执政为民理念；严私德，就是要严格约束自己的操守和行为，戒贪止欲、克己奉公，切实把人民赋予的权力用来造福人民。因此，思想道德建设的核心就是坚持依规治党和以德治党相统一，帮助广大党员进一步坚定理想信念、提高道德修养，把全面从严治党要求转化为政治信仰、道德规范和纪律约束。对此，党中央决定制定《中国共产党思想道德准则》，并将其纳入《中央党内法规制定工作第二个五年规划（2018—2022年）》，以党内法规的刚性约束来教育引导全体党员牢记党的理想信念宗旨，增强党性观念，提高思想觉悟，加强道德修养，有利于广大党员自觉在思想上、政治行动上与党中央保持高度一致，自觉践行忠诚、干净、担当，自觉做共产主义远大理想和中国特色社会主义共同理想的坚定信仰者和忠实实践者。

因此，加强党内法规制度建设，必须要弘扬中华民族优秀传统文化，实现依法治国和以德治国的统一。法律法规再健全、体系再完备，最终还要靠人来执行。党员干部一旦在德上出问题，必然纲纪松弛、法令不行。党员干部职位越高、权力越大，越应心存敬畏，战战兢兢、如履薄冰，修身齐家治国平天下，修身为首要。孝悌忠信礼义廉耻是中华文明的基因，德治礼序是中华传统文化的重要内容。党内法规制度建设要尊重自己的历史传统，把握文化根脉，取其精华、去其糟粕，汲取礼法相依、崇德重礼、正心修身的历史智慧，发挥礼序家规、乡规民约的教化作用，为全面推进依法治国、依规依纪管党治党提供文化营养。

四、坚持全面从严治党与依规治党相结合

党的十八大以来，以习近平同志为核心的党中央坚持党要管党、从严治党，坚定不移推进党风廉政建设和反腐败斗争，突出强调政治纪律和政治规矩，加大反腐惩恶力度，注重党内法规与国家法律的衔接协调，着力解决管党治党失之于宽、失之于松、失之于软的问题。习近平同志强调，必须坚持依法治国与制度治党、依规

① 习近平．更好把握和运用党的百年奋斗历史经验．求是，2022（13）．

治党统筹推进、一体建设。① 这一论断意义重大而深远，深刻揭示了依法治国、依规治党与全面从严治党之间的内在联系，是以习近平同志为核心的党中央治国理政新理念、新思想、新战略的重要内容，是对马克思主义政党理论、中国特色社会主义理论体系的最新发展。

全面从严治党永远在路上。党中央之所以反复强调要全面从严治党，是因为党的生死关系国家存亡。从世界范围来看，政党政治是当今世界的主流政治形态。一个国家的主要政党尤其是执政党的宗旨、主张与政治诉求影响着国家的制度建构和发展状况。中国共产党是中国的执政党，是最高政治领导力量。党从诞生的那一天起就特别注重党内建设工作。改革开放以来，面对日趋复杂的国际形势和不断发展变化的国内环境，中国共产党坚持以马克思主义原理和中国特色社会主义理论为指导，全面推进党的建设新的伟大工程，科学判断和准确把握中国共产党所处的历史方位和肩负的历史使命，紧密联系治国理政的实践，大力加强党的执政能力建设和先进性建设，进一步提高了党的领导水平和执政水平，进一步提高了拒腐防变和抵御风险能力。

当前，全面从严治党集中表现为党风廉政建设和反腐败斗争。在过去的40多年里，中国共产党在改革开放中茁壮成长，领导全国各族人民取得举世瞩目的巨大成就。在做好经济社会建设的同时，党的建设也常抓不懈，取得显著成绩。应当说，当前党的领导水平和执政能力基本适应了经济社会发展的要求。但是，我们也应该清醒地看到，在新形势下，中国共产党不仅担负着团结带领全国人民全面建设社会主义现代化国家、实现中华民族伟大复兴的历史重任，而且面临着执政考验、改革开放考验、市场经济考验、外部环境考验等四大考验，存在着精神懈怠的危险、能力不足的危险、脱离群众的危险、消极腐败的危险等四大危险，需要解决好提高党的领导水平和执政水平、提高拒腐防变和抵御风险能力两大重大课题，尤其是要把党风廉政建设放在更加突出的位置，坚持标本兼治、综合治理、惩防并举、注重预防的方针，建立健全与社会主义市场经济体制相适应的教育、制度、监督并重的惩治和预防腐败体系，加大从源头上预防和治理腐败的力度，推进反腐倡廉体制机制和制度创新。从党建角度来看，坚决反对腐败，是党必须始终抓好的重大政治任务，必须充分认识反腐败斗争的长期性、复杂性、艰巨性，把党风廉政建设放在更加突出的位置，严格执行党风廉政建设责任制，在坚决惩治腐败的同时加大教育、监督、改革、制度创新力度，更有效地预防腐败，不断取得反腐败斗争新成效。中国共产

① 习近平就加强党内法规制度建设作出重要指示 坚持依法治国与制度治党、依规治党统筹推进、一体建设．人民日报，2016－12－26.

党依法执政，既包括党依据国家法律法规治国理政，也包括党依据党内法规管党治党。在管党治党实践中，党中央以零容忍的高压态势严惩腐败，坚持制度反腐、彻底反腐、科学反腐，将任性恣意的权力关进制度的笼子里，使制度建设成为治国执政的主题，在全面从严治党中发挥着根本性的支撑保障作用。

第三节　新时代党内法规制度建设的实践推进

一、建立健全党内法规工作机构

党内法规工作是一项专业性比较强的业务工作，需要健全党内法规工作机构，壮大党内法规专业队伍，完善党内法规工作机制。2016 年 12 月 13 日，中共中央印发的《关于加强党内法规制度建设的意见》强调，党中央工作机关和地方各级党委要认真抓好职责范围内的党内法规制度建设工作，与党建其他工作一同部署、抓好落实。加强党内法规工作机构建设，需要充实配强工作力量，各省区市党委应当根据工作需要设立党内法规工作机构，承担党内法规制度规划计划、起草审核、备案清理、督促指导和服务党委领导立法、法律顾问等职责。制定党内法规人才发展规划，建设党内法规专门工作队伍、理论研究队伍、后备人才队伍，坚持把思想政治建设摆在首位，着力打造一支对党绝对忠诚、综合素质高、专业能力强、勇于担当负责、甘于吃苦奉献的党内法规专门工作队伍。①

2016 年 6 月，中共中央办公厅、国务院办公厅印发的《关于推行法律顾问制度和公职律师公司律师制度的意见》明确规定，积极推行党政机关法律顾问制度，建立以党内法规工作机构、政府法制机构人员为主体，吸收法学专家和律师参加的法律顾问队伍。党内法规工作机构、政府法制机构以集体名义发挥法律顾问作用。因此，设立专门的党内法规工作机构已经成为对各地、各部门有效开展党内法规制定工作的必然要求。为了进一步将这个制度规定予以细化，2016 年 12 月，中共中央办公厅、国务院办公厅印发了《党政主要负责人履行推进法治建设第一责任人职责规定》，其中第 5 条规定：“党委主要负责人在推进法治建设中应当履行以下主要职责……（二）坚持全面从严治党、依规治党，加强党内法规制度建设，提高党内法规制度执行力……”

因此，对各级党组织来说，贯彻执行党内法规制度、履行主体责任是不可推卸

① 中共中央印发《关于加强党内法规制度建设的意见》. 人民日报，2017－06－26.

的法定职责。各级党组织要牢记，严格执规是本职、执规不力是失职。党内法规工作涉及党组织和全体党员的权利义务行为，因此是党的一项极为重要的工作，必须在党的领导之下统一进行。根据现行的党内法规工作机制，制定党内法规在党中央统一领导下进行，制定党内法规的日常工作由中央书记处负责，中央办公厅承担党内法规制定的统筹协调工作，其所属法规工作机构承办具体事务。中央纪律检查委员会、中央各工作机关和省、自治区、直辖市党委负责职权范围内的党内法规制定工作，其所属负责法规工作的机构承办具体事务。

二、完善党内法规制定体制机制

为贯彻落实党的十八届四中全会关于“完善党内法规制定体制机制”要求，2015年8月，党中央批准建立中央党内法规工作联席会议制度。建立中央党内法规工作联席会议制度，搭建一个统一、权威、高效的跨部门会商协作机制，有利于统筹推进中央党内法规建设各项工作，汇聚各方面智慧和力量，提高党内法规制定质量，推动党内法规的实施和执行。中央党内法规工作联席会议在中央书记处领导下开展工作，主要职责是研究中央党内法规制定工作规划和年度工作计划，统筹协调综合性中央党内法规制定工作，推动已出台中央党内法规的贯彻实施等。联席会议办公室设在中央办公厅法规局。中央纪委机关、中央组织部、中央宣传部等14家中央党内法规工作联席会议成员单位参加。联席会议每年召开一次，极大地加快了党内法规建设的体系化进程，推动了党内法规工作的蓬勃发展，成为加强党内法规制度建设的重要推动机制。①

2016年12月24日至25日，中共中央批准召开了全国党内法规工作会议。习近平同志专门作出重要指示强调，加强党内法规制度建设是全面从严治党的长远之策、根本之策。中国共产党要履行好执政兴国的重大历史使命、赢得具有许多新的历史特点的伟大斗争胜利、实现党和国家的长治久安，必须坚持依法治国与制度治党、依规治党统筹推进、一体建设。要按照中共中央部署，认真贯彻落实《关于加强党内法规制度建设的意见》，以改革创新精神加快补齐党建方面的法规制度短板，力争到建党100周年时形成比较完善的党内法规制度体系，为提高党的执政能力和领导水平、推进国家治理体系和治理能力现代化、实现中华民族伟大复兴的中国梦提供有力的制度保障。②

① 中央党内法规工作联席会议制度建立. 人民日报，2015-08-25.

② 习近平就加强党内法规制度建设作出重要指示 坚持依法治国与制度治党、依规治党统筹推进、一体建设. 人民日报，2016-12-26.

三、加强党内法规学习宣传教育

党内法规工作涉及面广，牵涉部门较多，需要形成科学完善的党内法规工作格局，完善党内法规制定体制机制，在党委领导下，形成有关部门各负其责、法规工作机构具体协调、党员群众积极参与的工作格局。习近平多次强调，要加快补齐党内法规理论研究这块短板。2016 年 12 月印发的《关于加强党内法规制度建设的意见》明确提出，提高党内法规制度执行力，要坚持以上率下，从各级领导机关和党员领导干部做起，以身作则、严格要求，带头尊规学规守规用规。要组织编写专门教材，加强学习教育，加大党内法规宣讲解读力度，将党内法规制度作为各级党委（党组）中心组学习重要内容，纳入党校、行政学院、干部学院必修课程。2020 年 10 月，根据党中央部署要求，中国法学会会同中共中央办公厅法规局编写了《党内法规学》，由高等教育出版社出版发行。《党内法规学》是国内第一本正式出版的党内法规权威统编教材，被列入马克思主义理论研究和建设工程项目，同时被列入国家出版基金项目。该书的面世，解决了长期以来党内法规教学"无书可教、无书可学"的问题，为党内法规教学培训提供了统编教材，标志着党内法规学科正式形成。该书的出版有助于推动形成党内法规的话语体系、学科体系、学术体系，有助于引领深化党内法规理论研究，为新时代党内法规制度建设提供坚实学理支撑。

同时，为了在全体公民中不断强化法治观念，增强党内法规意识，国家普法规划中也专门强调要深入学习宣传党内法规。2016 年 3 月 22 日，中组部、中宣部、司法部、人力资源和社会保障部印发的《关于完善国家工作人员学法用法制度的意见》提出，国家工作人员学法用法要紧密结合实际，认真学习以宪法为核心的各项法律法规，牢固树立社会主义法治理念，努力提高法治素养，不断增强在法治轨道上深化改革、推动发展、化解矛盾、维护稳定的能力。各级领导干部要做尊法学法守法用法的模范，带头学习宪法和法律，带头厉行法治、依法办事。党员干部要深入学习党章和党内法规，尊崇党章，增强党章党规党纪意识，做党章党规党纪和国家法律的自觉尊崇者、模范遵守者、坚定捍卫者。①

2016 年 4 月，中共中央、国务院转发的《中央宣传部、司法部关于在公民中开展法治宣传教育的第七个五年规划（2016—2020 年）》强调，要深入学习宣传党内法规，适应全面从严治党、依规治党新形势新要求，切实加大党内法规宣传力度，突出宣传党章，教育引导广大党员尊崇党章，以党章为根本遵循，坚决维护党章权

---

① 中组部中宣部司法部人社部联合印发意见 部署完善国家工作人员学法用法制度. 人民日报，2016-04-08.

威，大力宣传《中国共产党廉洁自律准则》《中国共产党纪律处分条例》等各项党内法规，注重党内法规宣传与国家法律宣传的衔接和协调，坚持纪在法前、纪严于法，把纪律和规矩挺在前面，教育引导广大党员做党章党规党纪和国家法律的自觉尊崇者、模范遵守者、坚定捍卫者。[①]

2021年6月，中共中央、国务院转发的《中央宣传部、司法部关于开展法治宣传教育的第八个五年规划（2021—2025年）》强调，以党章、准则、条例等为重点，深入学习宣传党内法规，注重党内法规宣传同国家法律宣传的衔接协调。突出学习宣传党章，教育广大党员以党章为根本遵循，尊崇党章、遵守党章、贯彻党章、维护党章。把学习和掌握党内法规作为对合格党员的基本要求，列入党组织"三会一课"内容，在考核党员、干部时注意了解相关情况，促进党内法规学习宣传常态化、制度化。[②]

本章小结

党的十八大以来，以习近平同志为核心的党中央高度重视党内法规在管党治党、执政治国中的重要作用，把党内法规制度建设摆到更加突出的位置，就制度治党、依规治党作出了一系列重大决策部署，推动党内法规制度建设取得重大进展和显著成效，为党和国家事业取得历史性成就、发生历史性变革提供了有力制度保障。党内法规制度建设的基本遵循是坚持依法治国与制度治党、依规治党相结合，坚持思想建党与依规治党相结合，坚持依规治党与以德治党相结合，坚持全面从严治党与依规治党相结合。新时代党内法规制度建设的在实践中的体现主要是：建立健全党内法规工作机构，完善党内法规制定体制机制，加强党内法规学习宣传教育。

本章思考题

1. 党的十八届四中全会的重要意义有哪些？
2. 如何理解坚持思想建党和制度治党、依规治党紧密结合？
3. 如何理解国家治理需要法律和道德协同发力？
4. 如何理解做好党内法规制度建设是全面从严治党的长远之策、根本之策？

---

① 中央宣传部、司法部关于在公民中开展法治宣传教育的第七个五年规划（2016—2020年）. 人民日报，2016-04-18.

② 中央宣传部、司法部关于开展法治宣传教育的第八个五年规划（2021—2025年）. 人民日报，2021-06-16.

第七章

党内法规制度体系

习近平总书记重要论述

要加快形成完备的法律规范体系、高效的法治实施体系、严密的法治监督体系、有力的法治保障体系，形成完善的党内法规体系。

——2020 年 11 月 16 日，习近平在中央全面依法治国工作会议上的讲话

课程思政

1. 通过对党内法规制度体系的学习，了解当前党内法规“1＋4”的体系分类：党章和党的组织法规、党的领导法规、党的自身建设法规、党的监督保障法规，认识党内法规制度建设在管党治党、提高党的执政能力和领导水平中的重要地位。

2. 通过对党内法规制度体系形成过程的学习，引导学生明确形成完善的党内法规体系必须要坚决贯彻落实党中央决策部署，深入推进党内法规制度建设，推动党内法规制度优势更好地转化为治理效能。

第一节　党内法规制度体系概述

一、党内法规制度体系的概念

党内法规制度体系，是以党章为根本，以民主集中制为核心，以准则、条例等中央党内法规为主干，由各领域、各层级党内法规制度组成的有机统一整体。加强党内法规制度建设，形成完善的党内法规制度体系，是全面从严治党的长远之策、根本之策，是全面从严治党、依规治党的必然要求，是建设中国特色社会主义法治体系的重要内容，是推进国家治理体系和治理能力现代化的重要保障，事关党长期执政和国家长治久安。在党内法规制度体系建设中，要坚持以党章为根本遵循，突出准则在党内法规制度体系中的特殊地位和作用，完善党的组织法规、党的领导法规

规、党的自身建设法规和党的监督保障法规。党内法规制度体系建设是党的制度建设的核心内容，也是党内法规制度建设的根本要求。党内法规制度体系建设作为中国特色社会主义法治体系建设的重要内容，要坚持依法治国与制度治党、依规治党相结合，深入推进党内法规制度建设，全面推进从严治党，形成有权必有责、有责要担当、用权受监督、失责必追究的激励约束机制，根据体系健全、执行有力、规矩严明的总体目标，建成内容科学、程序严密、配套完备、运行有效的党内法规制度体系。

基于制度建设在管党治党、执政治国中的重要地位和突出作用，中国共产党高度重视党的制度建设，把党的制度建设作为坚持和完善党的执政能力的重要内容来加以看待，作为衡量和改进国家治理体系和治理能力现代化的重要指标来加以看待，把党的制度建设摆到更加突出的位置来加以看待，推动党的制度建设稳步推进，取得了长远发展。党内存在的突出问题，归根结底都与制度和机制有关。党的制度建设既是党的建设的重要内容，又是党的其他建设的重要保障。对此，2012 年 11 月 17 日，习近平在主持十八届中央政治局第一次集体学习时专门强调：要把制度建设摆在突出位置，充分发挥我国社会主义政治制度的优越性。2013 年 11 月 12 日，习近平在十八届三中全会第二次全体会议上讲话时指出：推进国家治理体系和治理能力现代化，就是要适应时代变化，既改革不适应实践发展要求的体制机制、法律法规，又不断构建新的体制机制、法律法规，使各方面制度更加科学、更加完善，实现党、国家、社会各项事务治理制度化、规范化、程序化；要更加注重治理能力建设，增强按制度办事、依法办事意识，善于运用制度和法律治理国家，把各方面制度优势转化为管理国家的效能，提高党科学执政、民主执政、依法执政水平。

二、党内法规制度体系的分类和内容

参照国家法律体系的概念，党内法规制度体系可以被看作是一个由不同党内法规部门分类组合而形成的体系化有机整体。形成完善的党内法规制度体系，首先要将数量众多、门类繁杂的各种党内法规按一定的逻辑标准划分为若干部门分类。为保证党内法规部门分类的科学性、合理性，划分党内法规部门应当遵循以下原则：一要符合党的建设规律，覆盖全部党内法规，党内法规部门之间要界限清晰，便于学习、研究和遵守、执行；二要从实际出发，充分考虑党内法规调整的对象范围和现行党内法规的数量及分布情况；三要在不同党内法规部门的规模或数量之间保持相对均衡，不能使某些党内法规部门的党内法规特别多，某些特别少；四要以现行党内法规为基础，同时兼顾党内法规的发展变化。划分党内法规的部门分类，关键是要明确各个党内法规部门的内涵和外延，在分类归类时具体问题具体分析，找到决定党内法规归属的主要因素，努力做到党内法规部门分类的科学合理。[①]

2016 年 12 月 13 日，中共中央印发的《关于加强党内法规制度建设的意见》提出，完善以“1＋4”为基本框架的党内法规制度体系，即在党章之下分党的组织法规制度、党的领导法规制度、党的自身建设法规制度、党的监督保障法规制度四大板块。2018 年中共中央颁布的《中央党内法规制定工作五年规划（2018—2022年）》延续了《关于加强党内法规制度建设的意见》中的“1＋4”体系分类，提出要适应新时代坚持和加强党的全面领导、以党的政治建设为统领全面推进党的各项建设的需要，到建党 100 周年时形成以党章为根本、以准则条例为主干，覆盖党的领导和党的建设各方面的党内法规制度体系，并随着实践发展不断丰富完善，党内法规制度的系统性、整体性、协同性明显增强。上述五年规划提出，要坚持以党章为根本遵循，要突出准则在党内法规制度体系中的特殊地位和作用，要完善党的组织法规，要完善党的领导法规，要完善党的自身建设法规，要完善党的监督保障法规。

根据上述文件确立的“1＋4”的体系分类，可以把党内法规分为党章、党的组织法规、党的领导法规、党的自身建设法规和党的监督保障法规五类。

（1）坚持以党章为根本遵循，全面贯彻党章精神和党章规定，切实维护党章权威性和严肃性。坚持问题导向，直面人民群众反映强烈，弱化党的领导、损害党的先进性和纯洁性的问题，发挥制度的治本作用，抓紧制定实践亟须、条件成熟、务实管用的法规制度，堵塞制度漏洞。坚持立改废释并举，坚持党内法规和规范性文件相得益彰，坚持党内法规同国家法律衔接和协调。

（2）完善党的组织法规。坚持民主集中制这一根本组织原则，全面规范党的各级各类组织的产生和职责，夯实管党治党、执政治国的组织制度基础，为坚持和加强党的全面领导、实现党在新时代的历史使命提供坚强组织保证。

（3）完善党的领导法规。坚持党对一切工作的领导，完善党的领导体制机制，改进领导方式，提高执政本领，不断增强党的政治领导力、思想引领力、群众组织力、社会号召力，把党总揽全局、协调各方落到实处。

（4）完善党的自身建设法规。坚持党要管党、全面从严治党，以党的政治建设为统领，全面推进党的政治建设、思想建设、组织建设、作风建设、纪律建设，把制度建设贯穿其中，深入推进反腐败斗争，不断提高党的建设质量，增强党的建设工作的科学性和有效性。

---

① 李忠．构建依规治党法规制度体系研究．西北大学学报（哲学社会科学版），2017（5）．

（5）完善党的监督保障法规。按照“规范主体、规范行为、规范监督”相统筹、相协调原则，切实加强对党组织和党员干部的监督、奖惩、保障，建立健全相关法规制度，形成有权必有责、有责要担当、用权受监督、失责必追究的激励约束机制，确保行使好党和人民赋予的权力。

第二节　新时代党内法规制度体系建设

党的十八大以来，以习近平同志为核心的党中央高度重视党内法规制度建设，着眼管党治党、执政治国战略，对新形势下构建党内法规制度体系、全面提高党的建设科学化水平提出明确要求，并作出重要部署，党内法规制度体系建设问题被摆上重要议事日程。

2012 年 11 月 17 日，习近平在主持十八届中央政治局第一次集体学习时指出，坚持以实践基础上的理论创新推动制度创新，坚持和完善现有制度，从实际出发，及时制定一些新的制度，构建系统完备、科学规范、运行有效的制度体系，使各方面制度更加成熟、更加定型。

2013 年 11 月，党的十八届三中全会提出，到 2020 年在重要领域和关键环节改革上取得决定性成果，形成系统完备、科学规范、运行有效的制度体系，使各方面制度更加成熟更加定型。

2014 年 10 月，党的十八届四中全会提出，建设中国特色社会主义法治体系，建设社会主义法治国家，形成完备的法律规范体系、高效的法治实施体系、严密的法治监督体系、有力的法治保障体系，形成完善的党内法规体系，坚持依法治国、依法执政、依法行政共同推进，坚持法治国家、法治政府、法治社会一体建设。

2013 年 11 月，中共中央颁布的《中央党内法规制定工作五年规划纲要（2013—2017 年）》提出，在对现有党内法规进行全面清理的基础上，抓紧制定和修订一批重要党内法规，力争经过 5 年努力，基本形成涵盖党的建设和党的工作主要领域、适应管党治党需要的党内法规制度体系框架，使党内生活更加规范化、程序化，使党内民主制度体系更加完善，使权力运行受到更加有效的制约和监督，使党执政的制度基础更加巩固，为到建党 100 周年时全面建成内容科学、程序严密、配套完备、运行有效的党内法规制度体系打下坚实基础。该规划纲要的出台标志着党内法规建设进入科学化、体系化阶段。[①]

---

① 中央党内法规制定工作五年规划纲要（2013—2017 年）. 人民日报，2013 - 11 - 28.

2016 年 12 月 13 日，中共中央印发了《关于加强党内法规制度建设的意见》。该意见贯彻落实以习近平同志为核心的党中央关于全面从严治党、依规治党的重大决策部署，从指导思想、总体目标、加快构建完善的党内法规制度体系、提高党内法规制度执行力、加强组织领导等方面，对加强新形势下党内法规制度建设提出明确要求、作出统筹部署。意见强调，党内法规制度体系，是以党章为根本，以民主集中制为核心，以准则、条例等中央党内法规为主干，由各领域各层级党内法规制度组成的有机统一整体。意见提出，到建党 100 周年时，形成比较完善的党内法规制度体系、高效的党内法规制度实施体系、有力的党内法规制度建设保障体系，党依据党内法规管党治党的能力和水平显著提高。因此，意见明确了新形势下加强党内法规制度建设的指导思想、总体目标、重点任务和重要举措，是党的历史上第一次出台加强党内法规制度建设的专门文件，具有里程碑式的重要意义。

2016 年 12 月 24 日至 25 日，全国党内法规工作会议在北京召开。习近平作出重要指示强调，党的十八大以来，党中央高度重视党内法规制度建设，推动这项工作取得重要进展和成效。加强党内法规制度建设是全面从严治党的长远之策、根本之策。中国共产党要履行好执政兴国的重大历史使命、实现党和国家的长治久安，必须坚持依法治国与制度治党、依规治党统筹推进、一体建设。要认真贯彻落实中共中央《关于加强党内法规制度建设的意见》，以改革创新精神加快补齐党建方面的法规制度短板，力争到建党 100 周年时形成比较完善的党内法规制度体系，为提高党的执政能力和领导水平、推进国家治理体系和治理能力现代化、实现中华民族伟大复兴的中国梦提供有力的制度保障。①

2017 年 10 月 18 日，党的十九大报告提出，要增强依法执政本领，加快形成覆盖党的领导和党的建设各方面的党内法规制度体系，加强和改善对国家政权机关的领导。

2018 年 2 月 23 日，中共中央公布的《中央党内法规制定工作第二个五年规划(2018—2022 年)》提出，要适应新时代坚持和加强党的全面领导、以党的政治建设为统领全面推进党的各项建设的需要，到建党 100 周年时形成以党章为根本，以准则、条例为主干，覆盖党的领导和党的建设各方面的党内法规制度体系，并随着实践发展不断丰富完善。党内法规制度质量明显提高，执行力明显提升，系统性、整体性、协同性明显增强。

① 习近平就加强党内法规制度建设作出重要指示 坚持依法治国与制度治党、依规治党统筹推进、一体建设. 人民日报，2016-12-26.

2021年11月11日，党的十九届六中全会审议通过的《中共中央关于党的百年奋斗重大成就和历史经验的决议》，深入总结建党百年法治建设的成就和经验，为新时代推进全面依法治国提供了遵循。该决议强调，我们党坚持以党章为根本遵循，把纪律建设纳入党的建设总体布局，坚持纪严于法、执纪执法贯通，深化运用“四种形态”，建成内容科学、程序严密、配套完备、运行有效的党内法规制度体系，锲而不舍抓执行，全体党员制度意识、纪律意识、规矩意识不断增强，逐步习惯在受监督和约束的环境中工作生活。①

2021年12月20日，全国党内法规工作会议召开。习近平作出重要指示强调，我们党历来重视党内法规制度建设，注重运用党内法规管党治党、提高党的执政能力和领导水平。党的十八大以来，党中央坚持全面从严治党、依规治党，严格执行党章，形成了比较完善的党内法规体系，制度权威性和执行力不断增强，党内法规制度建设取得显著成绩，积累了新的重要经验。要增强依规治党的自觉性和坚定性，把牢政治方向，提高政治站位，扛起政治责任，紧紧围绕党和国家工作大局继续推进党内法规制度建设。要发挥好党内法规在维护党中央集中统一领导、保障党长期执政和国家长治久安方面的重大作用，在推进新时代党的建设新的伟大工程、落实全面从严治党方面的重大作用，确保党在坚持和发展中国特色社会主义的历史进程中始终成为坚强领导核心，为全面建设社会主义现代化国家、实现中华民族伟大复兴的中国梦提供坚强政治保证。②

2022年10月16日，党的二十大报告提出，要落实新时代党的建设总要求，健全全面从严治党体系，全面推进党的自我净化、自我完善、自我革新、自我提高，使我们党坚守初心使命，始终成为中国特色社会主义事业的坚强领导核心。

这些重要论述和重大部署，从统筹中华民族伟大复兴战略全局和世界百年未有之大变局的高度，深刻阐明党内法规制度建设在管党治党、提高党的执政能力和领导水平中的重要地位，充分肯定党的十八大以来党内法规制度建设的显著成绩，就深化依规治党、加强党内法规制度建设提出明确要求，为新征程上做好党内法规工作提供了根本遵循。新时代党内法规制度建设要坚决贯彻落实党中央决策部署，深入推进党内法规制度建设，使党内法规体系更加完善、制度执行更为严格、制度优势更好转化为治理效能。

---

① 中共中央关于党的百年奋斗重大成就和历史经验的决议．人民日报，2021-11-17.

② 习近平作出重要指示 强调发挥好党内法规在维护党中央集中统一领导 保障党长期执政和国家长治久安方面的重大作用．人民日报，2021-12-21.

第三节　形成完善的党内法规制度体系

法的体系问题是法治建设的前提问题，只有建立相对完善的法的体系，法治建设才会有据可循。在国家法律中，法律体系研究相对比较成熟，也已经形成了相对比较完善的法律体系。法律体系即部门法体系。部门法，又称法律部门，是根据一定标准、原则所制定的同类规范的总称。从理论上看，法律体系是指由一国现行的全部法律规范按照不同的法律部门分类组合而形成的有机联系的统一整体。2011 年 10 月 27 日，《中国特色社会主义法律体系》白皮书的公布，宣告了中国特色社会主义法律体系的正式形成。据此我国的法律体系包括七个门类、三个层次。七个门类是：宪法及宪法相关法、民商法、经济法、行政法、社会法、刑法、诉讼和非诉讼法。三个层次是指，以宪法为统帅，法律为主干，包括行政法规、地方性法规、自治条例和单行条例等规范性文件。

相对于较为成熟的国家法律体系，党内法规体系的理论研究与体系建设相对比较滞后。从党内法规的形成发展历史来看，在建党初期及新中国成立之初，制定党内法规的主要目的是规范党组织工作、活动和党员行为，并没有考虑要从顶层设计高度来制定一个科学完备的党内法规体系。这就导致了党内法规体系建设从一开始就带有实用性、功利性和临时性色彩。只是后来，随着党内法规的数量越来越多，内容重复、条文冲突问题日益严重，党内法规体系建设问题才逐渐浮出水面，成为党的制度建设的一个重要内容。

随着党内法规工作的逐步发展，党内法规的制定主体范围也越来越广，不仅包括党的中央组织、中央纪律检查委员会和党中央工作机关，还包括省、自治区、直辖市党委，甚至一些副省级城市也被赋予了制定党内法规的试点授权。这样导致的一个结果就是，党内法规的数量越来越多。截至 2021 年 7 月 1 日，全党现行有效党内法规共 3 615 部。其中，党中央制定的中央党内法规 211 部，中央纪律检查委员会以及党中央工作机关制定的部委党内法规 163 部，省、自治区、直辖市党委制定的地方党内法规 3 241 部。[①] 特别是党的十八大以来，党内法规制定工作驶入快车道，制定和修订的党内法规数量越来越多，出台了 147 部实践亟须、务实管用的中央党内法规，占现行有效中央党内法规数量的 70%；党内法规制度调整领域越来越广，涵盖党的领导、党的建设、全面从严治党各个方面；党内法规之间的体系性要

① 中共中央办公厅法规局. 中国共产党党内法规体系. 人民日报，2021-08-04.

求越来越高，组织规范、行为规范、监督保障规范各有侧重、三位一体；党内法规制度时间跨度越来越长，从新中国成立至今70多年时间不同时期出台的党内法规并存；等等。这些问题的存在使得党内法规制度体系化建设问题日益突出、越来越紧迫。如果不抓紧解决好党内法规体系化问题，理顺各种党内法规间的上下左右新老内外等逻辑关系，那就很容易造成不同党内法规之间的边界不清、叠床架屋、相互掣肘甚至冲突打架，那就无法有效维护党内法规制度的协调统一、制约着制度合力的形成，那就不能适应全面从严治党、依规治党的现实需要。[①]

在这种背景下，中共中央明确提出了"形成完善的党内法规体系"的目标任务。2013年11月中央党内印发的《法规制定工作五年规划纲要（2013—2017年）》要求，"到建党100周年时全面建成内容科学、程序严密、配套完备、运行有效的党内法规制度体系"。2016年12月13日中共中央印发的《关于加强党内法规制度建设的意见》提出，"党内法规制度体系，是以党章为根本，以民主集中制为核心，以准则、条例等中央党内法规为主干，由各领域各层级党内法规制度组成的有机统一整体"。因此，推进党内法规制度建设首先要构建以党章为根本、若干配套党内法规为支撑的党内法规制度体系，体系建设要坚持宏观思考、总体规划，要立治有体、施治有序，注重前后衔接、左右联动、上下配套、系统集成。正是在这个意义上，注重顶层设计、加强体系化建设，已经成为党内法规制度体系建设的主要问题和重点任务，重大而紧迫。

党内法规制度体系的完备程度是法治体系完备与否的重要标志，也是国家治理体系与治理能力现代化与否的重要标志，更是衡量政党执政水平的重要标志。一个成熟的政党，其发展完善离不开完备的党内法规制度体系。不论是党内工作的规范开展，还是党内纪律规范的确立执行，都需要以完备的党内法规制度体系为后盾。中国共产党从成立之初，就特别注重党内法规对规范党组织和全体党员的重要作用，陆续颁布了党章等一系列重要党内法规。新中国成立以来，特别是改革开放以来，中国共产党延续了制度治党的传统，陆续制定颁布了一批重要党内法规，初步形成了党内法规制度体系，为管党治党、治国执政提供了重要制度保障。新形势下，党的建设面临一系列新情况、新问题、新挑战，党要管党、从严治党的任务比以往任何时候都更为繁重、更为紧迫。全面提高党的建设科学化水平，必须建立健全以党章为根本、以民主集中制为核心、由一系列相关具体法规制度组成的党内法规制度体系。

当前，党内法规制度体系建设的目标是要形成涵盖党的建设和党的工作主要领

① 宋功德. 党规之治. 北京：法律出版社，2015：4.

域、适应管党治党需要的党内法规制度体系框架，使党执政的制度基础更加巩固，为全面建成内容科学、程序严密、配套完备、运行有效的党内法规制度体系打下坚实基础。为实现这一目标，就要坚持科学立法、民主立法的基本理念，坚持内容科学、程序严密、配套完备、运行有效的基本要求，遵循法规制度建设的内在规律，妥善处理数量与质量、前瞻性与现实性等关系，确保党内法规制度适应党的建设和党的工作需要，体现广大党员干部心声意愿，经得起实践和历史检验。

党内法规制度体系建设体现了坚持依法治国和依规治党的统一，在治国理政方面的依据是宪法和国家法律，在管党治党方面的依据是党章和党内法规。改革开放以来，在中国共产党领导下，中国特色社会主义法律体系已经形成并不断发展完善，党内法规制度建设也取得了长足进展。但受诸多主客观条件的限制，两者之间还存在一些衔接不够、协调不够的地方：有的党内法规在制定过程中缺乏论证，部分党纪规定与国法重复，有些党纪规定还有待进一步转化为国法，等等。建设中国特色社会主义法治体系，必须注重党内法规同国家法律的衔接和协调，处理好党内法规与国家法律之间的关系，不断提高党内立规和国家立法的科学化水平。实现党内法规同国家法律的衔接和协调，必须坚持以党章和宪法为基本遵循。党章规定，“党必须在宪法和法律的范围内活动”。《中国共产党党内法规制定条例》也规定，制定党内法规应当“遵守党必须在宪法和法律范围内活动的规定”的原则。《宪法》明确规定必须坚持党的领导。我们要将这些原则贯彻到党内立规实践中去，保证党内法规体现党章和宪法的精神和要求，保证党内法规制度体系与中国特色社会主义法律体系的内在统一，为管党治党提供坚实的依据和保障。要切实做好党内法规特别是党纪的立、改、废、释工作，对于党纪中虽有规定但可以由法律法规进行规范的，尽量通过法律法规来体现；对于法律法规既没有规定也不适合规定的事项，应由党纪逐步实现全面覆盖；对于同实践要求不相适应的党纪，应及时修订或废止；对于《立法法》明确规定应由国家法律规定的事项，党内法规不应作出规定；对于那些经过实践检验、应转化为法律的党纪，应及时通过法定程序将其转化为国家法律，逐步形成党内法规与国家法律的衔接机制。

本章小结

党内法规制度体系，是以党章为根本，以民主集中制为核心，以准则、条例等中央党内法规为主干，由各领域各层级党内法规制度组成的有机统一整体。加强党内法规制度建设，形成完善的党内法规制度体系，是全面从严治党的长远之策、根本之策，是全面从严治党、依规治党的必然要求，是建设中国特色社会主义法治体系的重要内容，是推进国家治理体系和治理能力现代化的重要保障，事关党长期执政和国家长治久安。在党内法规制度体系建设中，要坚持以党章为根本遵循，突出准则在党内法规制度体系中的特殊地位和作用，完善党的组织法规、党的领导法规、党的自身建设法规和党的监督保障法规。党的十八大以来，以习近平同志为核心的党中央高度重视党内法规制度建设，着眼管党治党、执政治国战略，对新形势下构建党内法规制度体系、全面提高党的建设科学化水平提出明确要求，并作出重要部署，党内法规制度体系建设问题被摆上重要议事日程。当前，党内法规制度体系建设的目标是要形成涵盖党的建设和党的工作主要领域、适应管党治党需要的党内法规制度体系框架，使党执政的制度基础更加巩固，为全面建成内容科学、程序严密、配套完备、运行有效的党内法规制度体系打下坚实基础。

本章思考题

1. 党内法规制度体系的内容是什么？
2. 新时代党内法规制度体系建设的目标任务是什么？
3. 如何形成完善的党内法规制度体系？

第八章
党　章

习近平总书记重要论述

全党要牢固树立党章意识，真正把党章作为加强党性修养的根本标准，作为指导党的工作、党内活动、党的建设的根本依据，把党章各项规定落实到行动上、落实到各项事业中。建立健全党内制度体系，要以党章为根本依据；判断各级党组织和党员、干部的表现，要以党章为基本标准；解决党内矛盾，要以党章为根本规则。要加强对遵守党章、执行党章情况的督促检查，对党章意识不强、不按党章规定办事的要及时提醒，对严重违反党章规定的行为要坚决纠正，全党共同来维护党章的权威性和严肃性。

——习近平：《认真学习党章　严格遵守党章》，载《人民日报》，2012 年 11 月 20 日

课程思政

1. 通过对党章的性质、地位的学习，了解党章在管党治党中的重要作用，引导学生树立党章意识，增强法治观念。

2. 通过对党章主要内容的学习，了解党章的体例结构和条文内容，引导学生增强学习党章、遵守党章、贯彻党章、维护党章的观念，增强党的意识、宗旨意识、执政意识、大局意识、责任意识，做到为党分忧、为国尽责、为民奉献。

第一节　党章的性质、地位

一、党章是最根本的党内法规

党章是党的章程的简称。党章是党的根本大法，是立党、治党、管党的总章程，集中表达党的理论基础和政治主张，集中体现党的整体意志和共同理想，为全党统一思想、统一行动提供了根本准则。党章又是全面从严治党的根本依据，对党内政

治生活、组织生活中的所有重大原则问题都提出了明确要求，规定了党内的各项基本制度，并为制定党内其他规章制度提供了根据和基础。党章一般由党的代表大会制定和通过，在内容上主要是规定党纲、组织机构、组织制度、党员条件、党员的权利义务、党的纪律等。对于党章的内容，随着形势的发展、任务的变化、斗争的需要和党员的情况，定期进行修改。

在性质上，党章是党的总章程，集中体现了党的性质和宗旨、党的理论和路线方针政策、党的重要主张，规定了党的重要制度和体制机制，是全党必须共同遵守的根本行为规范。党章是最根本的党内法规，是制定其他党内法规的基础和依据，是全党最基本、最重要、最全面的行为规范，集中体现了党的性质和宗旨、党的理论和路线方针政策、党的重要主张，规定了党的重要制度和体制机制，是全党必须共同遵守的根本行为规范，也是党的政治信仰的本质体现。2013 年 1 月 22 日，习近平在十八届中央纪委二次全会上讲话时指出，每一个共产党员特别是领导干部都要牢固树立党章意识，自觉用党章规范自己的一言一行，在任何情况下都要做到政治信仰不变、政治立场不移、政治方向不偏。不论担任何种职务、从事何种工作，首先要明白自己是一名在党旗下宣过誓的共产党员，要用入党誓词约束自己。2016 年 12 月 27 日，习近平在主持中共中央政治局召开民主生活会时指出：对党忠诚、永不叛党，是党章对党员的基本要求。在对党忠诚问题上，中央政治局的同志必须纯粹。对党忠诚，不是抽象的而是具体的，不是有条件的而是无条件的，必须体现到对党的信仰的忠诚上，必须体现到对党组织的忠诚上，必须体现到对党的理论和路线方针政策的忠诚上。2019 年 3 月 1 日，习近平在中央党校（国家行政学院）中青年干部培训班开班式上发表重要讲话时指出：衡量干部是否有理想信念，关键看是否对党忠诚。领导干部要忠诚干净担当，忠诚始终是第一位的。对党忠诚，就要增强“四个意识”、坚定“四个自信”、做到“两个维护”，严守党的政治纪律和政治规矩，始终在政治立场、政治方向、政治原则、政治道路上同党中央保持高度一致。这种一致必须是发自内心、坚定不移的，任何时候任何情况下都要站得稳、靠得住。忠诚和信仰是具体的、实践的，要经常对照党章、党规、党纪，检视自己的理想信念和思想言行，不断掸去思想上的灰尘，永葆政治本色。

政治信仰是中国共产党人强大的精神支柱，党章信仰是中国共产党人高举的精神旗帜。坚定的政治信仰和党章信仰，是中国共产党最根本的政治优势，也是全面从严治党的逻辑起点。没有信仰就没有方向，没有行动就没有未来。没有对政治信仰的坚定、没有对党章信仰的坚定，就不会有政治立场的坚定、政治思想的坚强、政治责任的担当、政治行动的坚决。全面从严治党首先要尊崇党章。尊崇党章必然要求信仰党章，每个党员只有坚定对党章的信仰，才能把党章的要求内化于心、外化于行，才能对党章尊而从之、敬而仰之、崇而尚之，才能把党章真正作为行为标尺，时刻检查衡量自己的一言一行。因此，学习党章、尊崇党章，最重要的是要把党章作为终身信仰，矢志不渝。

二、党章是党的历史的制度见证

党章是一个政党为实现党的纲领、开展正规活动、规范党内事务所规定的根本法规，是党赖以建立和活动的法规体系的基础，是党的各级组织和全体党员必须遵守的基本准则和规定，具有最高党法、根本大法的效力。党章一般由党的代表大会制定和通过，它在内容上规定党纲、组织机构、组织制度、党员条件、党员的权利义务、党的纪律等。对党章的内容，随着形势的发展、任务的变化、斗争的需要和党员的情况，需定期进行修改。

世界无产阶级政党的第一部章程是由马克思、恩格斯起草并于1847年召开的共产主义者同盟第二次表大会上通过的《共产主义者同盟章程》。中国共产党在1921年召开了党的一大，由于当时条件的限制，党的一大提出并制定了党的第一个纲领，没有来得及制定党章。中国共产党的第一个章程，是在1922年党的第二次全国代表大会通过的，其名称是《中国共产党章程》。根据形势和任务的变化，党的二大以后的历次代表大会（党的五大除外）均对党章作出不同程度的修改。现行党章是1982年9月党的十二大修改和制定的。1987年11月，党的十三大对条文作了部分修改；1992年10月，党的十四大对总纲和条文作了部分修改；1997年9月，党的十五大对总纲作了个别修改；2002年11月，党的十六大对总纲和条文作了部分修改；2007年10月，党的十七大对总纲和条文作了部分修改。2012年11月14日，党的十八大对总纲和条文作了部分修改。2017年10月24日，党的十九大对总纲和条文作了较大修改。2022年10月22日，党的二十大对党章共作出50处修改，其中涉总纲部分的修改有37处，涉条文部分的修改有13处。截止到目前，我们党对党章一共进行了18次修改，对党章的历次制定、修改情况简要列举如下内容。

一大党纲：提出党的政治主张。1921年7月，党的一大制定的《中国共产党第一个纲领》，以高度凝练的文字确定了党的名称，提出了党的政治主张，初步具有党章的性质。这表明中国共产党从成立起，就是一个用马克思列宁主义武装起来的、以实现共产主义为奋斗目标的、完全新型的无产阶级政党。

二大党章：制定党内纪律规范。1922年7月，党的二大通过的《中国共产党章程》，是我们党第一部正式党章，标志着党的创建工作基本完成。二大党章把“纪律”单独列为一章，详细规定了党内的纪律规范，以及对违纪党员的纪律处分。这表明，在严酷环境下诞生的中国共产党，一开始就以严密的组织和严格的纪律区别于其他任何政党。

三大党章：严格党员发展程序。1923年6月，党的三大通过的《中国共产党第一次修正章程》，把入党介绍人从原来的一人增加为二人，第一次规定了新党员候补期，这对于严格党员发展程序、提高党员质量具有重要意义。

四大党章：重视党支部的作用。1925年1月，党的四大通过的《中国共产党第二次修正章程》，第一次规定凡有党员三人以上均得成立党支部。这表明我们党高度重视党的基层组织建设，尤其注意发挥党支部的作用。四大党章首次把中央最高领导人的称谓改为总书记。

五大党章：提出党的组织原则。1927年6月1日，由党的五大选举产生的中央政治局通过的《中国共产党第三次修正章程议决案》，是唯一的不是由党的全国代表大会通过的党章。① 这部党章共12章85条，是我们党历史上条目最多的党章，体系更加完整系统，在党章史上提出了很多个第一。第一次明确规定党员年龄必须在18岁以上；第一次明确提出党的组织原则为民主集中制；第一次将党的组织系统划分为中央组织、地方组织（省委、市委或县委、区委）和基层组织三个层次，并明确规定了各级党组织的职责任务；第一次规定设立中央政治局和中央常务委员会；第一次规定选举产生中央及省监察委员会这一党的纪律检查机关；第一次明确规定了党团（党组）的设置及其职责；第一次把党与青年团的关系单独列为一章；等等。这部党章对于革命危急时刻巩固党的组织起了一定作用。

六大党章：完善民主集中制。1928年6月至7月，在大革命失败后的低潮中，中国共产党在莫斯科召开了第六次全国代表大会。六大通过的党章具体规定了坚持民主集中制的三条原则，这对于健全和完善党的民主集中制具有重要意义。

七大党章：确立毛泽东思想的指导地位。1945年4月至6月，在抗日战争取得胜利前夕，党的七大在延安召开。在长期斗争中逐渐成熟起来的中国共产党，对中国革命规律和党的建设规律的认识达到了新的水平。七大党章最重要的内容是：第一次增写了具有深刻内涵的总纲，明确阐述了党的性质、宗旨、纲领和指导思想，中国革命的性质、动力、任务和特点，党领导中国革命的基本方针，加强党的建设

① 1927年4月27日—5月9日，中国共产党第五次全国代表大会在武汉召开。由于情况紧急、形势紧迫，这次会议没有专门讨论修改党章的问题，而是在五大通过的《组织问题决议案》中提出“根据本党自第四次大会以来党员数量激增这一事实并根据本党目前的任务，第五次大会认定必须改正并补充旧时的党章”。党的五大闭幕后不久，根据《组织问题决议案》的规定，中共中央政治局于同年6月1日通过了《中国共产党第三次修正章程决案》，成为中共党史上唯一一部不由党的全国代表大会制定和通过的党章。

的基本要求等，增强了党章的理论性和指导性；第一次确立了毛泽东思想在全党的指导地位；第一次规定了党员的四项义务和四项权利；第一次对民主集中制作了科学表述；第一次把“四个服从”载入党章。

八大党章：党在全国执政后的第一部党章。1956年9月15日至27日，中国共产党第八次全国代表大会在北京召开，这是我们党在全国执政后召开的第一次全国代表大会。大会的重要议题之一就是通过修改党章来规范和加强执政党的建设。邓小平作了《关于修改党章的报告》。9月26日下午，在党的八大举行的第十一次会议上，通过了修改后的《中国共产党章程》，这是中国共产党在全国执政后的第一部党章。主要内容为：一是提出了全面建设社会主义的任务和实现现代化的目标，党的一切工作的根本目的，是最大限度地满足人民的物质生活和文化生活的需要。这正确地反映了我国社会主义社会的主要矛盾，体现了执政党工作重心的转变。二是提出必须不断地发扬党的工作中群众路线的传统。三是提出了坚持民主集中制的六条原则。四是明确规定了党员的十项义务和七项权利。

九大党章：体现了错误方针。1969年4月14日通过的九大党章，体现了九大在思想上、政治上和组织上的错误方针。九大党章背离了八大党章的正确纲领，否定了八大党章已经明确的党的工作重点的转移和党领导社会主义四个现代化的任务；在组织原则上，取消了八大党章中关于发扬党内民主，加强党的集体领导，发挥下级组织的积极性、创造性等条文，并取消了五大以来设立的党的监察委员会。

十大党章：继续了“左”的错误。1973年8月28日中共第十次全国代表大会通过的《中国共产党章程》继续了九大的“左”的错误，沿袭了九大党章的总纲和条文，只作了个别的修改和补充。

十一大党章：没能清除“左”倾错误的影响。1977年8月18日中共第十一次全国代表大会通过的《中国共产党章程》恢复了八大关于把中国建设成四个现代化的社会主义强国的提法，在内容上对九大、十大党章作了较多的修改，譬如：在总纲及有关条款中增写了关于民主集中制的内容；在党的中央委员会，地方县和县以上、军队团和团以上各级党的委员会，都设立纪律检查委员会；提出党要认真执行“任人唯贤”的干部政策等。但是，由于十一大仍然肯定十大的政治路线和组织路线是正确的，十一大党章没能清除“左”倾错误的影响。

十二大党章：总结党的建设历史经验。1982年9月制定的十二大党章最具特色之处是：在总纲中体现了新形势新任务对执政党建设的新要求；在国际共产主义运动史上第一次增加了禁止个人崇拜的内容；增加了“党的干部”一章，提出了干部队伍“四化”方针；首次写进入党誓词。这表明在改革开放的新时期，中国共产党开始了执政党建设的新探索。

十三大修正案：突出改革和制度建设。1987年11月，党的十三大通过的《中国共产党党章部分条文修正案》，是第一次，也是迄今为止唯一的一次，用部分条文修正的形式对党章进行修改。该修正案共10条，总共有13处增删改动，着重体现在党的领导体制和党内选举制度的改革方面，这表明党的建设正在走上一条不搞政治运动，而靠改革和制度建设的新路子。

十四大党章：提出“建设有中国特色社会主义的理论”的概念。1992年10月，党的十四大通过的党章第一次郑重提出了邓小平“建设有中国特色社会主义的理论”的概念，阐述了这一理论的科学内涵和历史地位，适应建立社会主义市场经济体制的需要，对党的思想建设、组织建设、作风建设提出了新的、更高的要求。

十五大党章：将邓小平理论确立为党的指导思想。1997年9月，党的十五大通过的党章，只有7处150个字的修改。这部改动最小却意义重大的党章，第一次明确提出了“邓小平理论”的科学概念，并把它确立为我们党的指导思想。这是我们党从历史和现实中得出的重要结论，也反映了全国各族人民的共识和心愿。

十六大党章：将“三个代表”重要思想确立为党的指导思想。2002年11月，党的十六大通过的新党章，是我们党进入新世纪的政治宣言。这部体现鲜明时代特征、具有丰富内涵的党章，总共有60多处改动。

十七大党章：首次将科学发展观写入党章。2007年10月，党的十七大通过新党章，对中国特色社会主义作出精辟概括，丰富了党的基本路线和基本纲领，把党的一系列对内、对外重大方针政策写入党章，包括军队建设、民族宗教工作、统战工作、外交工作等，对推进党的建设新的伟大工程作出全面部署。

十八大党章：把科学发展观确立为我们党的行动指南。2012年11月14日，党的十八大通过的党章修正案对党章共作了30处修改，主要包括：把科学发展观同马克思列宁主义、毛泽东思想、邓小平理论、“三个代表”重要思想一道，确立为我们党的行动指南，充实完善中国特色社会主义主要成就的内容，充实了坚持改革开放的内容，充实了中国特色社会主义事业总体布局的内容，把生态文明建设同经济建设、政治建设、文化建设、社会建设一道，纳入中国特色社会主义事业五位一体的总体布局，充实完善关于党的建设总体要求的表述，总结吸收近年来党的建设的成功经验，并与总纲部分的相关修改相衔接，党章修正案对条文部分关于党员、党的基层组织、党的干部这三章作了一些修改。

十九大党章：将习近平新时代中国特色社会主义思想确立为党的指导思想。

2017年10月24日，中国共产党第十九次全国代表大会通过了关于《中国共产党章程（修正案）》的决议。该党章修正案对党章共作了107处修改，其中总纲部分58处，条文部分49处。该党章修正案规定：中国共产党以马克思列宁主义、毛泽东思想、邓小平理论、“三个代表”重要思想、科学发展观、习近平新时代中国特色社会主义思想作为自己的行动指南。把习近平新时代中国特色社会主义思想确立为党的指导思想，写在党的旗帜上，是这次党章修改的最大亮点和最突出的历史贡献。

二十大党章：把党的十九大以来习近平新时代中国特色社会主义思想新发展写入党章。2022年10月22日，中国共产党第二十次全国代表大会通过了《中国共产党章程（修正案）》。该章程修正案体现了党的十九大以来党的理论创新、实践创新、制度创新成果，体现了党的二十大报告确定的重要思想、重要观点、重大战略、重大举措，对坚持和加强党的全面领导、坚定不移推进全面从严治党、坚持和完善党的建设、推进党的自我革命提出了明确要求。修改后的党章充分体现马克思主义中国化、时代化的最新成果，充分体现党的十九大以来党中央提出的治国理政新理念、新思想、新战略，充分体现党的工作和党的建设的新鲜经验，适应了新形势、新任务对党的工作和党的建设提出的新要求。

第二节　党章的主要内容

党章是党的根本大法，是全党必须遵循的总规矩，在党的发展历史和政治生活中发挥着极为重要的作用。在内容上，党章共2万余字，由总纲和11章条文组成，共55条。其中，总纲占三分之一以上篇幅，8 600余字。

一、总纲部分的主要内容

在党章中，总纲作为党章的有机组成部分，既是党的简要纲领，又是党章的总则，对于全党的团结统一具有十分重要的意义，其地位和作用非同一般。党章的总纲，是整个党章的总则和灵魂，展现了党艰苦奋斗和辉煌发展的基本历程，旗帜鲜明地表达了党的思想理论、政治主张及路线方针政策，在整个党章中具有独一无二的地位和作用。党章的总纲是党的思想理论、政治主张以及路线方针政策的集中表现。它就像一面鲜红的旗帜，统领着党章的条文，发挥着核心作用。1956年9月，邓小平在中共八大全体会议上作《关于修改党的章程的报告》时指出，党章的总纲是中国共产党的最基本的政治纲领和组织纲领。[①] 在内容上，党章的总纲阐述了党的纲领，党的世界观和重大政治主张、重大方针政策。我们可从五个大的层次去理解和把握其内容。

（1）总纲第一自然段规定了党的性质、最高理想和最终目标。总纲规定，中国共产党是中国工人阶级的先锋队，同时是中国人民和中华民族的先锋队，是中国特色社会主义事业的领导核心，代表中国先进生产力的发展要求，代表中国先进文化的前进方向，代表中国最广大人民的根本利益。党的最高理想和最终目标是实现共产主义。

（2）总纲第二至第九自然段规定了党的指导思想，阐明了中国共产党对马克思列宁主义的认识和态度，分别阐述了毛泽东思想、邓小平理论、“三个代表”重要思想、科学发展观、习近平新时代中国特色社会主义思想的科学内涵和历史地位，并对改革开放以来我们取得一切成绩和进步的根本原因作出总结。

（3）总纲第十至第二十自然段规定了党在现阶段的奋斗目标和基本路线，在深入分析我国正处于并将长期处于社会主义初级阶段的基本国情基础上，明确了中国共产党的初心使命，总结了党的百年奋斗重大成就和历史经验，确定了全面推进经济建设、政治建设、文化建设、社会建设、生态文明建设五位一体的中国特色社会主义事业总体布局，阐明了党的基本路线的科学内涵和基本要求。

（4）总纲第二十一至第二十四自然段规定了党对军队的领导、党的民族政策和宗教工作基本方针、党的统一战线、党的外交政策等重大主张。

（5）总纲第二十五至第三十二自然段规定了党的建设的基本要求和党的领导的主要内容。党纲规定，党的建设必须坚决实现以下六项基本要求：第一，坚持党的基本路线。第二，坚持解放思想，实事求是，与时俱进，求真务实。第三，坚持新时代党的组织路线。第四，坚持全心全意为人民服务。第五，坚持民主集中制。第六，坚持从严管党治党。

二、条文部分的主要内容

党章条文部分由第一章到第十一章的内容组成，是总纲的具体化，主要包括：第一章“党员”（第 1～9 条）、第二章“党的组织制度”（第 10～18 条）、第三章“党的中央组织”（第 19～24 条）、第四章“党的地方组织”（第 25～29 条）、第五章“党的基层组织”（第 30～34 条）、第六章“党的干部”（第 35～38 条）、第七章“党

① 邓小平文选：第 1 卷. 北京：人民出版社，1994：216.

的纪律”（第 39～44 条）、第八章“党的纪律检查机关”（第 45～47 条）、第九章“党组”（第 48～50 条）、第十章“党和共产主义青年团的关系”（第 51～52 条）、第十一章“党徽党旗”（第 53～55 条）。

1. 党员

第一章规定的是党员（第 1～9 条）。党员条款是党章的基础。党员是政党的基本构成要素，是党章规范的对象。该章包括入党资格、党员基本条件、党员标准、党员义务和权利、入党手续、党员纪律和处分等内容。因此在党章中，第一章所列内容，其实就是党员标准所应当包含的内容。其中，有三句话最为关键，可以视其为党员标准的核心内容，这就是第 2 条所规定的：中国共产党党员是中国工人阶级的有共产主义觉悟的先锋战士；中国共产党党员必须全心全意为人民服务，不惜牺牲个人的一切，为实现共产主义奋斗终身；中国共产党党员永远是劳动人民的普通一员。除了法律和政策规定范围内的个人利益和工作职权以外，所有共产党员都不得谋求任何私利和特权。

2. 党的组织

党的组织机构是党的各级组织、领导机关、工作机关的统称，由中央组织、地方组织和基层组织三个层级构成。党章的第二章、第三章、第四章、第五章是对党的“组织”的规定。第二章“党的组织制度”（第 10～18 条）阐述了党的组织制度，规定民主集中制是中国共产党的根本组织制度和领导制度，确定了民主集中制的 6 项基本原则，并规定了党的代表大会制度这个基本组织制度和一些具体制度；第三章“党的中央组织”（第 19～24 条）规定了党的中央组织各机构的产生、职权和基本工作规则等；第四章“党的地方组织”（第 25～29 条）规定了党的地方组织的设立、机构、产生、职权和基本工作规则等；第五章“党的基层组织”（30～34 条）规定了党的基层组织的设立、机构、产生、职权和基本工作规则等。这四章是对党的组织机构各自的基本行为规范，同时也是处理党的组织机构之间相互关系的行为规范。

3. 党的干部

党的干部是具有中国共产党党员身份的干部，是整个干部队伍的骨干力量。第六章“党的干部”（第 35～38 条）规定了中国共产党对党的干部的要求首先是政治上的要求。选拔任用干部，首先要看干部政治上清醒不清醒、坚定不坚定，必须把好政治关，把是否忠诚于党和人民，是否具有坚定理想信念，是否增强“四个意识”、坚定“四个自信”、做到“两个维护”，是否全面贯彻执行党的理论和路线方针政策，作为衡量干部的第一标准。

4. 党的纪律

党的纪律是党的各级组织和全体党员必须遵守的行为规则，是维护党的团结统一、完成党的任务的保证。党组织必须严格执行和维护党的纪律，共产党员必须自觉接受党的纪律的约束。党的纪律主要包括政治纪律、组织纪律、廉洁纪律、群众纪律、工作纪律、生活纪律。对党员的纪律处分有五种：警告、严重警告、撤销党内职务、留党察看、开除党籍。中国共产党是靠革命理想和铁的纪律组织起来的马克思主义政党，纪律严明是党的优良传统和独特优势。党的纪律检查机关主要包括党的中央纪律检查委员会、党的地方各级纪律检查委员会和基层纪律检查委员会，是党内监督专责机关。第七章“党的纪律”（第39～44条）阐述了党的纪律，规定了党的纪律处分的原则、种类、程序等。党的组织制度和党的纪律都是党内管总的“规矩”，是党内各个组织、各个成员必须一体遵循的行为规范。第八章“党的纪律检查机关”（第45～47条）规定了党的纪律检查机关的设置、产生、职权和基本工作规则等。

5. 党组

党组是党在中央和地方国家机关、人民团体、经济组织、文化组织和其他非党组织的领导机关中设立的领导机构，在本单位发挥领导作用，是党对非党组织实施领导的重要组织形式。党组必须服从批准它成立的党组织领导。第九章“党组”（第48～50条）规定了党组的设置、产生、职权和基本工作规则等，对作为党的特殊组织机构的党组进行了规定。根据党章中的有关规定，2015年6月中共中央印发的《中国共产党党组工作条例（试行）》，对推进党组工作制度化、规范化、程序化发挥了重要作用。2019年4月，中共中央根据新形势下管党治党的新使命、新任务、新要求，对该条例予以修订完善，并颁发了修订后的《中国共产党党组工作条例》。

6. 党和共产主义青年团的关系

中国共产主义青年团是中国共产党领导的先进青年的群团组织，是广大青年在实践中学习中国特色社会主义和共产主义的学校，是党的助手和后备军；同时，受中国共产党的委托领导中国少年先锋队的工作，指导中华全国学生联合会开展工作。第十章“党和共产主义青年团的关系”（第51～52条）是对党和其“助手”关系的规定。中国共产主义青年团是党的助手和后备军，不同于其他群团组织，党的八大以来的历次党章都对党和共产主义青年团的关系作出规定。截至2021年12月31日，全国共有共青团员7 371.5万名，其中，学生团员4 381.0万名，企业团员565.1万名，乡镇（村）团员1 327.4万名，机关事业单位团员460.2万名，城市街道（社区）团员456.8万名，社会组织和其他领域团员181.0万名。全国共有共青团组织 367.7 万个，其中，团的地方委员会 0.3 万个，基层团（工）委 18.4 万个，团（总）支部 349.0 万个。

7. 党徽党旗

中国共产党的党徽党旗是中国共产党的象征和标志。维护党徽党旗的尊严，就是维护党的尊严，是各级党组织和每名党员必须履行的政治责任。中国共产党党徽为镰刀和锤头组成的图案，图案为金黄色。锤子、镰刀代表工人和农民的劳动工具，象征着中国共产党是中国工人阶级的先锋队，代表着工人阶级和广大人民群众的根本利益。黄色象征光明。中国共产党党旗为旗面缀有金黄色党徽图案的红旗，是中国共产党的象征和标志。第十一章“党徽党旗”（第 53～55 条）是对党的“标志”的规定，对党徽、党旗和党徽党旗的制作、使用等作出了规定。2021 年 6 月 26 日，中共中央发布《中国共产党党徽党旗条例》，这是我们党历史上第一部关于党徽党旗的基础主干法规，对党徽党旗工作作出了全面规范，是党徽党旗制作、使用、管理的基本遵循。

第三节　党章的基本要求

党章是管党治党总章程，是党内行为总规矩，是党的建设总依据，是党性修养总标准。党章关系到增强党的创造力、凝聚力、战斗力，关系到党能否带领人民取得革命、建设和改革的胜利，关系到巩固党的执政地位和保持党的先进性，关系到党的事业兴衰成败和党的生死存亡。认真学习党章、严格遵守党章，是加强党的建设的一项基础性经常性工作，也是全党同志的应尽义务和庄严责任，对强化全党党章意识，增强党的创造力、凝聚力、战斗力具有极为重要的作用。

学习党章是全体党员的基本功，这个功课要经常做。学习党章不仅要原原本本学、反反复复学，做到知其然，而且要联系实际学、深入思考学，做到知其所以然。要联系党的历史和今天党所处的历史方位、承担的历史使命的实际，联系党的理论发展和今天坚定理想信念的实际，联系党的基本路线和今天做好各项工作的实际，联系党的性质宗旨和今天更好为人民服务的实际，联系党员义务权利和今天发挥好党员先锋模范作用的实际，联系党的纪律规矩和今天解决好党内存在的突出问题的实际，深入思考党章对党组织和党员、干部的要求有哪些、怎样身体力行，深入思考并对照党章自己哪些没做到、应该如何提高，深入思考全面从严治党还有哪些环节需要加强、哪些制度需要完善。要通过这样的学习，把党章融会贯通，做到学而懂、学而信、学而用。

党章对党的性质、宗旨、指导思想、奋斗纲领和重大方针政策作出了明确规定，对党员权利和义务作出了明确规定，对党的制度和各级党组织的行为规范作出了明确规定，对党的各级领导干部的基本条件作出了明确规定，对党的纪律作出了明确规定。全党要把党章学习教育作为经常性工作来抓，通过日常学习、专题培训等形式，组织党员学习党章，全面掌握党章基本内容；要把学习党章作为各级党校、干校培训党员领导干部的必备课程，把检查学习和遵守党章情况作为组织生活会、民主生活会的重要内容；要严格遵守党章各项规定。全党要牢固树立党章意识，真正把党章作为加强党性修养的根本标准，作为指导党的工作、党内活动、党的建设的根本依据，把党章各项规定落实到行动上、落实到各项事业中。党员领导干部要做学习党章、遵守党章的模范。各级领导干部要把学习党章作为必修课，走上新的领导岗位的同志要把学习党章作为第一课，带头遵守党章各项规定。①

本章小结

党章是党的章程的简称。党章是党的根本大法，是立党、治党、管党的总章程，集中表达了党的理论基础和政治主张，集中体现了党的整体意志和共同理想，为全党统一思想、统一行动提供了根本准则。党章是党的根本大法，是全党必须遵循的总规矩，在党的发展历史和政治生活中发挥着极为重要的作用。在内容上，党章共2万余字，由总纲和11章条文组成，共55条。全党要牢固树立党章意识，真正把党章作为加强党性修养的根本标准，作为指导党的工作、党内活动、党的建设的根本依据，把党章各项规定落实到行动上、落实到各项事业中。党员领导干部要做学习党章、遵守党章的模范。各级领导干部要把学习党章作为必修课，走上新的领导岗位的同志要把学习党章作为第一课，带头遵守党章各项规定。

本章思考题

1. 为什么说党章是党的根本大法？
2. 党章的主要内容是什么？
3. 党章的历史发展情况是什么？
4. 认真学习党章、严格遵守党章的实践是什么？

① 习近平. 认真学习党章 严格遵守党章. 求是，2012（23）.

第九章 党的组织法规

习近平总书记重要论述

民主集中制是我们党的根本组织制度和领导制度。党的十八大以来，党中央先后制定和修订了新形势下党内政治生活若干准则、党组工作条例、地方党委工作条例、党的工作机关条例、支部工作条例以及农村、国企、机关基层党组织工作条例等一系列组织建设方面的党内法规。党的十九届四中全会把健全维护党的集中统一的组织制度作为坚持和完善党的领导制度体系的重要内容，纳入国家制度和国家治理体系之中。中央相关部门、各级党委（党组）要结合实际，把党的组织法规和党中央提出的要求具体化，建立健全包括组织设置、组织生活、组织运行、组织管理、组织监督等在内的完整组织制度体系，完善党委（党组）落实全面从严治党主体责任的制度并严格抓好执行，不断提高党的组织建设的制度化、规范化、科学化水平。

——2020 年 6 月 29 日，习近平在十九届中央政治局第二十一次集体学习时的讲话

课程思政

1. 通过对党的组织法规的学习，了解党的组织建设的重要意义和基本要求，加深对“党的力量来自组织”的认识和理解，培育学生的党的意识、组织意识。

2. 通过对党的中央组织法规、党的地方组织法规、党的基层组织法规的学习，了解党的组织体系的基本框架，进一步明确完善的组织体系、严明的组织纪律是保持党的先进性、纯洁性的政治密码，是维护党的战斗力和组织力的根本保障。

第一节　党的组织法规概述

党的组织建设是党的自身建设的一个重要方面，是指党根据形势发展和政治任务的要求，遵循党的组织原则和组织路线，不断改进和加强党的组织制度、组织机

构、组织纪律、领导制度，提高干部队伍素质的活动。2020 年 6 月 29 日，习近平同志在中央政治局第二十一次集体学习时指出，“组织建设是党的建设的重要基础。党的组织路线是为党的政治路线服务的。我们党要长期执政、永葆活力，团结带领全国各族人民沿着中国特色社会主义道路实现中华民族伟大复兴，最重要的是把党建设得更加坚强有力”①。党的组织建设作为党的建设的一个重要方面，主要包括民主集中制建设、党的基层组织建设、干部队伍建设和党员队伍建设等内容。

党的组织法规，是调整党的各级各类组织产生、组成、职权职责等的党内法规，为党管党治党、执政治国提供组织制度保障。党的组织法规旨在全面规范党的各级各类组织的产生和职责，夯实管党治党、治国理政的组织制度基础。制定党的组织法规、健全党的组织体系，主要旨在提供维护政治大局的“发动机”、输送万众一心的推动力。党要完成实现中华民族伟大复兴的政治使命，非运用党的组织法规推动形成严密组织体系、提供强大组织力量不可，正是凭借强大的组织体系，党把广大人民群众紧紧团结在自己周围，形成了众志成城、共同为政治大局不懈奋斗的磅礴力量。②

在党内法规制度体系中，党的组织工作法规制度体系处于极其重要的地位，不论是在数量上还是层级上，都远远超过其他领域的党内法规。党的十八大以来，党中央新修新订的党内法规中，绝大多数和党的组织建设紧密相关，例如，为进一步夯实全面从严治党的组织制度基础，党中央修订了《中国共产党地方委员会工作条例》《中国共产党党组工作条例》，制定了《中国共产党工作机关条例》等。同时，党中央要求进一步加大党的各级组织法规制定力度，实现对各级各类党组织全覆盖。通过制定组织建设方面的党内法规，党的组织建设逐渐形成了以党章为根本、以准则为基础、以条例为支撑的党内法规制度体系，提升了党组织的组织力，提高了党员队伍建设质量，推动了党内政治生态好转，巩固了党长期执政的组织基础，体现了党中央全面从严治党的坚强决心和科学部署，为践行新时代党的组织路线、贯彻落实新时代党的建设总要求提供了可靠制度保障。截至 2021 年 7 月 1 日，现行有效党的组织法规共 153 部，其中，中央党内法规 15 部，部委党内法规 1 部，地方党内法规 137 部。③

① 习近平．贯彻落实新时代党的组织路线 不断把党建设得更加坚强有力．求是，2020（15）．

② 宋功德．紧扣保障政治大局深化依规治党．习近平法治思想研究与实践，2022（3）[民主与法制，2022（10）]．

③ 中共中央办公厅法规局．中国共产党党内法规体系．人民日报，2021－08－04．

第二节　党的组织法规的主要内容

一、党的组织体系方面的法规

严密的组织体系，是马克思主义政党的优势所在、力量所在。党的组织体系就是党的中央组织、党的地方组织、党的基层组织以及由在中央和地方国家机关、人民团体、经济组织、文化组织和其他非党组织的领导机关中的党组，按照民主集中制原则组成的有机统一整体。党的组织自上而下分为三个层次：党的中央组织、党的地方组织和党的基层组织。除了党的中央组织、党的地方组织和党的基层组织方面的党内法规，党的组织体系方面的党内法规还包括党组和党的工作机关方面的党内法规。

（一）党的中央组织法规

(1)《中国共产党中央委员会工作条例》（2020 年 9 月 28 日中共中央政治局会议审议批准，2020 年 9 月 30 日中共中央发布）。制定出台该条例，是党和国家政治生活的一件大事，事关党长期执政和国家长治久安。坚持和加强党的全面领导，最重要的是坚定维护以习近平同志为核心的党中央权威和集中统一领导；坚持和完善党的领导制度体系，最关键的是强化“两个维护”制度保障。条例坚持以习近平新时代中国特色社会主义思想为指导，以党章为根本遵循，深刻总结长期以来，特别是党的十八大以来党中央治国理政、管党治党的实践经验，着眼加强中央委员会工作，对党中央的领导地位、领导体制、领导职权、领导方式、决策部署、自身建设等作出全面规定，为保证党中央对党和国家事业的集中统一领导提供了基本遵循。

(2)《中国共产党纪律检查委员会工作条例》（2021 年 12 月 6 日中共中央政治局会议审议批准，2021 年 12 月 24 日中共中央发布）。这是党的历史上首部全面规范纪律检查委员会工作的条例，彰显了我们党勇于进行自我革命的坚强决心。该条例系统总结了党的十八大以来全面从严治党、推进党风廉政建设和反腐败斗争、深化纪检监察体制改革的理论成果、实践成果、制度成果，对党的纪律检查委员会工作作出全面规范。该条例坚持以习近平新时代中国特色社会主义思想为指导，以党章为根本遵循，充分运用党的十八大以来全面从严治党、推进党风廉政建设和反腐败斗争、深化纪检监察体制改革的理论成果、实践成果、制度成果，对党的纪律检查委员会的领导体制、产生运行、任务职责、自身建设等作出全面规范，对于坚持和加强党的全面领导、坚持党中央集中统一领导，推进新时代纪检监察工作高质量发展，充分发挥监督保障执行作用，具有重要意义。

（二）党的地方组织法规

《中国共产党地方委员会工作条例》[1996 年 4 月中共中央印发《中国共产党地方委员会工作条例（试行）》，2015 年 12 月 14 日中共中央政治局会议对其予以修订，并自 2015 年 12 月 25 日起施行]。地方党委制度是我们党执政治国的重要组织制度，完善这项制度是推进国家治理体系和治理能力现代化的重要方面。协调推进“四个全面”战略布局，必须始终坚持和加强党的领导，更好地发挥党总揽全局、协调各方的领导核心作用。省、市、县三级地方党委作为本地区的领导核心，在贯彻落实中央决策部署、推动党的奋斗目标实现上居于关键位置、负有重大责任。地方党委工作必须进一步加强，地方党委领导能力必须进一步提高。该条例突出地方党委全面从严治党政治责任，健全地方党委发挥领导核心作用的制度基础，完善地方党委运行机制，明确规定地方党委全面领导本地区经济社会发展、全面负责本地区党的建设，充分发挥地方党委把方向、管大局、作决策、保落实的重要作用；是新形势下做好地方党委工作的基本遵循，对进一步加强和改进地方党委工作，提高党的执政能力和领导水平，具有十分重要的意义。

（三）党的基层组织法规

（1）《中国共产党党和国家机关基层组织工作条例》（2010 年 4 月 21 日中共中央政治局常委会会议审议批准，2010 年 6 月 4 日中共中央发布，2019 年 11 月 29 日中共中央政治局会议修订）。新修订的条例深入贯彻习近平新时代中国特色社会主义思想，贯彻落实新时代党的建设总要求和新时代党的组织路线，充分吸收近年来机关党的工作的理论、实践和制度创新成果，是新时代机关党的建设的基本遵循。条例的修订颁布和实施，对于加强和改进机关党的建设，全面提高机关党的建设质量，充分发挥机关基层党组织的作用，推动机关治理和各项事业发展，具有十分重要的意义。

（2）《中国共产党国有企业基层组织工作条例（试行）》（2019 年 11 月 29 日中共中央政治局会议审议批准，2019 年 12 月 30 日中共中央发布）。该条例涵盖了国有企业党的建设各个方面，阐明了国有企业党组织工作的指导思想和工作原则，规范了国有企业党组织的设置，规定了国有企业党组织的主要职责，明确了加强国有企业党员队伍建设的有关要求。该条例是新时代加强国有企业党的建设的基本遵循，对于坚持和加强党对国有企业的全面领导，提高国有企业党的建设质量，完善中国特色现代企业制度，增强国有经济竞争力、创新力、控制力、影响力、抗风险能力，做强、做优、做大国有资本，具有十分重要的意义。

(3)《中国共产党普通高等学校基层组织工作条例》(2009 年 11 月 5 日中共中央政治局常委会会议审议批准，2010 年 8 月 13 日中共中央发布，2021 年 2 月 26 日中共中央政治局会议修订，2021 年 4 月 16 日中共中央发布)。该条例以习近平新时代中国特色社会主义思想为指导，以党章为根本依据，落实新时代党的建设总要求和新时代党的组织路线，对高校基层党组织工作作出全面规范，是新时代高校党的建设的基本遵循。条例的修订和实施，对于全面贯彻党的教育方针，落实立德树人根本任务，建设高质量教育体系、建设教育强国，具有重要意义。

(4)《中国共产党农村基层组织工作条例》(1999 年 2 月中共中央印发，2018 年 11 月 26 日中共中央政治局会议审议修订)。新修订的条例以习近平新时代中国特色社会主义思想为指导，贯彻党章和新时代党的建设总要求、新时代党的组织路线，是新时代党的农村基层组织建设的基本遵循。条例的颁布实施，对于坚持和加强党对农村工作的全面领导，打赢脱贫攻坚战、深入实施乡村振兴战略，推动全面从严治党向基层延伸，提高党的农村基层组织建设质量，巩固党在农村的执政基础，具有十分重要的意义。

(5)《中国共产党支部工作条例(试行)》(2018 年 9 月 21 日中共中央政治局会议审议批准，自 2018 年 10 月 28 日起施行)。该条例以习近平新时代中国特色社会主义思想为指导，贯彻党章要求，既弘扬“支部建在连上”的光荣传统，又体现基层创造的新做法新经验，对党支部工作作出全面规范，是新时代党支部建设的基本遵循。条例的制定和实施，对于加强党的组织体系建设，推动全面从严治党向基层延伸，全面提升党支部组织力，强化党支部政治功能，巩固党长期执政的组织基础，具有十分重要的意义。

(四) 党组和党的工作机关法规

(1)《中国共产党党组工作条例》[2015 年 6 月中共中央印发《中国共产党党组工作条例(试行)》，2021 年 4 月 30 日中共中央政治局会议审议修订，2021 年 5 月 22 日中共中央发布]。该条例以习近平新时代中国特色社会主义思想为指导，贯彻落实新时代党的建设总要求和新时代党的组织路线，对党的组织工作作出全面规范，是做好新时代党的组织工作的基本遵循。条例的制定和实施，对于坚持和加强党对组织工作的全面领导、推进组织工作科学化、制度化、规范化，全面提高组织工作质量，具有重要意义。

(2)《中国共产党工作机关条例(试行)》(2016 年 11 月 30 日中共中央政治局会议审议批准，自 2017 年 3 月 1 日起施行)。该条例是规范党的工作机关设立、职责和运行的基础主干党内法规，是继《中国共产党党组工作条例》《中国共产党地方委员会工作条例》之后，加强党的组织制度建设的又一重要成果，对于夯实党执政治国的组织制度基础，推进国家治理体系和治理能力现代化，提高党的领导水平和执政水平具有重要意义。

二、党内选举方面的法规

党内选举制度，是党的组织制度的重要内容之一，是健全党内民主的一项根本制度，是党内民主发展程度的重要标志。《中国共产党章程》第10条规定，党的各级领导机关，除它们派出的代表机关和在非党组织中的党组外，都由选举产生。党内选举制度的具体内容，由《中国共产党章程》和《中国共产党地方组织选举工作条例》、《中国共产党基层组织选举工作条例》规定。

就选举人参与选举的形式而言，党内选举可以分为直接选举和间接选举。直接选举就是让有选举权的人直接参加选举，行使选举权利。间接选举是通过有选举权的人先选出代表，再由代表进一步行使选举权利。党内直接选举，一般是在党的基层组织进行，通过召开党员大会，由党员直接投票选举党的支部委员会、党的总支部委员会、党的基层委员会、党的纪律检查委员会或出席上级党的代表大会的代表。党内间接选举，一般是在党的中央组织、党的地方组织和部分基层组织进行，即召开党代表大会，选举党的委员会、党的纪律检查委员会或出席上级党的代表大会的代表。根据候选人数占应选人数的比例，党内选举又可分为等额选举和差额选举两种方式。等额选举是指候选人数与应选人数相等的选举。目前实行等额选举的，主要有选举党的各级委员会和纪律检查委员会书记、副书记。区别于等额选举这种方式的是差额选举。差额选举是指在选举中实行候选人数多于应选人数的选举。差额选举的方式无外乎有两种：一是直接采用候选人数多于应选人数的差额选举办法进行正式选举；二是先采用差额选举办法进行预选，产生候选人名单，然后进行正式选举。党内选举的具体规则和实际工作步骤主要包括：选举单位的划分、候选人酝酿提名、产生候选人、介绍候选人情况、规定投票方式和当选计票方法、进行选举、公布选举结果和确定当选人等。

党内选举方面的法规主要有以下几部。

(1)《中国共产党地方组织选举工作条例》(1993年12月16日中共中央政治局常委会会议审议批准，1994年1月26日中共中央发布；2020年12月11日中共中央政治局会议修订，2020年12月28日中共中央发布)。该条例以习近平新时代中国特色社会主义思想为指导，以党章为根本遵循，贯彻落实新时代党的建设总要求和新时代党的组织路线，是新时代党的地方组织选举工作的基本遵循。条例的修订和实施，对于坚持和加强党的全面领导，健全维护党的集中统一的组织制度，规范党的地方组织选举，加强党的地方组织建设，提高党的执政能力和领导水平，具有重要意义。

（2）《中国共产党基层组织选举工作条例》（1990 年 6 月 27 日中共中央印发《中国共产党基层组织选举工作暂行条例》；2020 年 6 月 29 日中共中央政治局会议审议修订，2020 年 7 月 13 日中共中央发布）。该条例坚持以习近平新时代中国特色社会主义思想为指导，以党章为根本遵循，贯彻落实新时代党的建设总要求和新时代党的组织路线，是新时代基层党组织选举工作的基本遵循。条例的制定和实施，对于发扬党内民主、尊重和保障党员民主权利、规范基层党组织选举，增强基层党组织政治功能和组织力，把基层党组织建设成为宣传党的主张、贯彻党的决定、领导基层治理、团结动员群众、推动改革发展的坚强战斗堡垒，巩固党长期执政的组织基础，具有重要意义。

（3）《中国共产党全国代表大会和地方各级代表大会代表任期制规定》（2008 年 5 月 5 日中共中央印发《中国共产党全国代表大会和地方各级代表大会代表任期制暂行条例》，2019 年 5 月 13 日中共中央办公厅印发《中国共产党全国代表大会和地方各级代表大会代表任期制规定》）。该规定全面贯彻习近平新时代中国特色社会主义思想，贯彻落实新时代党的建设总要求和新时代党的组织路线，坚持和加强党的全面领导，推动全面从严治党向纵深发展，完善党代表大会制度，对发扬党内民主，发挥党代表大会代表作用，完善党代表大会制度，推动党代表大会代表履行代表职责、发挥代表作用，具有重要意义。

三、党的组织工作方面的法规

党的组织工作是按照党的建设的总要求，以领导班子建设、干部队伍建设、人才队伍建设、党的基层组织建设和党员队伍建设为主要内容的全部实践活动，是党的建设的重要组成部分。党的组织工作不仅与党的组织建设直接相关，而且与党的政治建设、思想建设、作风建设、纪律建设、制度建设有着密不可分的联系。党的组织工作是党的全部工作的基础，是实现党的领导的重要途径，是实现党的政治路线的重要保证，是党的长期执政能力建设、先进性和纯洁性建设的重要组成部分。

党的组织工作方面的法规主要是《中国共产党组织工作条例》（2021 年 4 月 30 日中共中央政治局会议审议批准，2021 年 5 月 22 日中共中央发布）。该条例以习近平新时代中国特色社会主义思想为指导，贯彻落实新时代党的建设总要求和新时代党的组织路线，对党的组织工作作出全面规范，是做好新时代党的组织工作的基本遵循。该条例的制定和实施，对于坚持和加强党对组织工作的全面领导、推进组织工作科学化制度化规范化、全面提高组织工作质量，具有重要意义。

四、党的象征标志方面的法规

中国共产党的党徽、党旗是中国共产党的象征和标志。党徽、党旗鲜明表明中国共产党是中国工人阶级的先锋队，同时是中国人民和中华民族的先锋队，是为中国人民谋幸福、为中华民族谋复兴，为坚持和发展中国特色社会主义、为实现共产主义远大理想而不懈奋斗的马克思主义政党。维护党徽、党旗的尊严，就是维护党的尊严，是各级党组织和每名党员必须履行的政治责任。党徽是代表一个政党的徽号。中国共产党党徽为镰刀和锤头组成的图案，锤头是工人的劳动工具，象征着工人阶级；镰刀是农民的劳动工具，象征着农民阶级。党旗是代表一个政党的旗帜，中国共产党党旗为旗面缀有金黄色党徽图案的红旗。

党的象征标志方面的法规主要有《中国共产党党徽党旗条例》（2021 年 6 月 17 日中共中央政治局常委会会议审议批准，2021 年 6 月 26 日中共中央发布）。该条例是中国共产党历史上第一部关于党徽、党旗的基础主干法规，是党徽、党旗制作、使用、管理的基本遵循。条例以党章为根本遵循，继承已有好做法，吸收实践新经验，对党徽、党旗工作作出全面规范，对于充分发挥党徽、党旗的政治功能，增强党的凝聚力、战斗力，激发党员党的意识，激励全党不忘初心、牢记使命，坚定理想信念，团结带领全国各族人民在党的旗帜下奋勇前进，具有十分重要的意义。

案例与思考 9－1

组建国家监察委员会

2018 年，中共中央印发的《深化党和国家机构改革方案》指出：为加强党对反腐败工作的集中统一领导，实现党内监督和国家机关监督、党的纪律检查和国家监察有机统一，实现对所有行使公权力的公职人员监察全覆盖，将监察部、国家预防腐败局的职责，最高人民检察院查处贪污贿赂、失职渎职以及预防职务犯罪等反腐败相关职责整合，组建国家监察委员会，同中央纪律检查委员会合署办公，履行纪检、监察两项职责，实行一套工作机构、两个机关名称。主要职责是：维护党的章程和其他党内法规，检查党的路线方针政策和决议执行情况，对党员领导干部行使权力进行监督，维护宪法法律，对公职人员依法履职、秉公用权、廉洁从政以及道德操守情况进行监督检查，对涉嫌职务违法和职务犯罪的行为进行调查并作出政务处分决定，对履行职责不力、失职失责的领导人员进行问责，负责组织协调党风廉政建设和反腐败宣传等。

思考题：

（1）如何理解组建国家监察委员会的重要意义？

（2）中央纪律检查委员会与国家监察委员会是什么关系？

第三节　加强和完善党的组织法规制度

中国共产党是马克思主义执政党，是工人阶级先锋队，是中华民族的先锋队。作为一个具有 9 600 多万党员、490 多万个基层党组织的大党来说，完善的组织体系、严明的组织纪律是保持党的先进性、纯洁性的政治密码，是维护党的战斗力和组织力的根本保障。中国共产党的组织包括中央组织、地方组织、基层组织三个层级，在类型上可以分为领导机关、决策机关、执行机关、监督机关。其中，各级党代会和它产生的党委会是领导机关和决策机关，党的工作机关是执行机关，党的各级纪律检查委员会是党内监督的专责机关。党的组织制度体系建设，就是要在党中央和各级地方党委领导下，促进和提高决策机关、执行机关、监督机关的组织合力，实现党的领导与执政的组织意图，建立健全决策权、执行权、监督权既相互制约又相互协调的权力结构和运行机制。

加强和完善党的组织法规制度，就是全面规范党的各级各类组织的产生和职责，夯实管党治党、治国理政的组织制度基础。党的力量来自组织。党的全面领导、党的全部工作要靠党的坚强组织体系去实现。党中央是大脑和中枢，党中央必须要有定于一尊、一锤定音的权威。党的地方组织的根本任务是确保党中央决策部署贯彻落实，有令即行、有禁即止。党组在党的组织体系中具有特殊地位，要贯彻落实党中央和上级党组织决策部署。每个党员，特别是领导干部，都要强化党的意识和组织观念，自觉做到思想上认同组织、政治上依靠组织、工作上服从组织、感情上信赖组织。党的组织建设集中体现在党的组织路线上，组织路线对坚持党的领导、加强党的建设、做好党的组织工作具有十分重要的意义。毛泽东同志曾经指出，正确的路线确定之后，干部就是决定的因素。因此，有计划地培养大批的新干部，就是我们的战斗任务。①

在新时代，要把坚持和发展中国特色社会主义这场伟大社会革命进行好，我们党必须勇于进行自我革命，把党建设得更加坚强有力。对此，习近平在2019年全国组织工作会议上强调指出，不断推进党的建设新的伟大工程，必须践行新时代党的组织路线。新时代党的组织路线是：全面贯彻新时代中国特色社会主义思想，以组织体系建设为重点，着力培养忠诚、干净、担当的高素质干部，着力集聚爱国奉献的各方面优秀人才，坚持德才兼备、以德为先、任人唯贤，为坚持和加强党的全面领导、坚持和发展中国特色社会主义提供坚强组织保证。新时代党的组织路线是理论的也是实践的，要在推进党的建设新的伟大工程、落实全面从严治党的实践中切实贯彻落实。这一重要论述，在我们党的历史上是第一次，是对马克思主义党建学说的开创性贡献，具有里程碑意义，为新时代党的建设和组织工作指明了前进方向，提供了根本遵循。

坚持把制度建设贯穿于党的组织建设全过程，是我们党管党治党的一条宝贵经验。中国共产党始终重视党的组织建设和制度建设相结合，早在党的一大上就讨论了党的组织原则和组织机构问题，通过了《中国共产党第一个纲领》和《中国共产党的第一个决议》，确立了党的组织建设的制度起点。在整个新民主主义革命时期，党对组织建设进行了初步探索，制定和逐步完善了党的章程，确立了民主集中制和党的代表大会制度，确立了党的领导、活动、纪律、监督等一系列制度，为党的组织建设奠定了制度基础，也为夺取全国革命的胜利提供了坚强组织保证。改革开放以后，邓小平在总结正反两方面经验教训的基础上深刻指出："领导制度、组织制度更带有根本性、全局性、稳定性和长期性。这种制度问题，关系到党和国家是否改变颜色，必须引起全党的高度重视。"② 改革开放以来，特别是党的十八大以来，我们党大力加强以党章为核心的党内法规制度建设，党的组织建设取得了长足的进步，党的组织建设呈现制度化、科学化、规范化的趋势面貌。制度治党对党的组织建设具有重要保障作用，党的组织建设的关键就是通过制度建设，做到用制度管权、管事、管人，使党的组织建设实现制度化、规范化和程序化。

① 毛泽东选集：第2卷. 北京：人民出版社，1991：526.

② 邓小平文选：第2卷. 北京：人民出版社，1994：322.

案例与思考 9-2

南充拉票贿选案

2011年10月17日至19日，中共南充市第五次党代会召开，519名代表参会，产生了中共南充市第五届委员会，共有委员55人，时为仪陇县委书记的杨某某名列其中。19日下午，中共南充市第五届委员会举行第一次全体会议，“以无记名投票和差额选举方式”选举产生新一届南充市委领导班子。其中设候选人14人，常委名额是13人，杨某某是候选人之一。按照组织意图，杨某某只是“差额的对象”，但不记名投票后，他竟然当选，成为当时南充市两名升任市委常委的区县干部之一。

经查，2011年10月19日，南充市委五届一次全会前，杨某某自己出面或安排下属，向部分可能成为市委委员的人员送钱拉票，通过拉票贿选当选为南充市委常委。在查清杨某某贿选事实的基础上，省委根据有关线索进一步组织摸排调查，惊人的内幕浮出水面。调查发现，南充市委五届一次全会前，在有关干部民主推荐中存在的送钱拉票问题，共涉及四百余人。南充拉票贿选案是一宗严重违反党纪国法、严重违反党的政治纪律和政治规矩、严重违反组织人事纪律的恶劣案件，经过为期半年的纪律审查，根据案件事实和有关党纪政纪、法律法规，四川省委对全部涉案人员做出严肃处理。其中，给予开除党籍、开除公职处分并移送司法机关处理的33人，给予撤销党内外职务以上处分的77人，给予严重警告并免职、严重警告、警告或行政记大过、记过处分以及免职处理的200余人，诫勉谈话、批评教育的100余人。400余人涉案人员中，共处理厅级干部67人，处级干部282人。其中，杨某某犯行贿罪、受贿罪、滥用职权罪，被依法判处有期徒刑20年；时任南充市委书记刘某某犯玩忽职守罪，被依法判处有期徒刑3年。

思考题：拉票贿选对党内民主建设、党的组织建设有什么危害性？

本章小结

党的组织建设是党的自身建设的一个重要方面，是指党根据形势发展和政治任务的要求，遵循党的组织原则和组织路线，不断改进和加强党的组织制度、组织机构、组织纪律、领导制度，提高干部队伍素质的活动。党的组织法规，是调整党的各级各类组织产生、组成、职权职责等的党内法规，为党管党治党、执政治国提供组织制度保障。党的组织法规旨在全面规范党的各级各类组织的产生和职责，夯实管党治党、治国理政的组织制度基础。党的组织法规主要包括党的组织体系方面的法规、党内选举方面的法规、党的组织工作方面的法规、党的象征标志方面的法规等。加强和完善党的组织法规制度，就是全面规范党的各级各类组织的产生和职责，夯实管党治党、治国理政的组织制度基础。

本章思考题

1. 如何理解组织建设是党的建设的重要基础？
2. 党的组织法规主要包括哪些内容？
3. 党的组织体系方面的法规主要有哪些？
4. 加强和完善党的组织法规制度的意义是什么？

第十章
党的领导法规

习近平总书记重要论述

中国共产党的领导是中国特色社会主义最本质的特征。没有共产党，就没有新中国，就没有新中国的繁荣富强。坚持中国共产党这一坚强领导核心，是中华民族的命运所系。中国共产党的领导，就是支持和保证人民实现当家作主。我们必须坚持党总揽全局、协调各方的领导核心作用，通过人民代表大会制度，保证党的路线方针政策和决策部署在国家工作中得到全面贯彻和有效执行。要支持和保证国家政权机关依照宪法法律积极主动、独立负责、协调一致开展工作。要不断加强和改善党的领导，善于使党的主张通过法定程序成为国家意志，善于使党组织推荐的人选通过法定程序成为国家政权机关的领导人员，善于通过国家政权机关实施党对国家和社会的领导，善于运用民主集中制原则维护党和国家权威、维护全党全国团结统一。

——2014 年 9 月 5 日，习近平在庆祝全国人民代表大会成立 60 周年大会上的讲话

课程思政

1. 通过对党的领导法规的学习，引导学生认同中国共产党是中国特色社会主义事业的坚强领导核心，明确中国特色社会主义最本质的特征是中国共产党领导，中国特色社会主义制度的最大优势是中国共产党领导，党是最高政治领导力量。

2. 学习和了解党对各方面工作实施领导的方法和路径，引导学生认识到坚持和加强党的领导，是战胜一切困难和风险的根本保证，是做好党和国家各项工作的根本保证，是我国政治稳定、经济发展、民族团结、社会稳定的根本点，是实现中华民族伟大复兴的关键所在。

第一节 党的领导法规概述

中国共产党是中国特色社会主义事业的坚强领导核心。中国特色社会主义最本质的特征是中国共产党的领导，中国特色社会主义制度的最大优势是中国共产党的领导，党是最高政治领导力量。坚持党对一切工作的领导，既要政治过硬，也要本领高强。要着力提高党把方向、谋大局、定政策、促改革的能力和定力，善于处理各种复杂矛盾，勇于战胜各种艰难险阻，牢牢把握工作主动权，把党总揽全局、协调各方落到实处。

党的领导法规，是规范和保障党对各方面工作实施领导，明确党与人大、政府、政协、监察机关、审判机关、检察机关、武装力量、人民团体、企事业单位、基层群众性自治组织、社会组织等领导与被领导关系的党内法规，为党发挥总揽全局、协调各方领导核心作用提供制度保障。制定党的领导法规、健全党的领导体系，主要旨在提供维护政治大局的“方向盘”、提供引领方向的掌控力。要保证党总揽全局、协调各方，非运用党的领导法规捍卫党的领导地位、提升党的领导能力不可，正是凭借坚强的领导体系，党中央举旗定向、掌舵领航，党总揽全局、协调各方，党组织在同级各类组织中发挥领导核心作用，保证党和国家事业发展始终沿着正确政治方向前进。①

在内容上，党的领导法规主要规范中国共产党的领导和执政活动，规范调整中国共产党与人大、政府、政协、监察机关、审判机关、检察机关、武装力量、人民团体、企事业单位、基层群众自治组织、社会组织等之间的领导与被领导关系。例如，《关于加强党领导立法工作的意见》等规定体现为党对人大工作的领导法规，《法治政府建设与责任落实督察工作规定》《行政执法类公务员管理规定（试行）》等规定体现为党对政府工作的领导法规，《中国共产党政治协商工作条例》等规定体现为党对政治协商工作的领导法规，《纪检监察机关派驻机构工作规则》《纪检监察机关处理检举控告工作规则》等规定体现为党对监察工作的领导法规，《中国共产党政法工作条例》《保护司法人员依法履行法定职责规定》《党政主要负责人履行推进法治建设第一责任人职责规定》《领导干部干预司法活动、插手具体案件处理的记录、通报和责任追究规定》《司法机关内部人员过问案件的记录和责任追究规定》《关于

① 宋功德. 紧扣保障政治大局深化依规治党. 习近平法治思想研究与实践，2022（3）［民主与法制. 2022（10）］.

进一步规范司法人员与当事人、律师、特殊关系人、中介组织接触交往行为的若干规定》等规定体现为党对政法工作的领导法规，《中央企业领导人员管理规定》《事业单位领导人员管理暂行规定》《党政主要领导干部和国有企事业单位主要领导人员经济责任审计规定》等规定体现为党对企事业单位的领导法规。这些党的领导法规的根本目的是提高党科学执政、民主执政、依法执政的能力和水平，确保党发挥总揽全局、协调各方的领导核心作用。截至 2021 年 7 月 1 日，现行有效党的领导法规共 772 部，其中，中央党内法规 44 部，部委党内法规 29 部，地方党内法规 699 部。①

案例与思考 10－1

中央政治局委员、中央书记处书记，全国人大常委会、国务院、全国政协党组成员，最高人民法院、最高人民检察院党组书记向党中央和习近平总书记述职

根据党中央的有关规定，中央政治局委员、书记处书记，全国人大常委会、国务院、全国政协党组成员，最高人民法院、最高人民检察院党组书记每年向党中央和习近平总书记书面述职。2022 年年初，有关同志按规定向党中央和习近平总书记书面述职。习近平认真审阅了述职报告并提出重要要求，强调要增强“四个意识”、坚定“四个自信”、做到“两个维护”，对“国之大者”领悟到位，始终在思想上、政治上、行动上同党中央保持高度一致。要弘扬伟大建党精神，以强烈的政治责任感和历史使命感履行职责，坚持问题导向，坚持底线思维，以钉钉子精神做好各项工作，坚定不移贯彻落实党中央方针政策和工作部署。要坚持稳中求进工作总基调，推动分管领域、分管部门完整、准确、全面贯彻新发展理念，加快构建新发展格局，推动高质量发展，做好保障和改善民生各项工作。要履行全面从严治党主体责任，执行中央八项规定及其实施细则精神，发扬自我革命精神，永葆清正廉洁的政治本色。要继续发扬历史主动精神，敢于斗争、善于斗争，乘势而上、砥砺前行，时刻以党和人民事业为重，走好全面建设社会主义现代化国家新的赶考之路。

① 中共中央办公厅法规局. 中国共产党党内法规体系. 人民日报，2021－08－04.

思考题： 党中央和习近平总书记，与中央政治局委员、中央书记处书记，全国人大常委会、国务院、全国政协党组成员，最高人民法院、最高人民检察院党组书记是什么关系？

第二节 党的领导法规的主要内容

根据不同的标准，可以对党的领导法规进行不同的分类。例如，根据党的领导领域的不同，党的领导法规可以分为：党领导经济建设方面的法规、党领导政治建设方面的法规、党领导文化建设方面的法规、党领导社会建设方面的法规、党领导生态文明建设方面的法规；根据党的领导对象的不同，党的领导法规可以分为：党对人大工作的领导法规、党对政府工作的领导法规、党对政协工作的领导法规、党对宣传工作的领导法规、党对政法工作的领导法规、党对机构编制工作的领导法规、党对农村工作的领导法规、党对群团工作的领导法规、党对企事业单位的领导法规、党对社会组织的领导法规等；根据表现形式的不同，党的领导法规可以分为：专门的党的领导法规文本、其他文本中的党的领导规范，即分散在其他法规文件文本中，规范党的领导活动的党内法规规范。[①] 这里主要以党的领导领域为视角，重点分析党的领导法规的主要内容。

一、党领导经济建设方面的法规

经济工作是我们党的中心工作，领导经济工作是我们党义不容辞的责任。在发展社会主义市场经济的条件下，党对经济工作的领导，不是也不应当取代政府直接组织经济活动和处理日常性行政事务，不是也不应当取代企业直接从事微观经济活动。我们党领导了经济体制改革，同样也要顺应建立社会主义市场经济体制的要求，自觉改变和完善领导经济工作的方式方法和体制机制。因此，党领导经济建设，主要是把握方向，谋划全局，提出战略，制定政策，推动立法，营造良好环境。

党领导经济建设方面的法规主要有《中国共产党农村工作条例》《党中央领导经济工作规定》等，目的是加强党中央对经济工作的集中统一领导，保证党中央经济决策部署有效贯彻落实，坚持和加强党对“三农”工作的全面领导，全面推进乡村

① 宋功德，张文显. 党内法规学. 北京：高等教育出版社，2020：166-167.

振兴。2019 年 6 月 24 日中共中央政治局会议审议批准，中共中央于 2019 年 8 月发布的《中国共产党农村工作条例》，在党内法规体系具有重要而特殊的地位。党管农村工作是我们的传统。在革命、建设、改革各个历史时期，我们党都把解决好“三农”问题作为关系党和国家事业全局的根本性问题，始终牢牢掌握党对农村工作的领导权。上述条例对坚持和加强党对农村工作的全面领导作出了系统规定，是新时代党管农村工作的总依据，有助于落实加强党对农村工作的全面领导，把党管农村工作的总体要求细化成具体的规定，实现有章可循、有法可依，从制度机制上把加强党的领导落实到“三农”各个方面、各个环节，确保党始终总揽全局、协调各方。

二、党领导政治建设方面的法规

推进社会主义政治建设，必须要坚持党的领导，充分发挥党总揽全局、协调各方的领导核心作用。坚持党的领导、人民当家作主、依法治国有机统一是社会主义政治发展的必然要求。我国实行工人阶级领导的、以工农联盟为基础的人民民主专政的国体，实行人民代表大会制度的政体，实行中国共产党领导的多党合作和政治协商制度，实行民族区域自治制度，实行基层群众自治制度，具有鲜明的中国特色。必须坚持中国特色社会主义政治发展道路，坚持和完善人民代表大会制度、中国共产党领导的多党合作和政治协商制度、民族区域自治制度、基层群众自治制度，巩固和发展最广泛的爱国统一战线，发展社会主义协商民主，健全民主制度，丰富民主形式，拓宽民主渠道，保证人民当家作主落实到国家政治生活和社会生活之中。发挥党总揽全局、协调各方领导核心作用，至关重要的是维护党中央权威。我国的根本政治制度是人民代表大会制度。人民代表大会制度是坚持党的领导、人民当家作主、依法治国有机统一的根本政治制度安排，是符合中国国情和实际、体现社会主义国家性质、保证人民当家作主、保障实现中华民族伟大复兴的好制度。必须充分发挥人民代表大会制度的根本政治制度作用，继续通过人民代表大会制度牢牢把国家和民族前途命运掌握在人民手中。我国的三项基本政治制度分别是：中国共产党领导的多党合作和政治协商制度、民族区域自治制度、基层群众自治制度。首先，中国共产党领导的多党合作和政治协商制度是我国的一项基本政治制度，是中国共产党、中国人民和各民主党派、无党派人士的伟大政治创造，是从中国土壤中生长出来的新型政党制度。中国共产党领导的多党合作和政治协商制度，强调中国共产党的领导，强调发扬社会主义民主，用好政党协商这个民主形式和制度渠道，推动协商民主广泛、多层、制度化发展，形成完整的制度程序和参与实践，保证人民在日常政治生活中有广泛持续深入参与的权利。其次，民族区域自治制度是我国的一项基本政治制度，是中国特色解决民族问题的正确道路的重要内容和制度保障。采取民族区域自治这个办法，既保证了国家团结统一，又实现了各民族共同当家作主。实践证明，民族区域自治制度符合我国国情，在维护国家统一、领土完整，在加强民族平等团结、促进民族地区发展、增强中华民族凝聚力等方面起到了重要作用。最后，基层群众自治制度是我国的一项基本政治制度，是社会主义民主政治建设的基础和重要组成部分。完善基层民主制度，发展基层民主，必须充分发挥党总揽全局、协调各方的领导核心作用，把党的领导贯穿基层群众自治机制建设全过程、各方面，健全基层选举、议事、公开、述职、问责等机制，促进群众在城乡社区治理、基层公共事务和公益事业中依法自我管理、自我服务、自我教育、自我监督。

党领导政治建设方面的法规主要有以下几部。

(1)《中国共产党政治协商工作条例》（2022 年 5 月 27 日中共中央政治局会议审议批准，2022 年 6 月 13 日中共中央发布）。该条例坚持以习近平新时代中国特色社会主义思想为指导，坚持和加强党对政治协商工作的领导，提高政治协商工作科学化制度化规范化水平，是做好政治协商工作的基本遵循。制定该条例，对于坚持和完善中国共产党领导的多党合作和政治协商制度，巩固和发展爱国统一战线，具有重要意义。

(2)《中国共产党机构编制工作条例》（2019 年 6 月 24 日中共中央政治局会议审议批准，中共中央 2019 年 8 月印发）。机构编制资源是重要政治资源、执政资源，机构编制工作是党的重要工作。该条例以习近平新时代中国特色社会主义思想为指导，强化党对机构编制工作的集中统一领导，是新时代机构编制工作的基本遵循。条例的制定和实施，对于加强党对机构编制工作的集中统一领导，推进党和国家机构职能优化协同高效，落实党管机构编制原则，推进机构编制法定化，提升机构编制工作水平，巩固党治国理政的组织基础，具有重要意义。

(3)《中国共产党统一战线工作条例》（2015 年 4 月 30 日中共中央政治局会议审议批准，2015 年 5 月 18 日中共中央发布；2020 年 11 月 30 日中共中央政治局会议修订，2020 年 12 月 21 日中共中央发布）。该条例以习近平新时代中国特色社会主义思想为指导，深入贯彻习近平总书记关于加强和改进统一战线工作的重要思想，坚持和加强党对统一战线工作的集中统一领导，巩固深化统一战线领域党和国家机构改革精神，着力提高统一战线工作科学化、规范化、制度化水平，是新时代统一战线工作的基本遵循。

(4)《中国共产党政法工作条例》（2018 年 12 月 27 日，中共中央政治局会议审议批准《中国共产党政法工作条例》，中共中央 2019 年 1 月印发）。政法工作是党和国家工作的重要组成部分，是党领导政法单位依法履行职能的重要方式和途径。政法工作的主要任务是推进平安中国、法治中国建设，推动政法领域全面深化改革，加强过硬队伍建设，履行维护国家政治安全、确保社会大局稳定、促进社会公平正义、保障人民安居乐业的职责等，政法工作极其重要，这也决定了必须强调党的领导。该条例以党内基本法规的形式，对党领导新时代政法工作进行了全面制度擘画，为党领导政法工作提供了基本遵循。该条例的出台和实施有利于从制度上保障政法工作始终坚持正确前进方向，更好发挥服务保障党和国家工作大局的重要作用，把党的领导落实到依法治国全过程和各方面。

三、党领导文化建设方面的法规

文化是民族的血脉，是人民的精神家园，是爱国主义的精神基因，是一个国家、一个民族的灵魂。文化兴国运兴，文化强民族强。没有高度的文化自信，没有文化的繁荣兴盛，就没有中华民族伟大复兴。要坚持中国特色社会主义文化发展道路，激发全民族文化创新创造活力，建设社会主义文化强国。文化自信，是更基础、更广泛、更深厚的自信，是更基本、更深沉、更持久的力量。必须坚持马克思主义，牢固树立共产主义远大理想和中国特色社会主义共同理想，培育和践行社会主义核心价值观，不断增强意识形态领域主导权和话语权，推动中华优秀传统文化创造性转化、创新性发展，继承革命文化，发展社会主义先进文化，不忘本来、吸收外来、面向未来，更好构筑中国精神、中国价值、中国力量，为人民提供精神指引。党领导文化建设方面的法规主要有《中国共产党宣传工作条例》《党委（党组）意识形态工作责任制实施办法》《党委（党组）网络意识形态工作责任制实施细则》等。

（1）《中国共产党宣传工作条例》（2019 年 4 月 19 日中共中央政治局会议审议批准，2019 年 6 月 29 日中共中央印发）。宣传工作是党的一项极端重要的工作，是中国共产党领导人民不断夺取革命、建设、改革胜利的优良传统和政治优势。制定颁布该条例，体现了以习近平同志为核心的党中央对宣传工作的高度重视，对加强党对宣传工作的全面领导等作出了明确规定，为党和国家事业发展提供了有力思想保证和强大精神力量，标志着宣传工作科学化、规范化、制度化建设迈上新的台阶。

（2）《党委（党组）意识形态工作责任制实施办法》（2015 年 10 月 3 日中共中央办公厅印发；2020 年 5 月 15 日中共中央政治局会议修订，2020 年 6 月 8 日中共中央办公厅印发）。意识形态工作是党的一项极端重要的工作。能否做好意识形态工作，事关党的前途命运，事关国家长治久安，事关民族凝聚力和向心力。制定和颁布该实施办法，对于构建意识形态工作新格局、坚持马克思主义指导地位、改革创新意识形态工作方式方法、加强意识形态工作队伍建设，具有十分重要的推动作用。

四、党领导社会建设方面的法规

社会建设工作是直接服务群众的工作，与群众冷暖息息相关，是我们党人民立场、人民情怀的集中体现。随着经济社会发展，人民对美好生活的需要也日益多样化、多层次、多方面，不仅对物质文化生活提出更高要求，而且在民主、法治、公平、正义、安全、环境等方面的要求日益增长，对社会建设提出新的更高要求。在推动社会建设过程中，要结合中国特色社会主义进入新时代的新形势新要求，不断实现好、维护好、发展好最广大人民根本利益，真正做到发展为了人民、发展依靠人民、发展成果由人民共享。这既是开展社会建设工作的出发点和落脚点，也是检验社会建设工作质量和成效的最高标准。

社会建设任务主要包括两个方面重点：提高保障和改善民生水平，加强和创新社会治理。一方面，增进民生福祉是发展的根本目的，必须多谋民生之利、多解民生之忧，在发展中补齐民生短板、促进社会公平正义，在幼有所育、学有所教、劳有所得、病有所医、老有所养、住有所居、弱有所扶上不断取得新进展，保证全体人民在共建共享发展中有更多获得感，不断促进人的全面发展、全体人民共同富裕。另一方面，创新社会治理体制机制需要重点完善党委领导、政府负责、社会协同、公众参与、法治保障的社会治理体制，完善政府治理和社会调节、居民自治良性互动的体制机制，不断提高社会治理社会化、法治化、智能化、专业化水平。

党领导社会建设方面的法规主要有《信访工作条例》《中国共产党领导国家安全工作条例》《地方党政领导干部食品安全责任制规定》《地方党政领导干部安全生产责任制规定》《健全落实社会治安综合治理领导责任制规定》。其中，《中国共产党领导国家安全工作条例》等坚持党对国家安全工作的绝对领导，深入贯彻总体国家安全观，推进了国家安全体系和能力现代化。《地方党政领导干部食品安全责任制规定》《地方党政领导干部安全生产责任制规定》《健全落实社会治安综合治理领导责任制规定》等有利于加快推进社会治理现代化，把党的领导优势更好转化为社会治理效能。

(1)《信访工作条例》(2022 年 1 月 24 日中共中央政治局会议审议批准，2022 年 2 月 25 日中共中央、国务院发布)。信访工作是党的群众工作的重要组成部分，是了解社情民意的重要窗口。该条例以习近平新时代中国特色社会主义思想为指导，深入贯彻习近平总书记关于加强和改进人民信访工作的重要思想，总结党长期以来领导和开展信访工作经验，特别是党的十八大以来信访工作制度改革成果，坚持和加强党对信访工作的全面领导，理顺信访工作体制机制，是新时代信访工作的基本遵循。

（2）《健全落实社会治安综合治理领导责任制规定》（2016 年 1 月 11 日，中央全面深化改革领导小组第二十次会议审议通过《健全落实社会治安综合治理领导责任制规定》，中共中央办公厅、国务院办公厅印发）。健全落实社会治安综合治理领导责任制是深化平安建设的主要抓手，也是巩固平安建设成果的重要保障。该规定将党中央重要战略部署和中央领导同志重要指示精神转化为具体的制度安排和工作举措，对建立健全制度化、规范化、程序化的社会治安综合治理领导责任制作出全面规划设计，努力形成职责明确、奖惩分明、衔接配套、务实管用的责任体系，层层压实责任。

五、党领导生态文明建设方面的法规

生态文明建设是经济持续健康发展的关键保障，是民意所在民心所向，是党提高执政能力的重要体现。建设生态文明，是关系人民福祉、关乎民族未来的长远大计。面对资源约束趋紧、环境污染严重、生态系统退化的严峻形势，必须树立尊重自然、顺应自然、保护自然的生态文明理念，把生态文明建设放在突出地位，融入经济建设、政治建设、文化建设、社会建设各方面和全过程，努力建设美丽中国，实现中华民族永续发展。

建设生态文明是中华民族永续发展的千年大计，必须树立和践行绿水青山就是金山银山的理念，坚持节约资源和保护环境的基本国策，像对待生命一样对待生态环境，统筹山水林田湖草系统治理，实行最严格的生态环境保护制度，形成绿色发展方式和生活方式，坚定走生产发展、生活富裕、生态良好的文明发展道路，建设美丽中国，为人民创造良好生产生活环境，为全球生态安全作出贡献。

党领导生态文明建设方面的法规主要有《中央生态环境保护督察工作规定》《领导干部自然资源资产离任审计规定（试行）》《党政领导干部生态环境损害责任追究办法（试行）》等，其核心要义是压实生态文明建设和生态环境保护政治责任，推动建设美丽中国。

（1）《中央生态环境保护督察工作规定》［2015 年 7 月 1 日中央全面深化改革领导小组会议审议通过《环境保护督察方案（试行）》，2019 年 6 月中共中央办公厅、国务院办公厅印发《中央生态环境保护督察工作规定》］。开展环境保护督察，是党中央、国务院为加强环境保护工作采取的一项重大举措，对加强生态文明建设、解决人民群众反映强烈的环境污染和生态破坏问题具有重要意义。前述规定以党内法规的形式来规范督察工作，充分体现了党中央、国务院推进生态文明建设、加强生态环境保护工作的坚强意志和坚定决心，为依法推动生态环保督察向纵深发展提供了重要制度保障。

（2）《领导干部自然资源资产离任审计规定（试行）》［2017 年 6 月中央全面深化改革工作领导小组会议审议通过《领导干部自然资源资产离任审计规定（试行）》，中共中央办公厅、国务院办公厅 2017 年 9 月印发］。该规定是贯彻落实党中央关于加快推进生态文明建设要求的具体体现，是党中央关于生态文明建设战略部署的又一重大成果，对于领导干部牢固树立和践行新发展理念，坚持节约资源和保护环境的基本国策，推动形成绿色发展方式和生活方式，促进自然资源资产节约集约利用和生态环境安全，完善生态文明绩效评价考核和责任追究制度，推动领导干部切实履行自然资源资产管理和生态环境保护责任，具有十分重要的意义。

（3）《党政领导干部生态环境损害责任追究办法（试行）》（2015 年 7 月 1 日中央全面深化改革领导小组会议审议通过，中共中央办公厅、国务院办公厅 2018 年 8 月印发）。建立党政领导干部生态环境保护问责制，是我国生态文明建设的重要制度。该办法的出台和实施，对于加强对党政领导干部损害生态环境行为的责任追究，促进各级领导干部牢固树立尊重自然、顺应自然、保护自然的生态文明理念，增强各级领导干部保护生态环境、发展生态环境的责任意识和担当意识，推动生态环境领域的依法治理，不断推进社会主义生态文明建设，具有十分重要的意义。

六、党领导国防和军队建设方面的法规

强国必须强军，军强才能国安。站在新的历史起点上，面对国家安全环境的深刻变化，面对强国强军的时代要求，必须全面贯彻新时代党的强军思想，坚定不移走中国特色强军之路，把新时代强军事业不断推向前进。建设强大的人民军队是我们党的不懈追求。党在新时代的强军目标是建设一支听党指挥、能打胜仗、作风优良的人民军队，把人民军队建设成为世界一流军队。这是总结我们党建军治军成功经验、适应国际战略形势和国家安全环境发展变化、着眼于解决军队建设所面临的突出矛盾和问题提出的新任务、新目标。

党领导国防和军队建设方面的法规主要有《中国共产党军队党的建设条例》《军队政治工作条例》等，其中核心要义是坚持党对军队的绝对领导，全面深入贯彻军委主席负责制，为实现党在新时代的强军目标提供有力保证。

（1）《中国共产党军队党的建设条例》（2020 年 6 月 29 日中共中央政治局会议审议批准，2020 年 9 月经党中央、中央军委批准，正式颁布施行）。该条例深入贯彻习近平新时代中国特色社会主义思想，贯彻习近平强军思想，以党章为根本遵循，落实新时代党的建设总要求，坚持党对军队绝对领导，坚持全面从严治党，坚持聚焦备战打仗，对军队党的建设的指导思想、目标任务和原则，党对军队绝对领导和贯彻军委主席负责制的重大问题，军队的党组织和军队党的纪律检查机关的有关问题，军队党的建设主要任务，军队党的建设工作责任制和监督保障机制等作了全面规定，为加强新时代军队党的建设提供了基本遵循。条例是全面规范军队党的建设的基础主干党内法规，是推进军事政策制度改革的重要成果，标志着中国军队党的建设科学化、规范化、制度化水平迈上新台阶。

（2）《军队政治工作条例》（2003 年 12 月 5 日中国共产党中央委员会、中央军事委员会发布《中国人民解放军政治工作条例》；2020 年 11 月 30 日中共中央政治局会议审议批准《军队政治工作条例》，2021 年 2 月经党中央、中央军委批准，新修订的《军队政治工作条例》颁布施行）。该条例是新时代军队政治工作的基础主干党内法规、政治建军的重要依据，是推进军事政策制度改革的重要成果。条例的颁布施行，必将加强党对军队政治工作的领导，推动新时代政治建军方略全面落实，推动军队增强“四个意识”、坚定“四个自信”、做到“两个维护”，贯彻军委主席负责制，确保我军始终成为党绝对领导下的人民军队，确保有效履行新时代军队使命任务，为实现党在新时代的强军目标、把人民军队全面建成世界一流军队提供坚强政治保证。

案例与思考 10－2

中央政治局常委会听取和研究全国人大常委会、国务院、全国政协、最高人民法院、最高人民检察院党组工作汇报和中央书记处工作报告

2022 年 1 月 24 日，中共中央政治局召开会议，审议《中央政治局常委会听取和研究全国人大常委会、国务院、全国政协、最高人民法院、最高人民检察院党组工作汇报和中央书记处工作报告的综合情况报告》。中共中央总书记习近平主持会议。会议对全国人大常委会、国务院、全国政协、最高人民法院、最高人民检察院党组和中央书记处 2021 年的工作给予充分肯定，同意其对 2022 年的工作安排。会议认为，过去一年，5 家党组认真学习贯彻习近平新时代中国特色社会主义思想，全面贯彻党的十九大和十九届历次全会精神，毫不动摇坚持党中央集中统一领导，认真贯彻落实党中央决策部署，围绕党和国家工作全局履行职责，加强党组自身建设，为实现“十四五”良好开局作出积极贡献，为庆祝建党100周年营造良好环境，各方面工作取得新成效。中央书记处在中央政治局和中央政治局常委会领导下，按照党中央部署要求履职尽责，在推动党中央决策部署落实、加强党内法规制度建设、指导群团工作和群团改革等方面做了大量工作。

思考题：如何理解中央政治局常委会听取和研究五家党组的工作汇报和中央书记处工作报告的政治意义？

第三节 加强和完善党的领导法规制度

坚持和加强党的领导，是战胜一切困难和风险的根本保证，是做好党和国家各项工作的根本保证，是我国政治稳定、经济发展、民族团结、社会稳定的根本点，是实现中华民族伟大复兴的关键所在。加强和完善党的领导法规制度，就是加强和改进党对各方面工作的领导，为党发挥总揽全局、协调各方领导核心作用提供制度保证。完善党的领导法规制度的目的是规范和保障中国共产党对各方面工作实施领导，通过巩固党的领导地位、强化党的领导职责、规范党的领导活动等，解决党领导谁、领导什么、怎样领导的问题。

为了更好发挥中国共产党的总揽全局、协调各方的领导核心作用，党的十九届四中全会把“坚持和完善党的领导制度体系，提高党科学执政、民主执政、依法执政水平”作为坚持和完善中国特色社会主义制度、推进国家治理体系和治理能力现代化的重大问题，强调要坚决维护党中央权威，健全总揽全局、协调各方的党的领导制度体系，把党的领导落实到国家治理各领域各方面各环节的具体要求。

（1）建立不忘初心、牢记使命的制度。确保全党遵守党章，恪守党的性质和宗旨，坚持用共产主义远大理想和中国特色社会主义共同理想凝聚全党、团结人民，用习近平新时代中国特色社会主义思想武装全党、教育人民、指导工作，夯实党执政的思想基础。把不忘初心、牢记使命作为加强党的建设的永恒课题和全体党员、干部的终身课题，形成长效机制，坚持不懈锤炼党员、干部、忠诚、干净、担当的政治品格。全面贯彻党的基本理论、基本路线、基本方略，持续推进党的理论创新、实践创新、制度创新，使一切工作顺应时代潮流、符合发展规律、体现人民愿望，确保党始终走在时代前列、得到人民衷心拥护。

（2）完善坚定维护党中央权威和集中统一领导的各项制度。推动全党增强“四个意识”、坚定“四个自信”、做到“两个维护”，自觉在思想上、政治上、行动上同以习近平同志为核心的党中央保持高度一致，坚决把维护习近平总书记党中央的核心、全党的核心地位落到实处。健全党中央对重大工作的领导体制，强化党中央决策议事协调机构职能作用，完善推动党中央重大决策落实机制，严格执行向党中央请示报告制度，确保令行禁止。健全和维护党的集中统一的组织制度，形成党的中央组织、地方组织、基层组织上下贯通、执行有力的严密体系，实现党的组织和党的工作全覆盖。

（3）健全党的全面领导制度。完善党领导人大、政府、政协、监察机关、审判机关、检察机关、武装力量、人民团体、企事业单位、基层群众自治组织、社会组织等制度，健全各级党委（党组）工作制度，确保党在各种组织中发挥领导作用。完善党领导各项事业的具体制度，把党的领导落实到统筹推进“五位一体”总体布局、协调推进“四个全面”战略布局各方面。完善党和国家机构职能体系，把党的领导贯彻到党和国家所有机构履行职责的全过程，推动各方面协调行动、增强合力。

（4）健全为人民执政、靠人民执政各项制度。坚持立党为公、执政为民，保持党同人民群众的血肉联系，把尊重民意、汇集民智、凝聚民力、改善民生贯穿党治国理政全部工作之中，巩固党执政的阶级基础，厚植党执政的群众基础，通过完善制度保证人民在国家治理中的主体地位，着力防范脱离群众的危险。贯彻党的群众路线，完善党员、干部联系群众制度，创新互联网时代群众工作机制，始终做到为了群众、相信群众、依靠群众、引领群众，深入群众、深入基层。健全联系广泛、服务群众的群团工作体系，推动人民团体增强政治性、先进性、群众性，把各自联系的群众紧紧团结在党的周围。

（5）健全和提高党的执政能力和领导水平制度。坚持民主集中制，完善发展党内民主和实行正确集中的相关制度，提高党把方向、谋大局、定政策、促改革的能力。健全决策机制，加强对重大决策的调查研究、科学论证、风险评估，强化决策执行、评估、监督。改进党的领导方式和执政方式，增强各级党组织政治功能和组织力。完善担当作为的激励机制，促进各级领导干部增强学习本领、政治领导本领、改革创新本领、科学发展本领、依法执政本领、群众工作本领、狠抓落实本领、驾驭风险本领，发扬斗争精神，增强斗争本领。

（6）完善全面从严治党制度。坚持党要管党、全面从严治党，增强忧患意识，不断推进党的自我革命，永葆党的先进性和纯洁性。贯彻新时代党的建设总要求，深化党的建设制度改革，坚持依规治党，建立健全以党的政治建设为统领，全面推进党的各方面建设的体制机制。坚持新时代党的组织路线，健全党管干部、选贤任能制度。规范党内政治生活，严明政治纪律和政治规矩，发展积极健康的党内政治文化，全面净化党内政治生态。完善和落实全面从严治党责任制度。坚决同一切影响党的先进性、弱化党的纯洁性的问题作斗争，大力纠治形式主义、官僚主义，不断增强党的创造力、凝聚力、战斗力，确保党始终成为中国特色社会主义事业的坚强领导核心。[①]

本章小结

党的领导法规，是规范和保障党对各方面工作实施领导，明确党与人大、政府、政协、监察机关、审判机关、检察机关、武装力量、人民团体、企事业单位、基层群众性自治组织、社会组织等领导与被领导关系的党内法规，为党发挥总揽全局、协调各方领导核心作用提供制度保障。制定党的领导法规、健全党的领导体系，主要旨在提供维护政治大局的“方向盘”，提供引领方向的掌控力。在内容上，党的领导法规主要规范中国共产党的领导和执政活动，规范调整中国共产党与人大、政府、政协、监察机关、审判机关、检察机关、武装力量、人民团体、企事业单位、基层群众自治组织、社会组织等之间的领导与被领导关系。根据党的领导领域的不同，党的领导法规可以分为党领导经济建设方面的法规、党领导政治建设方面的法规、党领导文化建设方面的法规、党领导社会建设方面的法规、党领导生态文明建设方面的法规，以及党领导国防和军队建设方面的法规等。加强和完善党的领导法规制度，就是加强和改进党对各方面工作的领导，为党发挥总揽全局、协调各方领导核心作用提供制度保证。完善党的领导法规制度的目的是规范和保障中国共产党对各方面工作实施领导，通过巩固党的领导地位、强化党的领导职责、规范党的领导活动等，解决党领导谁、领导什么、怎样领导的问题。

本章思考题

1. 如何充分发挥党“总揽全局、协调各方”的领导核心作用？
2. 如何理解“党政军民学，东西南北中，党是领导一切的”？
3. 党的领导法规的主要内容是什么？

---

① 中共中央关于坚持和完善中国特色社会主义制度 推进国家治理体系和治理能力现代化若干重大问题的决定. 人民日报，2019-11-06.

第十一章
党的自身建设法规

习近平总书记重要论述

新的征程上，我们要牢记打铁必须自身硬的道理，增强全面从严治党永远在路上的政治自觉，以党的政治建设为统领，继续推进新时代党的建设新的伟大工程，不断严密党的组织体系，着力建设德才兼备的高素质干部队伍，坚定不移推进党风廉政建设和反腐败斗争，坚决清除一切损害党的先进性和纯洁性的因素，清除一切侵蚀党的健康肌体的病毒，确保党不变质、不变色、不变味，确保党在新时代坚持和发展中国特色社会主义的历史进程中始终成为坚强领导核心！

——2021 年 7 月 1 日，习近平在庆祝中国共产党成立 100 周年大会上的讲话

课程思政

1. 通过对党的自身建设法规的学习，了解党的政治建设、思想建设、组织建设、作风建设、纪律建设等方面的重要党内法规及其核心要义，掌握新时代党的建设总布局及其要求。

2. 通过对党的政治建设法规的学习，引导学生认识到政治建设是党的根本性建设，要把党的政治建设放在首位，以党的政治建设为统领，全面推进党的各项建设。

第一节　党的自身建设法规概述

办好中国的事情，关键在党。党的建设关系重大、牵动全局。推进中国特色社会主义事业“五位一体”总体布局，加强党的建设是有力保障；在“四个全面”战略布局中，全面从严治党居于关键。从战略和全局意义上来看，党的建设如何，关乎中国共产党的兴衰，关乎中华人民共和国的兴衰，关乎中华民族的兴衰。

党的自身建设法规，是调整党的政治建设、思想建设、组织建设、作风建设、

纪律建设等的党内法规，为提高党的建设质量、永葆党的先进性和纯洁性提供制度保障。党中央坚定不移推进全面从严治党，坚持不懈深化党的建设制度改革，把党的制度建设贯穿党的各方面建设，党内法规制度基本实现党建工作全覆盖，有力推动管党治党严起来、实起来、硬起来，不断深化党的自我革命，有效保持了党的先进性和纯洁性。

制定党的自身建设法规、健全党的自身建设体系，旨在提供保障政治大局的“加油泵”、输送不懈奋斗的内动力。要把党建设成为先锋队，保持党的先进性和纯洁性，非运用党的自身建设法规把党建好建强不可，正是凭借加强党的自身建设、坚持全面从严治党、坚持党的自我革命、弘扬伟大建党精神，确保党成为始终走在时代前列、人民衷心拥护、勇于自我革命、经得起各种风浪考验、朝气蓬勃的马克思主义执政党。[①] 截至 2021 年 7 月 1 日，现行有效党的自身建设法规共 1 319 部，其中，中央党内法规 74 部，部委党内法规 76 部，地方党内法规 1 169 部。[②]

第二节　党的自身建设法规的主要内容

一、党的政治建设方面的法规

旗帜鲜明讲政治是我们党作为马克思主义政党的根本要求。党的政治建设是党的根本性建设，决定党的建设方向和效果。保证全党服从中央，坚持党中央权威和集中统一领导，是党的政治建设的首要任务。全党要坚定执行党的政治路线，严格遵守政治纪律和政治规矩，在政治立场、政治方向、政治原则、政治道路上同党中央保持高度一致。要尊崇党章，严格执行新形势下党内政治生活若干准则，增强党内政治生活的政治性、时代性、原则性、战斗性，自觉抵制商品交换原则对党内生活的侵蚀，营造风清气正的良好政治生态。完善和落实民主集中制的各项制度，坚持民主基础上的集中和集中指导下的民主相结合，既充分发扬民主，又善于集中统一。弘扬忠诚老实、公道正派、实事求是、清正廉洁等价值观，坚决防止和反对个人主义、分散主义、自由主义、本位主义、好人主义，坚决防止和反对宗派主义、圈子文化、码头文化，坚决反对搞两面派、做两面人。全党同志特别是高级干部要加强党性锻炼，不断提高政治觉悟和政治能力，把对党忠诚、为党分忧、为党尽职、

---

① 宋功德. 紧扣保障政治大局深化依规治党. 习近平法治思想研究与实践，2022 (3) [民主与法制，2022 (10)].

② 中共中央办公厅法规局. 中国共产党党内法规体系. 人民日报，2021-08-04.

为民造福作为根本政治担当，永葆共产党人政治本色。

党的政治建设方面的法规主要有以下几部。

(1)《关于党内政治生活的若干准则》(1980 年 2 月中国共产党第十一届中央委员会第五次全体会议通过)。该准则指出，中国共产党在长期革命斗争中，逐步形成了以实事求是、理论联系实际、党员和领导密切联系群众、开展批评与自我批评、坚持民主集中制为主要内容的党内政治生活原则。新中国成立后，一些同志产生了骄傲自满的情绪，党内出现了脱离群众、脱离实际、主观主义、官僚主义、独断专行、特权思想等不良倾向；“文化大革命”期间，林彪、“四人帮”肆意践踏党规党法，取消党的领导，使党的组织，党员的党性观念，党的优良传统和作风，都遭到极其严重的破坏。为了全面恢复和进一步发扬党的优良传统和作风，健全党的民主生活，维护党的集中统一，增强党的团结，巩固党的组织和纪律，提高党的战斗力，中央根据目前党的状况，向全党重申党内政治生活的若干准则。准则共十二个部分：1) 坚持党的政治路线和思想路线；2) 坚持集体领导，反对个人专断；3) 维护党的集中统一，严格遵守党的纪律；4) 坚持党性，根绝派性；5) 要讲真话，言行一致；6) 发扬党内民主，正确对待不同意见；7) 保障党员的权利不受侵犯；8) 选举要充分体现选举人的意志；9) 同错误倾向和坏人坏事作斗争；10) 正确对待犯错误的同志；11) 接受党和群众的监督，不准搞特权；12) 努力学习，做到又红又专。

(2)《关于新形势下党内政治生活的若干准则》(2016 年 10 月 27 日中国共产党第十八届中央委员会第六次全体会议通过)。准则就新形势下加强和规范党内政治生活作出全面部署，为严肃党内政治生活，净化党内政治生态提供了基本遵循。准则的主体部分从十二个方面对加强和规范党内政治生活提出明确要求、作出具体规定：1) 坚定理想信念；2) 坚持党的基本路线；3) 坚决维护党中央权威；4) 严明党的政治纪律；5) 保持党同人民群众的血肉联系；6) 坚持民主集中制原则；7) 发扬党内民主和保障党员权利；8) 坚持正确选人用人导向；9) 严格党的组织生活制度；10) 开展批评和自我批评；11) 加强对权力运行的制约和监督；12) 保持清正廉洁的政治本色。

(3)《中共中央政治局关于加强和维护党中央集中统一领导的若干规定》(2017 年 10 月 27 日中共中央政治局审议通过)。党中央集中统一领导是党的领导的最高原则，从根本上关乎党和国家前途命运、关乎人民根本利益。加强和维护党中央集中统一领导是全党共同的政治责任，而且首先是中央领导层的政治责任。该规定强调中央政治局要带头树牢“四个意识”，严格遵守党章和党内政治生活准则，全面落实党关于加强和维护党中央集中统一领导的各项要求，自觉在以习近平同志为核心的党中央集中统一领导下履行职责、开展工作，坚决维护习近平总书记作为党中央的核心、全党的核心地位。根据上述规定，中央政治局全体同志每年向党中央和习近平总书记书面述职一次。这已经成为加强和维护党中央集中统一领导的重要制度安排。

（4）《中国共产党重大事项请示报告条例》（2019 年 1 月 25 日中共中央政治局会议审议批准）。请示报告制度是我们党的一项重要政治纪律、组织纪律、工作纪律，是执行民主集中制的有效工作机制，对于坚决维护习近平总书记党中央的核心、全党的核心地位，坚决维护党中央权威和集中统一领导，保证全党团结统一和行动一致，具有重要意义。制定出台上述条例，有利于提高重大事项请示报告工作的制度化、规范化、科学化水平。

二、党的思想建设方面的法规

党的思想建设，是指党为保持创造力、凝聚力和战斗力而在思想理论方面所进行的一系列工作。思想建设是党的基础性建设，主要任务就是强化马克思主义理论武装，对党员进行党的基本理论、基本路线、基本方略的教育，保持全党在思想上、政治上、行动上的高度一致，保持党的先进性、纯洁性。革命理想高于天。共产主义远大理想和中国特色社会主义共同理想，是中国共产党人的精神支柱和政治灵魂，也是保持党的团结统一的思想基础。要把坚定理想信念作为党的思想建设的首要任务，教育引导全党牢记党的宗旨，挺起共产党人的精神脊梁，解决好世界观、人生观、价值观这个“总开关”问题，自觉做共产主义远大理想和中国特色社会主义共同理想的坚定信仰者和忠实实践者。党的思想建设方面的法规主要有以下几部。

（1）《中国共产党党校（行政学院）工作条例》（2019 年 9 月 24 日中共中央政治局会议审议批准，2019 年 10 月 25 日中共中央发布）。党校（行政学院）工作是党和国家事业的重要组成部分，重视发挥党校（行政学院）作用是党的优良传统和政治优势。该条例以习近平新时代中国特色社会主义思想为指导，是新时代党校（行政学院）工作的基本遵循。该条例的制定和实施，对于加强党对党校（行政学院）工作的领导，充分发挥党校（行政学院）干部培训、思想引领、理论建设、决策咨询作用，培养造就忠诚、干净、担当的高素质专业化干部队伍，具有重要意义。

（2）《中国共产党党委（党组）理论学习中心组学习规则》（2016 年 12 月 29 日中共中央政治局常务委员会会议审议批准，中共中央办公厅 2017 年 1 月 30 日印发）。党委（党组）理论学习中心组学习，是建设学习型、服务型、创新型的马克思主义执政党、提高党的执政能力和领导水平的重要途径，是中国共产党一个独特的政治优势。制定颁布该规则，是深化全面从严治党、坚持思想建党与制度治党相结合的重要举措，对于推动理论武装工作深入开展，提高领导干部的理论水平和工作能力，加强领导班子思想政治建设，具有十分重要的意义。

三、党的组织建设方面的法规

党的组织建设，涉及党的组织制度、党的中央组织、党的地方组织、党的基层组织、党的干部、党的纪律、党的纪律检查机关、党组等内容，主要包括民主集中制建设、党的基层组织建设、干部队伍建设和党员队伍建设等内容。组织建设是党的建设的重要基础。中国共产党立志于中华民族千秋伟业，百年恰是风华正茂。我们党要长期执政、永葆活力，团结带领全国各族人民沿着中国特色社会主义道路实现中华民族伟大复兴，最重要的是把党建设得更加坚强有力。新时代党的组织路线是：全面贯彻新时代中国特色社会主义思想，以组织体系建设为重点，着力培养忠诚干净担当的高素质干部，着力集聚爱国奉献的各方面优秀人才，坚持德才兼备、以德为先、任人唯贤，为坚持和加强党的全面领导、坚持和发展中国特色社会主义提供坚强组织保证。新时代党的组织路线为加强党的组织建设提供了科学遵循，为增强党的创造力、凝聚力、战斗力提供了重要保证。党要实现各个历史时期的政治任务，必须始终把加强党的组织建设摆在突出位置。

党的组织建设方面的法规主要有《党政领导干部选拔任用工作条例》《干部教育培训工作条例》《干部人事档案工作条例》《中国共产党党员教育管理工作条例》《中国共产党发展党员工作细则》《推进领导干部能上能下规定》《干部双重管理工作规定（试行）》《党政领导干部职务任期暂行规定》《党政领导干部交流工作规定》《党政领导干部任职回避暂行规定》《党政领导干部辞职暂行规定》《中共中央关于地方党委向地方国家机关推荐领导干部的若干规定》《县以上党和国家机关党员领导干部民主生活会若干规定》《中央企业领导人员管理规定》《中管金融企业领导人员管理暂行规定》《事业单位领导人员管理暂行规定》《公务员职务与职级并行规定》《专业技术类公务员管理规定（试行）》《行政执法类公务员管理规定（试行）》《聘任制公务员管理规定（试行）》等。

（1）《党政领导干部选拔任用工作条例》（2002 年 7 月 9 日中共中央印发，2013 年 12 月 30 日中共中央政治局会议修订，2019 年 1 月 25 日中共中央政治局会议审议修订，2019 年 3 月中共中央印发）。该条例是重要的党内法规，是干部选拔任用工作的基本遵循。修订该条例，对坚持和加强党的全面领导，坚持把政治标准放在首位，坚持精准科学选人用人，坚持将从严要求贯穿始终，吸收党的十八大以来我们党选人用人工作中探索形成的实践成果，衔接近年来出台的相关新政策新法规，回应干部工作中出现的一些新情况新问题，进一步推进干部选拔任用工作制度化、规范化、科学化，对于提高选人用人质量，建设忠诚、干净、担当的高素质专业化干部队伍，为新时代中国特色社会主义事业顺利发展提供坚强组织保证，具有重要意义。

(2)《干部教育培训工作条例》[2006 年 1 月 21 日中共中央印发《干部教育培训工作条例（试行)》；2015 年 9 月 10 日中共中央政治局常务委员会会议审议通过修订的《干部教育培训工作条例》，2015 年 10 月 14 日中共中央印发]。该条例体现了中央关于干部教育培训工作的新精神新要求，吸收了干部教育培训实践中创造的新经验新成果，根据新形势新任务对干部教育培训制度进行了改进完善，是做好干部教育培训工作的基本遵循。条例的颁布实施，对培养造就信念坚定、为民服务、勤政务实、敢于担当、清正廉洁的好干部，推进国家治理体系和治理能力现代化，具有十分重要的意义。

(3)《中国共产党党员教育管理工作条例》(2019 年 3 月 29 日中共中央政治局审议批准，2019 年 5 月 6 日中共中央印发)。党员教育管理是党的建设基础性经常性工作。党的十八大以来，以习近平同志为核心的党中央高度重视加强党员教育管理工作，推动形成全党从严从实抓党员教育管理的良好态势。前述条例以习近平新时代中国特色社会主义思想为指导，以党章为根本遵循，总结吸收实践创新成果，对党员教育管理的内容、方式、程序等作出规范，是新时代党员教育管理工作的基本遵循。该条例的制定和实施，对于提高党员队伍建设质量，激发党组织的生机活力，推动全面从严治党向纵深发展，夯实党长期执政基础，实现党伟大执政使命，具有十分重要的意义。

(4)《中国共产党发展党员工作细则》[1990 年 8 月 1 日中共中央组织部印发《中国共产党发展党员工作细则（试行)》，2014 年 5 月 28 日中共中央组织部印发修订的《中国共产党发展党员工作细则》]。党员是党的肌体的细胞和党的活动的主体，发展党员工作是党的建设一项经常性重要工作。修订后的细则体现了党要管党、从严治党方针，体现了实践探索的新经验，是做好新形势下发展党员工作的重要遵循。该细则的颁布实施，对于深入贯彻党中央关于党员队伍建设的新部署新要求，保证发展党员质量，建设一支规模适度、结构合理、素质优良、纪律严明、作用突出的党员队伍，具有十分重要的意义。

四、党的作风建设方面的法规

党的作风是党的形象，是观察党群干群关系、人心向背的晴雨表。党的作风正，人民的心气顺，党和人民就能同甘共苦。实践证明，只要真管真严、敢管敢严，党风建设就没有什么解决不了的问题。作风建设永远在路上。作风建设是党的建设的永恒主题，中国共产党的发展历程中，领导革命、建设和改革取得胜利和成就的经验中都贯穿着加强党的作风建设的实践，都把建设党的事业与建设良好的作风紧紧地联系在一起。作风建设的核心是保持党同人民群众的血肉联系，是以人民为中心价值取向对党自身提出的道德要求。党的十八大以来，党中央把“中央八项规定”作为加强作风建设的切入点、全面从严治党的突破口，率先垂范、身体力行，较真碰硬，善做善成，开创了全面从严治党新局面，推进中国特色社会主义进入新时代。

党的作风建设方面的法规主要有《十八届中央政治局关于改进工作作风、密切联系群众的八项规定》《党政机关厉行节约反对浪费条例》《党政机关国内公务接待管理规定》《党政机关办公用房管理办法》《党政机关公务用车管理办法》《节庆活动管理办法（试行）》《评比达标表彰活动管理办法》《关于严禁在历史建筑、公园等公共资源中设立私人会所的暂行规定》等。

（1）《十八届中央政治局关于改进工作作风、密切联系群众的八项规定》及其实施细则（2012 年 12 月 4 日中共中央政治局会议审议通过《十八届中央政治局关于改进工作作风、密切联系群众的八项规定》，2017 年 10 月 27 日中共中央政治局会议审议通过《中共中央政治局贯彻落实中央八项规定的实施细则》）。“中央八项规定”及其实施细则，坚持以上率下，深入整治形式主义、官僚主义、享乐主义和奢靡之风，彰显了以习近平同志为核心的党中央持之以恒正风肃纪的鲜明态度和坚定决心，向全党全社会释放了一刻不停歇推动作风建设向纵深发展的强烈信号，为党和国家事业开创新局面提供了坚强政治和作风保证。

（2）《党政机关厉行节约反对浪费条例》（中共中央、国务院 2013 年 11 月 18 日印发）。艰苦奋斗、勤俭节约是中华民族的传统美德，是我们党的优良作风，是党政机关清廉形象的重要体现。该条例对党政机关经费管理、国内差旅、因公临时出国（境）、公务接待、公务用车、会议活动、办公用房、资源节约等作出全面规范，对宣传教育、监督检查、责任追究等工作提出明确要求，是党的群众路线教育实践活动建章立制的重要成果，是一部厉行节约反对浪费的综合性、基础性党内法规，是党政机关做好节约工作、防止浪费行为的总依据和总遵循。条例的制定和实施，对于推进厉行节约，反对浪费工作制度化、规范化、程序化，从源头上狠刹奢侈浪费之风，具有十分重要的意义。

五、党的纪律建设方面的法规

党的纪律是党的各级组织和全体党员必须遵守的行为规则，是维护党的团结统一、完成党的任务的保证。党组织必须严格执行和维护党的纪律，共产党员必须自觉接受党的纪律的约束。党的纪律主要包括政治纪律、组织纪律、廉洁纪律、群众纪律、工作纪律、生活纪律。对党员的纪律处分有五种：警告、严重警告、撤销党内职务、留党察看、开除党籍。加强纪律建设是全面从严治党的治本之策。党要管党、从严治党，就是要靠严明纪律。我们党是用革命理想和铁的纪律组织起来的马克思主义政党，组织严密、纪律严明是党的优良传统和政治优势，也是我们的力量所在。纪律建设作为党的建设至关重要的组成部分，必须长期坚持且不断加强。坚持思想教育，提高纪律自觉。心中无党，行动必然无党；心中无纪律，行动必然无纪律。要守纪律，就要学纪律，强化思想认识和纪律意识，坚持抓早抓小，力求防微杜渐，抓早抓常、防患未然。加强党的纪律建设，树立牢固的纪律意识，在实践中严格按纪律、按规矩行事，关键是要构建一整套行之有效的运行机制，通过教育、制度、执行、监督、评价等机制的良性运行，推动党的纪律建设不断取得新成效。

党的纪律建设方面的法规主要有《中国共产党廉洁自律准则》《关于进一步制止党政机关和党政干部经商办企业的规定》《国有企业领导人员廉洁从业若干规定》《农村基层干部廉洁履行职责若干规定（试行）》《领导干部配偶、子女及其配偶经商办企业管理规定》等。其中，《中国共产党廉洁自律准则》重申党的理想信念宗旨、优良传统作风，展现了共产党人的高尚道德追求。强化重点领域、关键环节廉洁纪律要求。

（1）《中国共产党廉洁自律准则》（2015 年 10 月 12 日中共中央政治局审议通过）。准则紧扣廉洁自律主题，重申党的理想信念宗旨、优良传统作风，坚持正面倡导、重在立德，为党员和党员领导干部树立了看得见、摸得着的高标准，展现了共产党人的高尚道德情操。

（2）《领导干部配偶、子女及其配偶经商办企业管理规定》（2022 年 6 月中共中央办公厅印发）。加强对领导干部配偶、子女及其配偶经商办企业的管理，是全面从严治党、从严管理监督干部的重要举措。该规定贯彻落实新时代党的组织路线，总结实践经验，对领导干部配偶、子女及其配偶经商办企业管理的适用对象和情形、工作措施、纪律要求等作出明确规定，对于规范和制约权力运行，从源头上防范廉政风险，促进领导干部家风建设，具有重要意义。

六、管党治党主体责任方面的法规

做好中国的事情，关键在党，关键在党要管党、全面从严治党。全面推进从严治党，关键是要落实党委主体责任。全面从严治党是各级党组织的职责所在，各级党组织及其负责人都是责任主体，必须担负起全面从严治党的主体责任。落实党委主体责任，是党的政治使命决定的。建成富强、民主、文明、和谐、美丽的社会主义现代化强国，实现中华民族伟大复兴的中国梦，是党肩负的政治使命。中国共产党是中国特色社会主义事业的领导核心，党政军民学，东西南北中，党是领导一切的。在新的历史条件下，党面临着“四大考验”“四种危险”。全面从严治党关系党和国家生死存亡，关系着党的政治使命能否顺利实现。全面从严治党永远在路上，必须要抓住主体责任这个“牛鼻子”，真正把抓好党建作为“最大政绩”，确保主体责任落实到位。领导干部作为“关键少数”，既是全面从严治党的对象，也是全面从严治党的重要主体。各级党委（党组）和领导干部要自觉当好主体责任的践行者、引领者、推动者和示范者，不忘初心、牢记使命，砥砺奋进、扎实工作，以管党治党的实际成效营造风清气正的政治生态。管党治党主体责任方面的法规主要有《党委（党组）落实全面从严治党主体责任规定》《关于实行党风廉政建设责任制的规定》等，旨在以责任制强化和落实管党治党政治责任，推动全面从严治党向纵深发展。

（1）《党委（党组）落实全面从严治党主体责任规定》（2020 年 2 月 26 日中共中央政治局常委会会议审议批准，2020 年 3 月 9 日中共中央办公厅发布）。制定出台该规定，是党中央健全全面从严治党责任制度的重要举措。各地区各部门要切实抓好规定的学习贯彻，增强“两个维护”的政治自觉，强化守土有责、守土担责、守土尽责的政治担当，扭住责任制这个“牛鼻子”，抓住党委（党组）这个关键主体，不折不扣落实全面从严治党责任，不断提高履职尽责本领，努力提高战胜各种风险挑战能力，以全面从严治党新成效推进国家治理体系和治理能力现代化。

（2）《关于实行党风廉政建设责任制的规定》（1998 年 11 月 21 日中共中央、国务院印发，2010 年 11 月 10 日中共中央、国务院修订）。该规定是深入推进党风廉政建设和反腐败斗争的一项重要基础性法规，对于强化各级领导班子和领导干部抓反腐倡廉建设的政治责任，保证党中央、国务院关于党风廉政建设和反腐败斗争各项决策部署的贯彻落实，进一步提高管党治党水平，为推动科学发展、促进社会和谐提供有力的政治保障，具有十分重要的意义。

案例与思考 11－1

贺某在新冠肺炎疫情防控工作中搞形式主义、官僚主义问题案

贺某，中共党员，某县国有农场主要负责人。2020 年 2 月，该县为防控新冠肺炎疫情，给各单位配发了电子测温计、消毒物品等防疫物资，要求安排专人对进出人员和车辆逐一进行查证、测温和登记，对公共区域定期进行消杀，并向单位职工及时下发防疫物资。此后，贺某召开会议传达了相关要求，派人领取了防疫物资、制作了进出人员和车辆登记表，并安排 2 名同志在门岗处值守。贺某认为上述工作已经落实了疫情防控要求，遂不再过问具体落实情况，也未对疫情防控工作实际开展情况进行检查。2 月 20 日晚 7 时前后，该县纪委监委疫情防控监督检查组在实地检查中发现，该农场存在门岗处值守人员脱岗、未在门岗处配备电子测温计和消毒防疫物品、未按规定对人员和车辆进出情况进行检查登记、带班领导对疫情防控工作要求不了解等问题，随即要求进行整改。2 月 21 日，贺某在未认真核实整改情况也未进行集体研究的情况下，直接签批并向县纪委监委监督检查组报送了《整改报告》，称存在问题已全部整改到位。2 月 26 日下午 5 时前后，监督检查组再次进行实地检查，发现该农场仍然存在未对出入车辆和人员进行检查登记、电子测温计存放在储藏室、门岗处无人值守等问题，疫情防控工作存在严重隐患。5 月 16 日，该县纪委经审查，认定贺某作为农场主要负责人，对疫情防控工作仅作一般性安排，未及时督促抓好落实，工作浮在表面、流于形式，造成不良影响和严重隐患，应负主要领导责任，决定给予其党内警告处分。

思考题：形式主义、官僚主义对党和国家工作有什么危害？

案例与思考 11－2

王某组织公款吃喝并违规接受宴请案

王某，中共党员，某县住房和城乡建设局局长。2021 年 2 月 19 日晚，王某召集本单位 5 名干部在该县某酒店聚餐，要求按照人均 1 000 元的标准安排餐饮，所花费的 6 000 元以公车加油费、维护保养费等名目列入该局"三公"经费中予以报销。3 月 21 日晚，王某在该县房地产开发商张某经营的日本料理店接受宴请，享受每人定价 1 888 元的套餐。王某受到党内严重警告处分，被责令退赔公款吃喝费用 1 000 元，并被收缴接受可能影响公正执行公务的宴请费用 1 888 元。同时，参加公款吃喝的其他 5 名干部受到了批评教育，并被责令退赔相关费用 5 000 元。

思考题：为什么要将严肃处理违规吃喝问题作为纠"四风"、树新风的重点？

第三节 加强和完善党的自身建设法规制度

中国共产党要领导全国各族人民实现"两个一百年"奋斗目标、实现中华民族伟大复兴的中国梦，必须紧密围绕党的基本路线，坚持党要管党、全面从严治党，加强党的长期执政能力建设、先进性和纯洁性建设，以改革创新精神全面推进党的建设新的伟大工程，以党的政治建设为统领，全面推进党的政治建设、思想建设、组织建设、作风建设、纪律建设，把制度建设贯穿其中，深入推进反腐败斗争，全面提高党的建设科学化水平。坚持立党为公、执政为民，发扬党的优良传统和作风，不断提高党的领导水平和执政水平，提高拒腐防变和抵御风险的能力，不断增强自我净化、自我完善、自我革新、自我提高能力，不断增强党的阶级基础和扩大党的群众基础，不断提高党的创造力、凝聚力、战斗力，建设学习型、服务型、创新型的马克思主义执政党，使我们党始终走在时代前列，成为领导全国人民沿着中国特色社会主义道路不断前进的坚强核心。

加强和完善党的自身建设法规制度，旨在解决党的自身建设谁来建、建什么、怎么建等问题，目的是全面加强党的政治建设、思想建设、组织建设、作风建设、纪律建设，深入推进党风廉政建设和反腐败斗争，增强党的创造力、凝聚力、战斗力，为深化党的建设制度改革，提高党的建设科学化水平，保持党的先进性和纯洁性提供制度保障。习近平总书记明确指出，党委（党组）必须"把抓好党建作为最大的政绩"，党委和党委书记"抓好党建是本职，不抓党建是失职，抓不好党建就是不称职，党建出问题是渎职"①。在新的历史时期，我们要夺取具有许多新的历史特

① 习近平．在党的群众路线教育实践活动总结大会上的讲话．人民日报，2014－10－09．

点的伟大斗争的新胜利，需要党在一切领域、一切方面的坚强领导，需要 490 多万个党组织、9 600 多万名党员发挥战斗堡垒、先锋模范作用。党风决定政风，影响民风。不论是当下还是将来，加强党的自身建设，不断增强党自我净化、自我完善、自我革新、自我提高的能力，都是一个十分重要的政治命题。

本章小结

党的建设关系重大、牵动全局。推进中国特色社会主义事业“五位一体”总体布局，加强党的建设是有力保障；在“四个全面”战略布局中，全面从严治党居于关键。从战略和全局意义上来看，党的建设如何，关乎中国共产党的兴衰，关乎中华人民共和国的兴衰，关乎中华民族的兴衰。党的自身建设法规，是调整党的政治建设、思想建设、组织建设、作风建设、纪律建设以及管党治党主体责任等方面的党内法规。完善党的自身建设法规制度，旨在解决党的自身建设谁来建、建什么、怎么建等问题，目的是全面加强党的政治建设、思想建设、组织建设、作风建设、纪律建设，深入推进党风廉政建设和反腐败斗争，增强党的创造力、凝聚力、战斗力，为深化党的建设制度改革，提高党的建设科学化水平，保持党的先进性和纯洁性提供制度保障。

本章思考题

1. 全面推进党的建设新的伟大工程有什么重要意义？
2. 新时代党的建设总要求是什么？
3. 如何加强和完善党的自身建设？

第十二章
党的监督保障法规

习近平总书记重要论述

十八大以来，党中央突出强调政治纪律和政治规矩、组织纪律，深刻总结了一些严重违反政治纪律、危害党和国家政治安全的教训；我们又抓了落实中央八项规定精神，言出纪随，寸步不让，不要让人感觉到好像只是口上说说、纸上写写、墙上挂挂；另外我们又加大反腐惩恶力度，注意党纪与国法的有效衔接，形成反腐败合力；强化巡视监督，加大对领导干部报告个人有关事项抽查核实力度，我们还集中清理裸官、档案造假等问题。总的来讲，都是围绕着解决管党治党、执行纪律失之于宽、失之于松、失之于软这样的问题。这些丰富的实践为党内法规制度创新奠定了坚实基础。新修订的《中国共产党廉洁自律准则》和《中国共产党纪律处分条例》，把这些从严治党的实践成果总结提炼出来，转化为道德和纪律要求，应该说是实现了党内法规建设的与时俱进。

——2015年10月8日，习近平在十八届中央政治局常委会第一百一十九次会议关于审议中国共产党廉政准则、党纪处分条例修订稿时的讲话

课程思政

1. 通过学习了解党的自我革命的重要性和必要性，引导学生认识全面从严治党的重要作用，认识以伟大自我革命引领伟大社会革命的深刻内涵和重要意义。

2. 通过对党的监督法规的学习，引导学生了解党中央统一领导、党委（党组）全面监督、纪律检查机关专责监督、党的工作部门职能监督、党的基层组织日常监督、党员民主监督的党内监督体系，了解纪律监督、监察监督、派驻监督、巡视监督“四个全覆盖”格局，明确党内监督是我们党加强自身建设的永恒课题，是新时代全面从严治党的重要保障。

第一节　党的监督保障法规概述

中国共产党在领导人民进行伟大的社会革命的同时领导全党进行伟大的自我革命，实现自我净化、自我完善、自我革新、自我提高，这是中国共产党区别于其他政党的鲜明特征，是中国共产党长盛不衰的内在原因。中国共产党全面领导、长期执政，必须坚持和完善一套强化自我监督、实现自我净化的制度体系。权力是最大的腐蚀剂，自我监督是世界性难题；只有把自我监督的有效制度确立起来，构建起具有中国特色的监督体系，才能巩固党的执政地位，跳出历史周期率。党内不允许有不受制约的权力，也不允许有不受监督的特殊党员。腐败的本质是权力的出轨和越轨，反腐败必须强化监督、管住权力。当前，反腐败斗争取得压倒性胜利，但对形势的严峻性和复杂性一点也不能低估，腐败存量不少、增量仍在发生，滋生腐败的土壤和条件依然存在，必须以永远在路上的坚韧和执着，打好反腐败斗争持久战。坚持和完善党和国家监督体系，彰显党中央无禁区、全覆盖、零容忍的鲜明态度，有利于巩固严惩腐败的高压态势，强化不敢腐的震慑；有利于健全反腐败领导体制和工作机制，强化对作为“关键少数”的领导干部的监督，实现对所有党员、干部和行使公权力的公职人员监督全覆盖，以案促改、健全制度，扎牢不能腐的笼子；有利于统筹推进党性教育、法治教育和道德教育，让人从思想源头上消除贪腐之念，增强不想腐的自觉，通过不懈努力，换来海晏河清、朗朗乾坤。

坚持和完善党和国家监督体系，必须进一步完善纪律监督、监察监督、派驻监督、巡视监督“四个全覆盖”格局，做实监督全覆盖、增强监督有效性，不断释放全面从严、越来越严的强烈信号，以有力有效的监督提高发现和解决问题能力。严格执行党的监督保障制度，首先落实党内监督制度，健全党中央统一领导、党委（党组）全面监督、纪检监察机关专责监督、党的工作部门职能监督、党的基层组织日常监督、党员民主监督的党内监督体系，把党内监督同国家机关监督、民主监督、司法监督、群众监督、舆论监督贯通起来，特别要建立巡视巡察上下联动的监督网，使其作为党之利剑、国之重器的地位和作用不断彰显。

党的监督保障法规，是调整党的监督、激励、惩戒、保障等的党内法规，为党组织和党员干部履行好党和人民赋予的职责提供制度保障，内容上包括党内监督、考察考核、问责追责、表彰奖励、关怀帮扶、容错纠错、党员权利保障、制度建设保障、机关运行保障等方面的一系列党内法规。党内监督保障法规建设的目标就是要用制度构建起多主体参与、多手段并用、全方位发力，各级党组织和全体党员、干部全面纳入的监督体系。截至2021年7月1日，现行有效党的监督保障法规共1 370部，其中，中央党内法规77部，部委党内法规57部，地方党内法规1 236部。[①]

第二节　党的监督保障法规的主要内容

一、监督方面的法规

党内监督是各级党组织和广大党员依据党章和国家法律，对党员和党员干部，特别是各级领导干部的公务活动进行的监督，主要包括党组织的监督和党员相互间的监督。党内监督是我们党加强自身建设的永恒课题，也是新时代全面从严治党的重要保障。强化党内监督是全党的共同任务，也是一项复杂的系统工程，必须全党动手一起抓，任何党组织和党员都不能置身事外。《中国共产党党内监督条例》第9条规定："建立健全党中央统一领导，党委（党组）全面监督，纪律检查机关专责监督，党的工作部门职能监督，党的基层组织日常监督，党员民主监督的党内监督体系。"只有构建起各负其责、密切协调的党内监督体系，才能形成监督合力，增强监督实效，真正发挥党内监督的职能作用。

监督方面的法规主要有《中国共产党党内监督条例》《中国共产党巡视工作条例》《党政领导干部考核工作条例》《中国共产党纪律检查机关监督执纪工作规则》《纪检监察机关处理检举控告工作规则》《关于党员领导干部述职述廉的暂行规定》《关于对党员领导干部进行诫勉谈话和函询的暂行办法》《领导干部报告个人有关事项规定》《党政主要领导干部和国有企事业单位主要领导人员经济责任审计规定》《高质量发展综合绩效评价办法（试行）》等。

（1）《中国共产党党内监督条例》[2003年12月31日，中共中央印发《中国共产党党内监督条例（试行）》，2016年10月27日中国共产党第十八届中央委员会第六次全体会议审议通过修订后的《中国共产党党内监督条例》]。党内监督是党的建设的重要内容，也是全面从严治党的重要保障。党的十八届六中全会审议通过的《中国共产党党内监督条例》，对党内监督的指导思想、基本原则、监督主体、监督内容、监督对象、监督方式等重要问题作出规定，为新形势下强化党内监督提供了根本遵循。

① 中共中央办公厅法规局. 中国共产党党内法规体系. 人民日报，2021-08-04.

(2)《中国共产党巡视工作条例》[2009 年 7 月中共中央印发《中国共产党巡视工作条例(试行)》, 2015 年 8 月 3 日中共中央印发修订的《中国共产党巡视工作条例》, 2017 年 7 月 1 日中共中央印发修改的《中国共产党巡视工作条例》]。该条例是规范巡视工作、强化党内监督的重要基础性法规，对于落实全面从严治党、依规治党要求，贯彻中央巡视工作方针，深入推进党风廉政建设和反腐败斗争，加强党组织领导班子和干部队伍建设，推动党的先进性和纯洁性建设，具有十分重要的意义。

(3)《党政领导干部考核工作条例》[1998 年 5 月 26 日中共中央组织部印发《党政领导干部考核工作暂行规定》; 2009 年 7 月 16 日中共中央组织部印发《党政领导班子和领导干部年度考核办法(试行)》; 2019 年 2 月 22 日中共中央政治局会议审议批准《党政领导干部考核工作条例》, 2019 年 4 月中共中央办公厅印发]。干部考核是坚持和加强党的全面领导、推动党中央决策部署贯彻落实的重要举措，是激励干部担当作为、促进事业发展的重要抓手。该条例以习近平新时代中国特色社会主义思想为指导，落实新时代党的建设总要求和新时代党的组织路线，为做好新时代干部考核工作提供了基本遵循。该条例的颁布实施，对于进一步发挥干部考核的指挥棒、风向标、助推器作用，激励引导广大干部以更好的状态、更实的作风贯彻落实党中央决策部署，推动全党统一意志、统一行动、步调一致前进，具有重要意义。

二、奖惩方面的法规

奖励制度与惩戒制度，合称奖惩制度。奖励制度，指根据党员干部的现实表现和工作实绩对其进行物质上或精神上的鼓励，以调动其工作潜能和工作积极性的制度，是一种正激励机制。惩戒制度，指通过剥夺党员干部的权利和增加党员干部的义务，对违规违纪行为给予最大限度的防范和纠正的制度，是一种负激励机制。奖惩制度是双向的党员干部工作评价体系，从正反两个方面保证党内政治生活的良性运行。奖惩方面的法规主要有《中国共产党党内功勋荣誉表彰条例》《国家功勋荣誉表彰条例》《中国共产党党内关怀帮扶办法》《中国共产党问责条例》《关于实行党政领导干部问责的暂行规定》《中国共产党纪律处分条例》《中国共产党组织处理规定》《干部选拔任用工作监督检查和责任追究办法》《领导干部干预司法活动、插手具体案件处理的记录、通报和责任追究规定》等。

(1)《中国共产党党内功勋荣誉表彰条例》(2017 年 7 月中共中央批准实施，自 2017 年 8 月 8 日起施行)。建立健全党和国家功勋荣誉表彰制度，是完善和发展中国特色社会主义制度、推进国家治理体系和治理能力现代化的必然要求，是培育和弘扬社会主义核心价值观、增强中国特色社会主义事业凝聚力和感召力的重要手段。该条例的通过标志着功勋荣誉表彰制度体系的“四梁八柱”已经搭建形成，统一、规范、权威的中国特色功勋荣誉表彰制度已经确立，这项工作的规范化、制度化，对激发全党全国各族人民建设富强、民主、文明、和谐、美丽的社会主义现代化国家的积极性，实现中华民族伟大复兴中国梦，具有重大意义。

（2）《中国共产党纪律处分条例》[1997 年 2 月中共中央印发《中国共产党纪律处分条例（试行)》，2003 年 12 月 31 日中共中央颁布了《中国共产党纪律处分条例》，2015 年 10 月 12 日中共中央政治局审议通过新修订的《中国共产党纪律处分条例》并予以印发，2018 年 7 月 31 日中共中央政治局会议审议通过修订后的《中国共产党纪律处分条例》，2018 年 8 月 26 日中共中央印发]。该条例坚持依规治党与以德治党相结合，围绕党纪戒尺要求，开列负面清单，重在立规，是对党章规定的具体化，划出了党组织和党员不可触碰的底线，对于贯彻全面从严治党要求，把纪律和规矩挺在前面，切实维护党章和其他党内法规的权威性、严肃性，保证党的路线、方针、政策、决议和国家法律法规的贯彻执行，深入推进党风廉政建设和反腐败斗争，具有十分重要的意义。

（3）《中国共产党问责条例》（2016 年 6 月 28 日中共中央政治局会议审议通过，2019 年 9 月 4 日中共中央修订后印发）。该条例以党章为根本遵循，深入贯彻习近平新时代中国特色社会主义思想，聚焦全面从严治党，突出管党治党政治责任，着力解决一些党的领导弱化、党的建设缺失、全面从严治党不力，党的观念淡漠、组织涣散、纪律松弛、不担当、不负责等突出问题，体现了党的十八大以来管党治党理论和实践创新成果，是全面从严治党重要的制度遵循，对于统筹推进“五位一体”总体布局和协调推进“四个全面”战略布局，实现党的历史使命，具有十分重要的意义。

（4）《中国共产党党内关怀帮扶办法》（2019 年 2 月 2 日中共中央办公厅印发）。注重党内关怀帮扶是我们党的政治优势和优良传统。该办法以习近平新时代中国特色社会主义思想为指导，继承发扬党的优良传统，总结提炼基层有效做法，把“政治上激励、工作上支持、待遇上保障、心理上关怀”的要求具体化，是新时代加强党内关怀帮扶的重要遵循。

（5）《中国共产党组织处理规定（试行)》。（2021 年 2 月 23 日中共中央政治局常委会会议审议批准，2021 年 3 月 19 日中共中央办公厅发布）。组织处理是教育干部、管理干部的必备手段，是全面从严治党的重要措施。该规定是做好组织处理工作的重要遵循，对指导和规范组织处理工作，推进组织处理与纪律处分、法律责任追究有机衔接，构建更加完备的干部管理监督制度体系，具有重要意义。

三、保障方面的法规

党的十八大以来，党中央高度重视发扬党内民主、保障党员权利，强调要尊重党员主体地位、激发党员参与党内事务的热情，党内民主制度体系不断健全，推动党员权利保障工作取得重要成效。党的保障方面的法规，全面总结党的十八大以来全面从严治党、依规治党的宝贵经验，把党内法规工作中的规律性认识和行之有效做法提炼为制度规定，并着眼新的形势和任务要求完善体制机制，创新制度安排，强化制度保障。

保障方面的法规主要有《中国共产党党员权利保障条例》《中国共产党党务公开条例（试行）》《中国共产党党内法规制定条例》《中国共产党党内法规和规范性文件备案审查规定》《中国共产党党内法规执行责任制规定（试行）》《中国共产党党内法规解释工作规定》《党政机关公文处理工作条例》《机关档案工作条例》《中央文件制定工作规定》《电子文件管理暂行办法》等。

（1）《中国共产党党员权利保障条例》（2004 年 9 月 9 日中共中央政治局常委会会议审议批准，2004 年 9 月 22 日中共中央发布；2020 年 11 月 30 日中共中央政治局会议修订，2020 年 12 月 25 日中共中央发布）。修订后的条例，坚持以习近平新时代中国特色社会主义思想为指导，以党章为根本遵循，落实新时代党的建设总要求，明确党员权利保障的原则和总体要求，细化党章规定的党员权利，完善保障措施，压实党组织、领导干部的职责任务，保障党员正确行使权利，对于充分体现我们党的领导制度优势，发挥党员主体作用，把全体党员更加紧密地团结在党中央周围，为全面建设社会主义现代化国家、实现中华民族伟大复兴的中国梦共同奋斗，具有重要意义。

（2）《中国共产党党务公开条例（试行）》［2017 年 11 月 30 日中共中央政治局会议审议通过《中国共产党党务公开条例（试行）》］。推进党务公开，是坚定不移全面从严治党，提高党的执政能力和领导水平的重大举措，对于发展党内民主，加强党内监督，充分调动全党积极性、主动性、创造性，对于推进社会主义民主政治建设，动员组织人民群众形成最大的同心圆和凝聚力，更好贯彻落实党的理论和路线方针政策，具有重要意义。该条例的制定出台，为做好党务公开工作提供了基本遵循，标志着党务公开工作全面走上制度化、规范化、程序化轨道。

(3)《中国共产党党内法规制定条例》(2012 年 5 月 26 日中共中央批准并发布，2019 年 8 月 30 日中共中央政治局会议修订)。该条例的修订颁布，不仅对于提高党内法规制定质量和执行力度，推进党的建设制度化、规范化、程序化，提升党的建设的科学化水平具有重要意义，而且对于依法治国，建设社会主义法治国家同样具有重要意义，必将有力推进新时代党内法规制度建设。

案例与思考 12-1

某区纪委监委环保问责简单化、泛化案

2021 年 1 月，某省生态环境保护督察组（以下简称督察组）在 A 市开展环保督察期间，该市 B 区纪委监委根据督察组移交的问题线索，在未按程序报请区委主要负责人批准的情况下，对 A 市生态环境局 B 分局（系 B 区政府组成部门）党组书记、局长张某等人启动问责调查，共处置问题线索 20 批 90 件，问责 88 人次。其中，B 区纪委监委认定：张某对督察组移交、群众反映的 2020 年 5 月以来某企业污水扰民、某餐馆油烟污染、某店铺严重噪声污染等问题整治不力，应负领导责任，决定以谈话方式给予其诫勉问责；A 市生态环境局 B 分局时任党组成员、副局长王某分管上述工作，应负领导责任，在 1 个月内因上述同类事由先后给予其 6 次问责（通报问责 3 次、书面诫勉问责 1 次、党内警告处分 1 次、免职问责 1 次）；对于 2020 年 3 月以来一直在外脱产学习、未实际协管上述工作的三级主任科员郑某、李某和四级主任科员邓某，仅依据各自岗位职责，决定给予该 3 人党内严重警告、政务记大过处分。B 区纪委监委在给予上述人员处理、处分前，未形成事实材料与其见面核对并听取其陈述和申辩。此后，省委巡视组在有关专项巡视中发现上述问责存在简单化、泛化，未履行处理、处分所依据的事实材料及应当同本人见面等的程序问题，将其移交 A 市纪委监委处理。A 市纪委监委按程序核查后，责令 B 区纪委监委及时依规依纪依法予以纠正。

思考题：在执纪执法工作中，如何规范精准问责，防止出现问责泛化、简单化问题？

案例与思考 12-2

实现党的历史上首次一届任期内中央巡视全覆盖

2017 年 6 月 21 日，随着中央纪委监察部网站公布十八届中央第十二轮巡视的 15 所中管高校的反馈情况，该轮巡视的反馈情况全部向社会公布。这标志着党的十八大以来，中央巡视如期完成对省区市地方、中央和国家机关、国有重要骨干企业、中央金融单位和中管高校的巡视全覆盖，实现了党的历史上首次一届任期内中央巡视全覆盖。从 2013 年 5 月第一轮巡视拉开帷幕，十二轮总共巡视了 277 个单位党组织，对 16 个省区市开展“回头看”，对 4 个单位开展了“机动式”巡视，累计巡视党组织 297 次。

思考题： 如何认识巡视监督在党的监督体系中的地位和作用？

第三节　加强和完善党的监督保障法规制度

完善党和国家监督体系，涉及各级各类监督主体、监督制度，是一项艰巨复杂的系统工程，必须以习近平新时代中国特色社会主义思想为指导，把思想和行动统一到党中央决策上来，坚持稳中求进、统筹推进，不断增强监督的严肃性、协同性、有效性。党的执政地位决定了党内监督在党和国家监督体系中是最基本的、第一位的，党内监督有力有效，其他监督才能发挥作用。完善党的监督保障法规制度，旨在通过完善党内监督、考察考核、问责追责、表彰奖励、关怀帮扶、容错纠错、党员权利保障、制度建设保障、机关运行保障等方面的一系列党内法规，切实规范对党组织工作、活动和党员行为的监督、考核、奖惩、保障等，确保行使好党和人民赋予的权力。强化党内监督，是党的先进性和纯洁性、组织性和纪律性、革命性和战斗性的根本体现，是依规治党、全面从严治党的战略支撑，是党永葆生机活力的重要法宝。全党要坚持把监督摆在落实党内法规的重要位置，不断优化党内监督的体制机制，持续发挥监督的积极作用，努力提高党内法规的执行效力和威力，推进全面从严治党纵深发展。

党的十九届四中全会提出，要坚持和完善党和国家监督体系，强化对权力运行的制约和监督。党和国家监督体系是党在长期执政条件下实现自我净化、自我完善、自我革新、自我提高的重要制度保障，必须健全党统一领导、全面覆盖、权威高效的监督体系，增强监督的严肃性、协同性、有效性，形成决策科学、执行坚决、监督有力的权力运行机制，确保党和人民赋予的权力始终用来为人民谋幸福。

（1）健全党和国家监督制度。完善党内监督体系，落实各级党组织监督责任，保障党员监督权利。重点加强对高级干部、各级主要领导干部的监督，完善领导班子内部监督制度，破解对“一把手”监督和同级监督难题。强化政治监督，加强对党的理论和路线方针政策以及重大决策部署贯彻落实情况的监督检查，完善巡视巡察整改、督察落实情况报告制度。深化纪检监察体制改革，加强上级纪委监委对下级纪委监委的领导，推进纪检监察工作规范化、法治化。完善派驻监督体制机制。推进纪律监督、监察监督、派驻监督、巡视监督统筹衔接，健全人大监督、民主监督、行政监督、司法监督、群众监督、舆论监督制度，发挥审计监督、统计监督职能作用。以党内监督为主导，推动各类监督有机贯通、相互协调。

（2）完善权力配置和运行制约机制。坚持权责法定，健全分事行权、分岗设权、分级授权、定期轮岗制度，明晰权力边界，规范工作流程，强化权力制约。坚持权责透明，推动用权公开，完善党务、政务、司法和各领域办事公开制度，建立权力运行可查询、可追溯的反馈机制。坚持权责统一，盯紧权力运行各个环节，完善发现问题、纠正偏差、精准问责有效机制，压减权力设租寻租空间。

（3）一体推进不敢腐、不能腐、不想腐。坚定不移推进反腐败斗争，坚决查处政治问题和经济问题交织的腐败案件，坚决斩断“围猎”和甘于被“围猎”的利益链，坚决破除权钱交易的关系网。深化标本兼治，推动审批监管、执法司法、工程建设、资源开发、金融信贷、公共资源交易、公共财政支出等重点领域监督机制改革和制度建设，推进反腐败国家立法，促进反腐败国际合作，加强思想道德和党纪国法教育，巩固和发展反腐败斗争压倒性胜利。①

本章小结

中国共产党在领导人民进行伟大的社会革命的同时领导全党进行伟大的自我革命，实现自我净化、自我完善、自我革新、自我提高，这是中国共产党区别于其他政党的鲜明特征，是中国共产党长盛不衰的内在原因。坚持和完善党和国家监督体系，必须进一步完善纪律监督、监察监督、派驻监督、巡视监督“四个全覆盖”格局，做实监督全覆盖、增强监督有效性，不断释放全面从严、越来越严的强烈信号，以有力有效的监督提高发现和解决问题能力。党的监督保障法规，是调整党的监督、

① 中共中央关于坚持和完善中国特色社会主义制度 推进国家治理体系和治理能力现代化若干重大问题的决定. 人民日报，2019-11-06.

激励、惩戒、保障等的党内法规，为保证党组织和党员干部履行好党和人民赋予的职责提供制度保障，内容上包括党内监督、考察考核、问责追责、表彰奖励、关怀帮扶、容错纠错、党员权利保障、制度建设保障、机关运行保障等方面的一系列党内法规。要坚持和完善党和国家监督体系，强化对权力运行的制约和监督。党和国家监督体系是党在长期执政条件下实现自我净化、自我完善、自我革新、自我提高的重要制度保障，必须健全党统一领导、全面覆盖、权威高效的监督体系，增强监督严肃性、协同性、有效性，形成决策科学、执行坚决、监督有力的权力运行机制，确保党和人民赋予的权力始终用来为人民谋幸福。

本章思考题

1. 如何理解中国共产党在领导人民进行伟大的社会革命的同时领导全党进行伟大的自我革命？

2. 如何进一步完善党和国家监督体系？

3. 为什么要一体推进不敢腐、不能腐、不想腐？

4. 如何理解“信任不能代替监督”？

第十三章 党内法规制定

习近平总书记重要论述

健全完善制度，以党章为根本遵循，本着于法周延、于事有效的原则，制定新的法规制度，完善已有的法规制度，废止不适应的法规制度，健全党内规则体系，扎紧党纪党规的笼子。

——2016 年 1 月 12 日，习近平在第十八届中央纪律检查委员会第六次全体会议上的讲话

课程思政

1. 通过对党内法规的制定、修改、解释和清理等工作和活动的学习，了解良法是善治之前提，加深对党内法规的于法周延、于事有效的制定原则的认识和理解。

2. 通过对党章修改和党内法规修改的学习，了解党章、党内法规修改的必要性和重要性，了解法治规范必须适应经济社会发展的基本原理。

第一节 党内法规制定

党内法规制定是党内法规制度建设的逻辑起点，是形成完善的党内法规体系的关键环节，是推进依规治党、制度治党的前提基础。[①] 加强党内法规制定工作，有利于推进中国共产党科学执政、民主执政、依法执政，有利于推进党内法规制度建设的规范进行，有利于提升党内法规制定的前瞻性、民主性和科学性，有利于保障党内法规的权威性、严肃性和执行力。

---

① 党内法规制定的概念有广义和狭义之分：广义上的党内法规制定是指具有党内法规制定权的主体开展的党内法规制定、修改、解释和清理等工作和活动；狭义上的党内法规制定仅指党内法规的制定环节。本章基本采用广义上的概念，本章第一节采用的则是狭义上的概念。

一、党内法规制定的总体要求

立法是全面依法治国的前提和基础，立法质量直接关系到法治的质量，要以良法促进发展、保障善治。当前，我国全面深化改革已进入攻坚期和深水区，推进深化改革必然要涉及一些重大利益关系的调整，必然要涉及牵动全局的敏感问题和重大问题。因此，必须在法治下推进改革、在改革中完善法治，不断提升立法质量，积极发挥立法引导、推动、规范、保障改革的作用，做到重大改革于法有据。国家法律如此，党内法规也应当如此。

质量是法规制度的生命，质量高低直接关系到实施效果。制定法规制度必须牢牢抓住质量这个关键，保证每项法规制度都立得住、行得通、管得了。中国共产党一直重视党内法规制定质量问题，早在 1990 年 7 月 31 日，中共中央就印发了《中国共产党党内法规制定程序暂行条例》，在其立法目的中开宗明义地明确提出，“为使党内法规制定程序科学化、规范化，提高工作效率，保证党内法规质量，根据《中国共产党章程》和党的建设的实践经验，制定本条例”，并在正文中对有关制定党内法规的规划、起草、审定、发布、解释等程序进行了明确规定，在当时对提高党内法规制定质量、规范党内法规制定程序起到了重要而积极的作用。

党的十八大之后，中共中央对党内法规制定工作高度重视，作出了一系列重大决策部署，推动了党内法规工作取得了一系列重大进展。2013 年 11 月中共中央公布了《中央党内法规制定工作五年规划纲要（2013—2017 年）》，为之后五年的中央党内法规制定工作明确了“时间表”、“路线图”和“任务书”。该规划纲要确定了党内立法的三个基本原则：一是按照分级立法的原则，由中央办公厅会同有关部门制定规划和计划，中央纪委、党中央工作机关根据自己的职责权限，按照一定的程序对党员和党组织的行为作出规范，并适时予以公布，使各级党组织和广大党员有规可依。二是按照开门立法的原则，鼓励党员甚至党外群众有序参与到党内立法工作中来，鼓励和尊重专家学者对党内立法提出咨询意见和政策建议，一些党内法规的初稿和征求意见稿可以通过媒体、网络予以公布，广泛听取党员群众的意见，做到民主立法、科学立法、依法立法。三是按照党内法规和国家法律相衔接整合的原则，将基层一些成熟的做法和经验上升为政策；将成熟的并带有普遍适用性的政策上升为党内法规，条件成熟时，可以将党内法规经过法定程序由国家立法机关制定成为国家法律。

2019 年 8 月 30 日中共中央政治局会议修订了《中国共产党党内法规制定条例》《中国共产党党内法规和规范性文件备案规定》。这两部党内法规被称为党内“立法法”，对推动以党内法规建设为核心环节的党的制度建设，提升党的建设的科学化水平，丰富拓展执政党建设的新路子，具有重要意义。这两部党内法规的修订公布，进一步表明中共中央高度重视党内法规建设，希望通过规范党内法规的制定、审查、备案和清理活动，来促进从严治党，推进科学执政、民主执政、依法执政，有利于推进党内法规制度建设的规范进行，有利于提升党内法规制定的前瞻性、民主性和科学性，有利于保障党内法规的权威性、严肃性和执行力。

二、党内法规制定的主体权限

党内法规制定工作由党中央集中统一领导，日常工作由中共中央书记处负责。中共中央办公厅承担党内法规制定的统筹协调和督促指导工作。

（一）党内法规制定主体

党内法规是党的中央组织，中央纪律检查委员会以及党中央工作机关和省、自治区、直辖市党委制定的体现党的统一意志、规范党的领导和党的建设活动、依靠党的纪律保证实施的专门规章制度。由党内法规的概念可以看出制定党内法规主要有三类主体，分别为：

（1）党的中央组织。主要包括党的全国代表大会、党的中央委员会、中央政治局及其常务委员会等。

（2）中央纪律检查委员会以及党中央工作机关。主要包括中共中央纪律检查委员会机关、中共中央办公厅、中共中央组织部、中共中央宣传部、中共中央统战部、中共中央对外联络部、中共中央政法委员会机关、中共中央和国家机关工作委员会等。

（3）省、自治区、直辖市党委。在地方党内法规的制定中，除省、自治区、直辖市党委可以就其职权范围内有关事项制定党内法规外，需要特别注意的是，2016年12月13日中共中央印发的《关于加强党内法规制度建设的意见》提出，探索赋予副省级城市和省会城市党委在基层党建、作风建设等方面的党内法规制定权。据此，2017年5月党中央决定在沈阳、福州、青岛、武汉、深圳、南宁、兰州等7个副省级城市和省会城市开展党内法规制定试点工作，为期1年。各试点城市将围绕基层党建、作风建设，率先探索制定出台符合地方实际、可操作性强、务实管用的党内法规，为推动全面从严治党向基层延伸提供制度支撑，为全国提供可复制可推广的经验。据此可以推论，将来党内法规的制定主体也有可能会进一步扩大到副省级城市和省会城市党委，从而将其增列为新的党内法规制定主体。

（二）党内法规制定权限

党内法规的作用在于规范党的领导和党的建设活动，调整党组织和党员的行为和活动。因而，制定党内法规，主要就以下事项作出规定：（1）党的各级各类组织的产生、组成、职权职责；（2）党的领导和党的建设的体制机制、标准要求、方式方法；（3）党组织工作、活动和党员行为的监督、考核、奖惩、保障；（4）党的干部的选拔、教育、管理、监督。同时，根据立法保留原则的基本精神，凡是涉及创设党组织职权职责、党员义务权利、党的纪律处分和组织处理的，只能由党内法规作出规定。

不同层级的党内法规规定不同的调整事项，不同制定主体也具有不同的制定权限。

（1）党的中央组织的党内法规制定权限。党的中央组织就下列事项制定中央党内法规：1）党的性质和宗旨、路线和纲领、指导思想和奋斗目标；2）党的各级各类组织的产生、组成和职权职责的基本制度；3）党员义务权利方面的基本制度；4）党的领导和党的建设各方面的基本制度；5）涉及党的重大问题的事项；6）党的纪律处分和组织处理方面的基本制度；7）其他应当由中央党内法规规定的事项。上述这七项内容，都是涉及党的性质和本质的根本性问题，涉及党组织和党员的义务和权利的重要性内容，涉及党的领导和党的建设的制度性问题，所以都应当由党中央组织统一规定，而不能由党的各工作机关和地方组织各自为政。为了进一步强化中央党内法规的效力和权威，《中国共产党党内法规制定条例》第 9 条第 2 款还专门规定："凡是涉及党中央集中统一领导的事项，只能由中央党内法规作出规定。"

（2）中央纪律检查委员会以及党中央工作机关的党内法规制定权限。中央纪律检查委员会以及党中央工作机关就其职权范围内有关事项制定党内法规：1）为贯彻执行中央党内法规作出配套规定；2）履行党章和中央党内法规规定的党的工作相关职责。除此之外，为了更好地履行管党治党职责，对确有必要的，经党中央批准，有关中央国家机关部门党委可以就特定事项制定党内法规。

（3）省、自治区、直辖市党委的党内法规制定权限。省、自治区、直辖市党委就其职权范围内有关事项制定党内法规：1）为贯彻执行中央党内法规作出配套规定；2）履行党章和中央党内法规规定的领导本地区经济社会发展和负责本地区党的建设相关职责。

（三）党内法规制定的特殊情形

（1）授权制定。根据党中央授权，就应当制定中央党内法规的有关事项，中央纪律检查委员会以及党中央工作机关和省、自治区、直辖市党委可以先行制定党内法规，待条件成熟时再制定中央党内法规。根据党中央授权制定党内法规的，制定机关应当严格遵循授权要求，及时向党中央请示报告有关重大事项，经报党中央批准后方可发布。

（2）联合制定。涉及两个以上部委职权范围的事项，有关部委应当联合制定党内法规或者提请党中央制定中央党内法规。制定党内法规涉及政府职权范围事项的，可以由党政机关联合制定。

（3）配套制定。上位党内法规明确要求制定配套党内法规的，应当及时制定；没有要求的，一般不再制定。制定配套党内法规，不得超出上位党内法规规定的范围，作出的规定应当明确、具体，具有针对性、可操作性。除非有必要情况，对上位党内法规已经明确规定的内容不作重复性规定。在配套制定工作中，凡是中央党内法规制度提出明确要求的，都要及时制定细化具体、针对性和可操作性强的配套法规制度，但不能简单照抄照转，确保中央党内法规落地生根。同时，对中央党内法规暂未明确规定的事项，可以在符合中央精神前提下，按照职责权限大胆探索、先行先试，积极进行制度创新，为制定中央党内法规制度积累实践经验。

三、党内法规制定的基本程序

《中国共产党党内法规制定条例》及《中国共产党党内法规和规范性文件备案规定》不仅是完善党内法规制定体制机制的重要制度，还是提高党内法规制定质量的重要抓手。与1990年的《中国共产党党内法规制定程序暂行条例》相比，2012年、2019年两次修订的《中国共产党党内法规制定条例》，都将原条例名称中的“程序”二字删去，这表明新的修订不仅仅是对党内法规制定程序方面的修补完善，同时还增加了对党内法规制定工作的实体性要求，特别是对党内法规制定权限作出了专门规定，明确了哪些事项只能由党的中央组织制定，哪些事项可以由中央纪委、党中央工作机关或省、自治区、直辖市党委制定，有利于从根本上避免或减少无权制定、越权制定、重复制定等无序制定现象，确保党内法规制度体系的统一性和权威性。

1. 党内法规制定工作的规划与计划

党内法规制定工作的规划与计划是制定党内法规的基本依据，因此，制定党内法规应当统筹进行，科学编制党内法规制定工作五年规划和年度计划，突出重点、整体推进，构建内容科学、程序严密、配套完备、运行有效的党内法规体系。关于党内法规制定工作规划和计划，在执行过程中可以根据实际情况进行调整。

根据党内法规效力层级的不同，党内法规制定工作的规划与计划也有所不同。其中，中央党内法规制定工作五年规划，由中央办公厅对中央纪律检查委员会以及党中央工作机关和省、自治区、直辖市党委提出的制定建议进行汇总，并广泛征求意见后拟订，经中央书记处办公会议讨论，报党中央审定。中央党内法规制定工作年度计划，由中央办公厅对中央纪律检查委员会以及党中央工作机关每年年底前提出的下一年度制定建议进行汇总后拟订，报党中央审批；而中央纪律检查委员会以及党中央工作机关和省、自治区、直辖市党委可以根据职权和实际需要，编制本系统、本地区党内法规制定工作规划和计划。中央纪律检查委员会以及党中央工作机关和省、自治区、直辖市党委提出的中央党内法规制定建议，应当包括党内法规名称、制定必要性、报送时间、起草单位等。

2. 党内法规的起草程序

党内法规的起草程序主要包括党内法规的起草主体、草案内容、起草要求等内容。

第一，不同层级的党内法规有不同的草案起草主体。中央党内法规按其内容一般由中央纪律检查委员会以及中央有关部门等起草，综合性党内法规由中央办公厅协调中央纪律检查委员会以及中央有关部门等起草或者成立专门起草小组起草。特别重要的中央党内法规由党中央组织起草。中央纪律检查委员会以及党中央工作机关和省、自治区、直辖市党委制定的党内法规，由其自行组织起草。

第二，党内法规草案的内容有明确的程序性要求，一般应当包括下列内容：(1) 名称；(2) 制定目的和依据；(3) 适用范围；(4) 具体规范；(5) 解释机关；(6) 施行日期等。

第三，党内法规的起草应当坚持“于法周延、于事简便”的制定原则，符合“方向正确，内容明确，逻辑严密，表述准确、规范、简洁，具有可操作性”的起草要求。具体要求有以下几个方面。

一是深入调查研究。为了确保党内法规草案的科学性和实践指导性，起草党内法规的部门和单位在起草党内法规的过程中，应当深入调查研究，全面掌握实际情况，认真总结历史经验和新的实践经验，充分了解各级党组织和广大党员的意见和建议。必要时，调查研究可以吸收党委及其工作机关法律顾问和有关专家学者参加，或者委托专门机构开展。起草党内法规的部门和单位，应当就涉及其他部门和单位工作范围的事项，同有关部门和单位协商一致。经协商未能取得一致意见的，应当在报送党内法规草案时对有关情况作出说明。

二是与现行党内法规相衔接。起草党内法规，应当与现行党内法规相衔接。对同一事项，如果需要作出与现行党内法规不一致的规定，应当在草案中作出废止或者如何适用现行党内法规的规定，并在报送草案时说明情况和理由。

三是广泛征求意见。党内法规草案形成后，应当广泛征求意见。征求意见范围根据党内法规草案的具体内容确定，必要时在全党范围内征求意见。征求意见时应当注意听取党代表大会代表和基层党员、干部以及有关专家学者的意见。制定与群众切身利益密切相关的党内法规草案的，应当充分听取群众意见。征求意见可以采取书面形式，也可以采取座谈会、论证会、网上征询等形式。

四是同时报送草案制定说明。起草部门和单位向审议批准机关报送党内法规草案，应当同时报送草案制定说明。制定说明应当包括制定党内法规的必要性、主要内容、征求意见情况、同有关部门和单位协商情况等。

3. 党内法规的审批与发布程序

党内法规的审批与发布程序是党内法规制定程序的核心环节和关键要素，决定着党内法规制定质量的高低。

第一，党内法规的审议批准主体及其权限。

根据党内法规的起草主体和起草内容的不同，党内法规的审议批准主体也有所不同。总的来看，准则草案一般由中央委员会全体会议审议批准；条例草案一般由中央政治局会议审议批准；规则、规定、办法、细则草案一般由中央政治局常委会会议审议批准；对调整范围单一或者配套性规则、规定、办法、细则草案，可以采取传批方式，由中央办公厅报党中央审批。

在实践中，党内法规的审议批准，一般按照下列程序进行：（1）涉及党的中央组织、中央纪律检查委员会产生、组成和职权的党内法规，以及涉及党的重大问题的党内法规，由党的全国代表大会审议批准；（2）涉及党的地方组织和基层组织产生、组成和职权的党内法规，涉及党员义务和权利方面基本制度的党内法规，以及涉及党的各方面工作基本制度的党内法规，由党的中央委员会全体会议、中央政治局会议或者中央政治局常务委员会会议审议批准；（3）应当由中央发布的其他党内法规，根据情况由中央政治局常务委员会会议审议批准，或者按规定程序报送批准；（4）中央纪律检查委员会以及党中央工作机关制定的党内法规草案，由其领导机构会议审议批准；（5）省、自治区、直辖市党委制定的党内法规草案，由党委全体会议或者常委会会议审议批准。

第二，党内法规的主要审核内容。

审议批准机关收到党内法规草案后，交由所属法规工作机构进行前置审核。前置审核主要审核下列内容：（1）是否符合增强“四个意识”、坚定“四个自信”、做到“两个维护”等政治要求；（2）是否同党章、党的理论和路线方针政策相抵触；（3）是否同宪法和法律不一致；（4）是否同上位党内法规和规范性文件相抵触；（5）是否与其他同位党内法规和规范性文件对同一事项的规定相冲突；（6）是否就涉及的重大问题与有关部门和单位协商；(7) 是否存在谋求部门利益和地方保护问题；(8) 是否符合制定权限、程序以及规范表述要求。

对存在问题的党内法规草案，法规工作机构经批准可以向起草部门和单位提出修改意见。如起草部门和单位不采纳修改意见，法规工作机构可以向审议批准机关提出修改、缓办或者退回的建议。

第三，审议批准后的发布程序。

经审议批准的党内法规草案，由法规工作机构审核并按照程序报批后发布。中央党内法规采用中央文件形式发布。中央纪律检查委员会制定的党内法规采用中央纪律检查委员会文件形式发布。党中央工作机关制定的党内法规采用党中央工作机关文件形式发布。省、自治区、直辖市党委制定的党内法规采用党委文件或者党委办公厅文件形式发布。发布时，党内法规标题应当添加题注，载明制定机关、通过日期、发布日期。

需要注意的是，现行《中国共产党党内法规制定条例》第 29 条第 3 款规定，"党内法规除涉及党和国家秘密不得公开或者按照有关规定不宜公开外，应当在党报党刊、重点新闻网站、门户网站等党的媒体上公开发布"，即确立了"以公开发布为原则、以不公开发布为例外"的制度。这样更符合法的公开透明的基本品性，有利于提高党内法规的知晓率，进而监督相应法规的贯彻执行，体现了中国共产党管党治党的民主性、科学性、先进性。

另外，根据《中国共产党党内法规制定条例》第 30 条的规定，实际工作迫切需要但还不够成熟的党内法规，可以先试行。试行期限一般不超过 5 年。"试行"和"暂行"是党内法规制定中经常使用的字样，一般认为，党内法规中含"暂行"字样的，是指文件规定得相对比较简单概括，以便以后修订；党内法规中含有"试行"的，表示文件有待进一步成熟，虽然规定得比较全面仔细，但可能不够严密，须以后作进一步修改完善。尽管从实践效果上讲，"试行"和"暂行"是一种切实可行的党内法规制定方式，但"试行"和"暂行"毕竟是立法技术不成熟的一种妥协结果，不宜在党内法规制定中频繁使用，更不能将"试行"和"暂行"当作正常立法长期使用。据不完全统计，在 1978—2012 年年间制定的 176 个党内法规中，标注"暂行"的有 44 个、"试行"的有 43 个，占全部党内法规的 49.4%。不仅如此，还有相当一部分党内法规长期戴着"试行""暂行"的帽子，有的一试行就是二三十年。[①] 针对这种不良立法现象，2012 年 12 月 4 日习近平在中央政治局会议上关于改进工作作风、密切联系群众的讲话中指出，规定就是规定，不加"试行"两字，就是要

① 李忠. 构建依规治党法规制度体系研究. 西北大学学报（哲学社会科学版），2017 (5).

表明一个坚决的态度，表明这个规定是刚性的。最重要的是要抓好落实，言必行、行必果，把文件上写的内容一一落到实处。因此，不断提高党内法规制定技巧，完善党内法规制定技术，减少党内法规制定中的“试行”和“暂行”数量，就成为提高党内法规制定质量的一个重要内容。

第二节 党内法规修改

一、党内法规修改概述

党内法规修改是指党内法规制定机关依照有关规定对现行党内法规的某些部分加以变更、删除或补充的立规活动，其直接目的是适应经济社会发展的需要而不断完善现有党内法规制度体系。

实践中，党内法规修改主要有三种形式：修订、修改决定和修正案。其中，修正案形式用于对党章的修改，修订形式与修改决定形式用于对其他党内法规的修改。具体区别是：修订形式适用于党内法规的全面修改；修改决定形式适用于党内法规的部分修改。

二、党章的修改

党章是一个政党为实现党的纲领、开展正规活动、规定党内事务所规定的根本法规，是党赖以建立和活动的法规体系的基础，是党的各级组织和全体党员必须遵守的基本准则和规定，具有最高党法、根本大法的效力。党章一般由党的代表大会制定和通过，在内容上要规定党纲、组织机构、组织制度、党员条件、党员的权利义务、党的纪律等。关于党章的内容，随着形势的发展、任务的变化、斗争的需要和党员的情况，应定期进行修改。

党章是最根本的党内法规，是制定其他党内法规的基础和依据，对党的性质和宗旨、路线和纲领、指导思想和奋斗目标、组织原则和组织机构、党员义务和权利以及党的纪律等作出了根本规定。为了保障党章的权威性、稳定性，对党章的修改要求自然也不同于其他党内法规。由于党章的法典化程度较高、稳定性较强，党章修改一般采取修正案的形式。在党内法规实践中，修正案是指党章制定机关通过修正决议案对党章条文作出修改的一种立规形式。这一点与作为国家最高法的宪法的修改比较相似。

《中国共产党党内法规制定条例》第 40 条规定：“党内法规的修改，适用本条例。党章的修改适用党章的规定。”党章中关于党章修改的条款《中国共产党章程》第 20 条规定：“党的全国代表大会的职权是：（一）听取和审查中央委员会的报告；（二）审查中央纪律检查委员会的报告；（三）讨论并决定党的重大问题；（四）修改党的章程；（五）选举中央委员会；（六）选举中央纪律检查委员会。”其中，第 4 项明确强调修改党的章程是党的全国代表大会的固有职权。因此，党章修改的主体只能是党的全国代表大会，除此之外的党的其他机关都无权修改党章。

三、党内法规的修改

任何制度规范都有滞后性的特点，党内法规也不例外。如何根据时代的发展和社会的变迁，与时俱进地修改完善现行有效的党内法规，是提高党内法规执行力的一个关键环节。党内法规修改的一个重要任务是，根据党和国家事业发展的新形势、新任务、新要求，及时把党中央确定的理论和路线方针政策写入党内法规，把党和人民在实践中取得的重大理论创新、实践创新、制度创新成果上升为党内法规制度规定，更好地发挥党内法规的规范、引领、推动、保障作用，在法治轨道上更好地推进新时代党的建设新的伟大工程。

党内法规修改的主要规范依据是《中国共产党党内法规制定条例》。《中国共产党党内法规制定条例》第 38 条规定：“制定机关应当及时修改滞后于实践发展的党内法规。视情可以采取修订、修正案或者修改决定等方式修改，对相关联的党内法规可以开展集中修改。修改后，应当发布新的党内法规文本。”由于修正案方式主要适用于对党章的修改，一般党内法规的修改主要是通过修订、修改决定两种方式，这两种形式的不同之处主要有以下几个方面。

（1）前提条件不同。修改决定形式的使用主要是在党内法规的基本原则和主要条款基本适应需要，党内法规的表现形式和内部结构基本合理的情况下，党内法规的某些方面、某个部分或者某些词句、若干条款不能适应管党治党实践发展和党内法规制度建设的需要。而修订形式的使用通常是基于党内法规的调整对象发生重大变化，或者党中央对党内法规的任务和要求有明显转变，需要通过全面修改来适应变化较大的新情况。一般认为，在具备以下条件之一或以上时，应当采用修订的形式：需要修改的条文所占比例达到 50%；直接对有关党内法规原则性的条文的重大修改和创制，包括对指导思想、调整对象、重要制度等需要作出新的调整或修改；原党内法规的篇章结构需要作重要的调整变化。不具备上述条件的党内法规修改，一般应当采用修改决定形式。

（2）范围和内容不同。修改决定形式的修改范围相对较小，一般是对现行党内法规的某些方面、某个部分乃至个别条款、词句进行修改。而修订形式的修改范围比较大，包括对有关党内法规原则性的条文的修改和创制，对党内法规的调整对象的扩大或缩小，对重要制度方面的调整或修改，以及对篇章结构上的重大调整变化等。

（3）审议的内容不同。党内法规修改是有权机关对党内法规的部分条款进行的修改，是局部的或者个别的修改，通常是提出修改案草案，审议机关的审议是针对修改案草案进行的，对未作修改的部分不审议。而党内法规修订是指有权机关对党内法规进行全面的修改，是整体的修改，通常提出全面的修订草案，审议机关的审议是针对草案文本的全部内容，而不是针对部分内容进行的。

（4）修改和修订后的施行时间不同。采用修改决定形式修改党内法规后，由于其涉及的只是若干条款和部分内容，在通过的修改决定中只规定修改决定的施行时间，该党内法规的原施行时间不变，也就是说，整部法律的施行时间不变。而采用修订形式修改党内法规后，由于修改的内容较多，涉及对党内法规原则、制度的修改，整部党内法规的施行时间需要重新规定。

对于党内法规修改的上述两种形式的具体适用情况，以下以《中国共产党巡视工作条例》的两次修改为例来进一步阐述。

第一次修改采取的是修订形式。《中国共产党巡视工作条例》是为了规范中国共产党巡视工作、强化党内监督而制定的一部基础性、骨干性、重要党内法规，其最早的前身是 2009 年 7 月党中央颁布实施的《中国共产党巡视工作条例（试行）》。《中国共产党巡视工作条例（试行）》的颁布和实施对推动巡视工作制度化、规范化发挥了重要作用。党的十八大以来，巡视工作面临新的形势任务，内容和方式都作了重要调整和改变，实践中积累了丰富经验，原试行条例不仅迫切需要被修订，而且开展修订工作的基本条件也具备了。条例修订工作自 2013 年 10 月启动，历经调研、论证、反复修改、不断完善的过程。2015 年 8 月 3 日，中共中央颁布实施修订的《中国共产党巡视工作条例》。原试行条例共有 6 章 49 条，修订后共 7 章 42 条。修订时，将原条例第二章“机构设置”和第四章“人员管理”合并为“机构和人员”一章，增设第三章“巡视范围和内容”、第四章“工作方式和权限”；删除 10 条，增加 3 条。从内容上，这次党内法规修改是对原试行条例的一次重大修改，涉及指导思想、调整对象、重要制度、篇幅结构等内核心内容，因此，这次修改采用的是修订形式。

第二次修改采取的是修改决定形式。2016 年 10 月 24 日至 27 日，党的十八届六中全会对全面从严治党作出新的重大部署。为贯彻落实党的十八届六中全会精神，深化政治巡视，进一步发挥巡视监督全面从严治党利剑作用，党中央决定对《中国共产党巡视工作条例》进行修改。2017 年 5 月 26 日，中央政治局召开会议，审议《关于修改〈中国共产党巡视工作条例〉的决定》和《关于巡视中央意识形态单位情况的专题报告》。2017 年 7 月 1 日，中共中央发布《中共中央关于修改〈中国共产党巡视工作条例〉的决定》，并于 2017 年 7 月 10 日起施行。本次修改对其 42 条中的 6 条进行了“增、补、调”，即增加有关新要求、补充有关新内容、调整有关新条款，为依纪依规开展巡视、推动巡视工作向纵深发展提供了制度保障。主要包括五个方面的内容：一是根据习近平总书记关于巡视工作的重要讲话精神，明确政治巡视定位。二是根据中央新要求，明确一届任期内巡视全覆盖任务。三是根据党内监督条例规定，明确巡视监督内容。四是根据实践发展需要，明确中央和国家机关巡视。五是根据全面从严治党向基层延伸的要求，明确市县巡察制度。由于这次修改涉及条文数量较少，仅涉及 6 个条文，在内容上也主要涉及五个方面内容，不属于对原有党内法规的篇幅结构、重要制度、重要内容的重大调整，因此，这次修改采用的是修改决定形式。

第三节　党内法规解释

一、党内法规解释概述

解释是对党内法规制度的重要补充和完善。党内法规解释，是指有权机关根据法定权限和程序，按照一定的标准和原则，对党内法规的含义以及法规所使用的概念、术语等进行进一步说明的活动。党内法规的解释同党内法规具有同等效力。党内法规的解释是党内法规实践的重要组成部分，又是党内法规实施的重要前提。由于党的建设始终处于发展变化之中，部分党内法规比较原则，程序性规范、保障性规范、制裁性规范不配套，有些规定交叉重复甚至相互冲突，因此有必要加大党内法规解释力度，赋予法规条文更加准确、更具有针对性的内涵，保证党内法规准确有效实施。目前，一些党内法规解释采取部门负责人谈话、工作机构答复的方式，缺乏规范性、权威性，应当由制定机关通过权威渠道和载体进行正式解释并及时公布。

《中国共产党党内法规制定条例》第 34 条第 1 款规定，党内法规需要进一步明确条款具体含义或者适用问题的，应当进行解释。中央党内法规由党中央或者授权有关部委解释，中央纪律检查委员会以及党中央工作机关和省、自治区、直辖市党委制定的党内法规由制定机关解释。中央党内法规一般是由中央政治局、中央政治局常务委员会审议通过，按照“谁制定谁解释”原则，中央政治局、中央政治局常务委员会当然有权对中央党内法规作出解释。但中央政治局、中央政治局常务委员会作为党的中央组织，要代表党中央处理很多的重大事情，不太适合经常性地对党内法规条款的具体含义或者适用问题作出解释。在这种情况下，其往往会授权给有关部委，这样就出现了制定权和解释权、制定主体和解释主体分离的问题，如《中国共产党中央委员会工作条例》于 2020 年 9 月 28 日由中央政治局会议审议批准，由中央办公厅负责解释；《中国共产党组织工作条例》于 2021 年 4 月 30 日由中央政治局会议审议批准，由中央组织部负责解释；《中国共产党统一战线工作条例》于 2020 年 11 月 30 日由中央政治局会议修订，由中央统战部负责解释；《中国共产党纪律处分条例》于 2018 年 7 月 31 日由中央政治局会议修订，由中央纪律检查委员会负责解释。

在效力层级上，一般认为党内法规的解释同该党内法规具有同等效力。对此，《中国共产党党内法规制定条例》第 34 条第 2 款规定，“党内法规的解释同党内法规具有同等效力”。据此，对党章的解释在效力层级上等同于党章，对准则的解释在效力层级上等同于准则，对条例的解释在效力层级上等同于条例，对规则、规定、办法、细则的解释在效力等级上等同于规则、规定、办法、细则。

二、党内法规解释主体

党内法规解释主体的确定，一般遵循“谁制定谁解释”原则，由党内法规制定主体来担任党内法规的解释主体。中央党内法规的制定主体一般是党中央，如果党中央在该党内法规中以授权的方式规定了解释主体，则由该被授权机关承担解释任务。在实践中，中央党内法规解释工作，一般由党中央授权规定的解释机关负责。如果因为有些中央党内法规制定得较早，未明确规定解释机关的，则由中央办公厅请示中央后承办。中央纪律检查委员会、党中央工作机关和省、自治区、直辖市党委制定的党内法规一般由其自行解释。根据党内法规解释实践，常见的主要有以下几种情形。

(1) 一个主体进行解释的情形。如《中国共产党党内法规制定条例》第 42 条规定：“本条例由中央办公厅负责解释。”《中国共产党党内监督条例》第 46 条规定：“本条例由中央纪律检查委员会负责解释。”《中国共产党统一战线工作条例》第 60 条规定：“本条例由中央统战部负责解释。”《中国共产党党委（党组）理论学习中心组学习规则》第 16 条规定：“本规则由中央宣传部负责解释。”

（2）两个主体进行解释的情形。如《中国共产党党员权利保障条例》第 51 条规定："本条例由中央纪律检查委员会商中央组织部解释。"《中国共产党党组工作条例》第 44 条规定："本条例由中央组织部会同中央办公厅解释。"《中国共产党地方委员会工作条例》第 32 条规定："本条例由中央办公厅商中央组织部解释。"

（3）三个及以上主体进行解释的情形。如《中国共产党工作机关条例（试行）》第 29 条规定："本条例由中央办公厅商中央组织部、中央机构编制委员会办公室解释。"《党政机关厉行节约反对浪费条例》第 64 条规定："本条例由中共中央办公厅、国务院办公厅会同有关部门负责解释。"

不管是党内法规的备案审查还是党内法规的解释，都是为了提高党内法规的立法质量，增强党内法规建设的合法性，彰显党内法规的严肃性、权威性，建成内容科学、程序严密、配套完备、运行有效的党内法规制度体系。

三、党内法规解释方法

党内法规解释方法是指在党内法规规定不明确时，以文义、体系、法意、比较、目的或合宪等解释方法，探究党内法规的规范含义，以澄清疑义，使其含义明确化、正确化。党内法规解释方法主要分为文义解释和论理解释两大类，其中论理解释分为体系解释、法意解释、比较解释、目的解释和合宪解释。典型的解释方法是先依文义进行解释，而后再根据文义解释的结果进行论理解释，即在解释党内法规时，应该先为文义解释，当文义解释的结果有复数解释的可能性时，才能进行论理解释。①

1. 文义解释

文义解释又称语义解释，指按照党内法规条文用语的文义及通常使用方式，阐释其意义内容。党内法规条文由文字词句构成，要想确定党内法规规范的含义，必须先了解条文所使用的词句，从而确定其词句的意义。在文义解释中，一个最主要的方法就是运用语义分析的方法来进行法律解释；文义解释必须遵循的一个基本原则是"文义射程"理论，即文义解释不得超出文义的框架。

2. 论理解释

论理解释主要包括体系解释、法意解释、比较解释、目的解释和合宪解释等。论理解释的实践价值在于，当文义解释的结果为复数，或者单纯依靠文义解释仍然

---

① 关于论理解释的体系和定义，梁慧星和杨仁寿都有详尽的论述，详情参见梁慧星. 民法解释学. 北京：中国政法大学出版社，2000：213；杨仁寿. 法学方法论. 北京：中国政法大学出版社，1999：107。这里不再赘述论理解释中的具体解释方法，而着重关注当法律解释的结果为复数时的选择及其原则。

无法确定规范的确定含义，或者单纯依靠文义解释得到的是违背正义理念的结果，在这种情况下，运用论理解释来确定文义解释的结果，或者修正机械文义解释所带来的非正义结果，就成为论理解释的根本使命。

（1）体系解释，是指依据党内法规条文在党内法规文本体系中的地位，即依其编、章、节，条、款、项的前后关联位置，或相关法条的法意，阐明其规范意旨的解释方法。

（2）法意解释，又称立法解释或历史解释，是指探求立法者或者准立法者于制定党内法规时所作的价值判断及其所欲实现的目的，以推知立法者的意思。立法史及立法过程中的有关资料，如立法草案、审议记录、起草说明等，均为法意解释的主要依据。

（3）比较解释，是指比较和参考其他党内法规、国家法律以及国外相关制度和学说，并把它们作为解释本党内法规的参考资料，以实践其规范目的的解释方法。

（4）目的解释，是指以党内法规的规范目的，阐明党内法规条文的疑义的方法。党内法规的目的是维护整个党内法规制度秩序的体系性，一般的条文都受这一目的支配，所以，对党内法规条文的解释，不能违背党内法规的目的。

（5）合宪解释，是指以较高位阶的宪法规范的意旨，解释党内法规的方法。宪法是国家的根本法，是治国安邦的总章程，是党和人民意志的集中体现。在法治体系中，宪法位于体系位阶的最高层。作为法治体系的重要组成部分，党内法规不能违背宪法的规范目的。党内法规解释工作作为党内法规工作的重要内容，同样要遵守党必须在宪法和法律范围内活动的规定，不得与宪法和法律相抵触，这是党内法规解释工作必须要遵循的合宪性、合法性底线。

案例与思考 13-1

崔某骗领财政惠民惠农补贴资金案

崔某，中共党员，某乡某村原党支部书记、村民委员会主任。2019 年 3 月至 2020 年 9 月，崔某在协助县、乡人民政府发放本村财政惠民惠农补贴资金中的退耕还林还草直补退耕农户资金的过程中，以其女儿的名义，弄虚作假，编造退耕还林还草亩数，骗领财政补贴资金 8 000 元并据为己有。同时，崔某在担任村党支部书记、村民委员会主任期间，借逢年过节之机，收受 3 名村集体经济合作社成员礼金 1.2 万元。2021 年 6 月，崔某受到撤销党内职务处分，对其违纪违法所得 2 万元予以收缴；建议乡人民政府责令其辞去该村村民委员会主任职务，拒不辞职的，依法罢免其村民委员会主任职务，停止发放其补贴、奖金。2021 年 7 月，崔某辞去了该村村民委员会主任职务。

思考题： 如何准确区分个人贪腐与优亲厚友？

案例与思考 13－2

沈某公车私用、私车公养案

沈某，中共党员，某市委组织部常务副部长（正县级）。2018 年 12 月至 2020 年 8 月，沈某在已领取公务交通补贴的情况下，先后多次要求司机驾驶公车接送其打网球、接送其在外省上大学的女儿往返学校与家中等。2020 年 1 月至 2021 年 3 月，沈某利用单位公务加油卡未绑定公车的漏洞，借驾驶公车开展公务之机，多次使用公务加油卡为其 2 辆私车加油，累计花费 5 500 元。2021 年 8 月，沈某受到党内严重警告和政务降级处分，将违纪违法所得 5 500 元予以追缴并返还该市委组织部；同时，被给予调整职务处理。

思考题： 如何准确把握“私车公养”问题的性质认定及处理？

第四节　党内法规清理

一、党内法规清理概述

党内法规清理是形成完善的党内法规体系的重要条件。党内法规的清理工作本身是党内法规制度建设的重要步骤，为制度治党、从严治党提供重要依据，是保证党内良好政治生活的一项基础性工作，具有重要的实践意义。随着党内法规制定力度的加大，党内法规数量也急剧增加，为确保前后新旧法规制度衔接协调，需要对党内法规和规范性文件进行清理，然后根据清理工作情况，提出清理意见，该制定的制定，该修改的修改，该废止的废止，该整合的整合，为党内法规的适用提供最新的权威依据。《中国共产党党内法规制定条例》第 37 条规定：“制定机关应当组织开展党内法规清理工作，及时开展集中清理，根据需要开展特定内容或者特定范围的专项清理，在制定工作中同步开展即时清理。根据清理情况，作出修改、废止、宣布失效等决定。”这就为党内法规清理工作提供了规范依据。

二、党内法规集中清理工作

从党内法规建设实践来看，新中国成立以来，特别是改革开放以来，中国共产党制定了大量党内法规和规范性文件，为规范党组织工作、活动和党员行为，增强党的创造力、凝聚力、战斗力提供了重要制度保障。但由于缺乏清理机制，新中国成立以来从未对出台的党内法规和规范性文件开展过集中清理，这就造成党内法规制度体系十分庞杂，存在较为突出的不适应、不协调、不衔接、不一致问题：有的规定滞后于实践发展和形势任务需要；有的规定同党章和党的理论路线方针政策相抵触，同宪法和法律不一致；有的规定相互之间交叉重复、冲突打架。党内法规制度体系中存在的这些问题，有损于党内法规制度的严肃性和权威性，有碍于党内法规制度的贯彻执行，也不利于党内法规制度建设的顺利推进。

针对这些情况，党中央决定开展一次党内法规集中清理，一揽子解决党内法规制度中存在的突出问题。《中国共产党党内法规制定条例》也明确要求党内法规制定机关适时对党内法规进行清理。党中央对开展党内法规清理工作高度重视，将其作为加强党的制度建设、深化党的建设制度改革的一项重要举措和任务来部署。2012年6月，党中央批准印发《中共中央办公厅关于开展党内法规和规范性文件清理工作的意见》，启动了中国共产党历史上第一次党内法规和规范性文件集中清理工作。

这次清理的对象是新中国成立至2012年6月期间以中共中央文件、中共中央办公厅文件形式发布的党内法规和规范性文件，中央纪委、党中央工作机关制定的党内法规和规范性文件，各省、自治区、直辖市党委制定的党内法规和规范性文件。清理工作按照由近及远、先上位后下位的思路进行。所谓由近及远，是指清理工作分两个阶段实施：第一阶段（2012年7月至2013年9月），清理1978年至2012年6月制定的党内法规和规范性文件；第二阶段（2013年10月至2014年12月），清理新中国成立后至1977年制定的党内法规和规范性文件。所谓先上位后下位，是指先对中央党内法规和规范性文件进行清理，待清理结果出来后，中央纪委、党中央工作机关和各省、自治区、直辖市党委再开展审核、审批等工作。

为保障中央党内法规和规范性文件清理工作顺利进行，中共中央还专门成立了党内法规和规范性文件清理工作领导小组。在党内法规和规范性文件清理工作领导小组领导下，中央党内法规和规范性文件清理工作主要分为5个步骤。

第一步，确定清理范围。一般由中央办公厅会同国家档案局，对特定时期内中共中央制定的文件进行全面梳理，将其中规范党组织工作、活动和党员行为的党内法规和规范性文件纳入清理范围。

第二步，部门审核。根据“谁起草谁提出清理意见”的原则，综合考虑文件调整事项目前的主管权属，中央办公厅将这些文件分送中央有关部委和单位研究，由有关部委和单位进行审核，提出初步清理意见。

第三步，集中审核。中央办公厅会同中央纪委机关、中央有关工作机关等成立集中审核工作组，对有关部委和单位提出的初步清理意见进行研究论证，对相关文件逐件进行审核，形成拟废止、宣布失效、继续有效 3 个文件目录。

第四步，征求意见。根据工作关联情况，中央办公厅将 3 个文件目录分送有关部委和单位征求意见，形成一致的文件清理处理意见。

第五步，审批发布。中央办公厅起草清理决定稿，按程序报请中央审批通过，以中共中央文件形式发布。

三、党内法规集中清理后的处理方式

中共中央集中两年时间，对新中国成立至 2012 年 6 月出台的中央文件进行全面摸底排查、集中清理，彰显了中共中央对党内法规的管党治党作用和地位的高度重视，进一步增强了全党的党内法规制度意识，进一步推动党内法规制度建设的深入发展，进一步把党要管党、全面从严治党的要求制度化、规范化。中央党内法规和规范性文件集中清理结束，标志着党内法规制度建设进入了一个新的阶段。

对于清理出来的党内法规和规范性文件，党中央统一采取了废止、宣布失效、继续有效等 3 种处理方式：(1) 文件主要内容同党章和党的理论路线方针政策相抵触，或同宪法和法律不一致的，文件已明显不适应现实需要的，文件已被新的规定涵盖或替代的，一律废止。例如，20 世纪五六十年代一些中央文件关于刑事案件处理程序的规定，与目前刑事诉讼法的规定相抵触。这类文件都在此次被废止之列。(2) 调整对象已消失、文件事实上已不再执行的，文件有效期已过的，有关事项或任务已完成、文件不需要继续执行的，一律宣布失效。(3) 文件内容不存在问题的，或者虽存在一些问题但不影响继续执行的，或者目前尚无其他文件可以替代、废止时机条件还不成熟的，继续有效。文件内容存在一些问题，需作修改，但修改前继续有效。例如，1959 年《中央关于统一管理党、政档案工作的通知》、1965 年《中央关于党内同志之间的称呼问题的通知》等，虽有一定历史痕迹，但主要内容和精神仍然有效，对当前工作仍具有重要指导意义，在这次清理过程中被保留了下来。

党内法规和规范性文件清理完毕后，需要在强化党内法规制度执行力的基础上，继续研究制定一批基础主干性党内法规，整合形成一批综合性党内法规，抓紧制定一批实践亟须的党内法规，及时修订一批不适应现实需要的党内法规，有效解决党内法规制度中存在的“缺失化”“碎片化”“老化”等问题。这次党内法规和规范性文件集中清理意义重大、影响深远，不仅摸清了党内法规制度建设的基本情况，还给整个党内法规制度体系进行了一次全面检查，基本解决了党内法规制度中存在的不适应、不协调、不衔接、不一致问题，促进了党内法规同国家法律的衔接和协调，为下一步形成完善的党内法规体系、全面推进依法治国和依规治党相结合奠定了坚实的制度基础。

本章小结

党内法规制定是指具有党内法规制定权的主体开展的党内法规制定、修改、解释和清理等工作和活动。党内法规制定是党内法规制度建设的逻辑起点，是形成完善的党内法规体系的关键环节，是推进依规治党、制度治党的前提基础。党内法规修改是指党内法规制定机关依照有关规定对现行党内法规的某些部分加以变更、删除或补充的立规活动，其直接目的是适应经济社会发展的需要而不断完善现有党内法规制度体系。党内法规解释，是指有权机关根据法定权限和程序，按照一定的标准和原则，对党内法规的含义以及法规所使用的概念、术语等进行进一步说明的活动。党内法规清理是形成完善的党内法规体系的重要条件。党内法规的清理工作本身是党内法规制度建设的重要步骤，为制度治党、从严治党提供重要依据，是保证党内良好政治生活的一项基础性工作，具有重要的实践意义。

本章思考题

1. 如何进一步提高党内法规制定质量？
2. 党内法规的修改与修订有什么异同？
3. 党内法规解释方法主要有哪些？

第十四章
党内法规实施

习近平总书记重要论述

制度是用来遵守和执行的。全党必须强化制度意识，自觉尊崇制度，严格执行制度，坚决维护制度，健全权威高效的制度执行机制，加强对制度执行的监督，推动不忘初心、牢记使命的制度落实落地，坚决杜绝做选择、搞变通、打折扣的现象，防止硬约束变成“橡皮筋”、“长效”变成“无效”。

——2020 年 1 月 8 日，习近平在“不忘初心、牢记使命”主题教育总结大会上的讲话

课程思政

1. 通过对党内法规遵守、执行、评估等的学习，涵养学生的系统思维、整体思维、法治思维。引导学生了解全面依法治国是一个系统工程，加深对坚持依法治国、依法执政、依法行政共同推进，坚持法治国家、法治政府、法治社会一体建设的理解。

2. 通过对党内法规的学习和宣传，注重对学生的法治理念、法治思维的培育，发挥法治文化的引领、熏陶作用，引导学生弘扬法治精神，传播法治理念，恪守法治原则，形成守法光荣、违法可耻的社会氛围，形成尊法、学法、守法、用法的法治环境。

第一节 党内法规遵守

全面依法治国是一个系统工程，是国家治理领域一场广泛而深刻的革命，法治建设，必须加强国法党规的宣传，弘扬法治精神，传播法治理念，恪守法治原则，注重对法治理念、法治思维的培育，充分发挥法治文化的引领、熏陶作用，形成守

法光荣、违法可耻的社会氛围，大力推进全民尊法、学法、守法、用法，使人民认识到国法党规既是保障自身权利的有力武器，也是必须遵守的行为规范，培育办事依法、遇事找法、解决问题靠法的良好环境，自觉抵制违法行为，自觉维护法治权威。[①] 对此，2019 年 9 月 3 日发布的《中国共产党党内法规执行责任制规定（试行)》第 2 条规定："各级党组织和全体党员负有遵守党内法规、维护党内法规权威的义务。各级党组织和党员领导干部必须增强'四个意识'、坚定'四个自信'、做到'两个维护'，牢固树立执规是本职、执规不力是失职的理念，切实担负起执行党内法规的政治责任。"

一、学习党内法规是前提基础

学习是一种自我完善的能力，对于党员干部来说尤其重要，它是一种责任，更是一种态度，要端正学习的态度。学习不但可以提升干部的知识，更能提升干部的素质，增强创新的能力。只有不断地学习，才能更全面地认识法、理解法、运用法，才能提升党员干部的工作能力和执政水平。党员干部要把学习宪法和党章作为首要任务。宪法是国家的根本大法，是党和人民意志的集中体现，具有最高的法律地位、法律权威、法律效力，是保证党和国家长治久安的顶层设计和制度安排，为新时代坚持和发展中国特色社会主义提供强有力的保障，为实现中华民族伟大复兴提供强有力的保障。党章就是党的根本大法，是全党必须遵循的总规矩。党章规定了党的理想信念宗旨、组织保障、行为规则和纪律约束，每一条都凝结着党的建设的历史经验，是全党必须遵循的根本行为规范。全面从严治党，首先应当充分发挥党章在推进党的事业和党的建设中的根本性规范和指导作用，学习党章，遵守党章，依据党章和党内法规管党治党，不断提升党的建设的科学化、制度化水平。要原原本本地学习党章，深刻把握其本质内涵、精髓要义、内在特点，虔诚而执着、至信而深厚，做到身有所正、言有所规、行有所止。

二、尊崇党内法规是内生动力

只有思想上尊崇党内法规，才能行动上遵守党内法规。现实工作中，一些党员干部特别是领导干部在看问题、作决策、采取措施的时候，往往缺乏法治思维和法治意识，认为只要是有利于经济社会发展，就可以施政，不用过多考虑各种决策程序和操作程序，可以绕开各种党规制度的条条框框。这种以发展的理由来衡量思考

① 习近平. 加快建设社会主义法治国家. 求是，2015（1).

问题的思维方式，以合理性来代替合法性和合规性，其根源就是对国法党规的漠视。习近平同志强调："领导干部要把对法治的尊崇、对法律的敬畏转化成思维方式和行为方式，做到在法治之下、而不是法治之外、更不是法治之上想问题、作决策、办事情。"① 尊崇法治就要树立法治思维，学会用法治思维思考问题，彻底摈弃人治思想和罔顾程序正义、丢弃规则规范、漠视权力边界的长官意志，牢固树立宪法法律至上、法律面前人人平等、权由法定、权依法使等基本法治观念，以法治方式定分止争，自觉约束手中权力，自觉践行依法执政，面对各种危害法治、破坏法治、践踏法治的行为敢于挺身而出、坚决斗争。对此，要真诚尊崇党章党规，把党章党规作为提高党性修养的根本标准，内化于心、外化于行，做党章党规的坚定执行者和忠实捍卫者。

三、遵守党内法规是关键环节

依法治国是我国宪法确定的治理国家的基本方略，而能不能做到依法治国，还在于中国共产党能不能坚持依法执政，各级政府能不能依法行政，还在于领导干部能不能做守法护法的捍卫者。法治的权威源自人民的内心拥护和真诚信仰。党员干部要以身作则、以上率下，做到心中有法、虑必及法、行必依法，成为社会主义法治的忠实崇尚者、自觉遵守者、坚定捍卫者，从我做起、带头守法，自觉严格按照国法党规来检验工作决策、落实过程和实际成效。要牢记法律红线不可逾越、纪律底线不可触碰，带头遵守制度、执行制度，带头坚守国法党规的尊严和权威，决不能让法治建设出现"破窗效应"，决不能让国法党规沦为"橡皮泥""稻草人"。要强化纪律自觉，把党规党纪刻印在心上，把他律要求转化为内在追求，做到明底线、知边界、不越轨。要注重关口前移，坚持惩前毖后、治病救人的方针，抓早抓小、动辄则咎，发现苗头及时提醒，触碰底线及时纠正。要坚持执纪必严，提高纪律执行力，维护纪律严肃性，敢于较真碰硬，坚决杜绝姑息迁就、法不责众，让铁规生威、铁纪发力。

四、用好党内法规是根本目的

法律的生命力在于实施。对党员干部而言，要做用法的模范，必须把功夫下在提高运用法治思维和法治方式想问题、作决策、办事情的能力上。在推进依法行政、建设法治政府的过程中，党员干部要带头依法行政、依法办事，依法用权、依法履

① 中共中央文献研究室．习近平关于全面依法治国论述摘编．北京：中央文献出版社，2015：214.

行职责，善于用法治思维和法治方式想问题、作决策，把合不合法、合不合规作为决策的前置审查条件，最大限度防止决策不当、决策失误。绝不允许任何人凌驾于法律之上，要依法设定权力、规范权力、制约权力、监督权力，在法治的范畴内想民之所想、解民之所困、办民之所需，做到有法必依、执法必严，重大决策要科学民主、公开透明，接受群众和社会组织的广泛监督。2019 年 9 月 3 日发布的《中国共产党党内法规执行责任制规定（试行）》第 9 条规定："党员领导干部应当敢于担当、勇于负责，以上率下、以身作则，带头学习宣传党内法规，带头严格执行党内法规。党委（党组）书记应当认真履行本地区本单位党内法规执行第一责任人职责，分管党内法规工作的班子成员承担党内法规执行直接责任，其他班子成员按照'一岗双责'要求抓好分管领域党内法规执行工作。"因此，党员领导干部要履行本地区本单位党内法规执行第一责任人的职责，统筹推进党内法规的制定、执行和实施工作，善于用法治思维和法治方式推动改革发展，自觉在法治基础上凝聚改革共识，用法治方式化解改革风险，强化法治在维护群众权益、调处利益关系中的权威地位，强化法治在化解社会矛盾、维护和谐稳定方面的保障作用，做到法定职责必须为、法无授权不可为，不断提高社会治理的法治化水平。①

第二节　党内法规执行

一、法规制度的生命力在执行

一分部署，九分落实。党内法规制定出来以后，一个更重要的任务是抓好党内法规的执行落实。我们的制度体系要完善，但当前最突出的问题在于很多制度没有得到严格执行。制度的生命力在执行，有了制度没有严格执行就会形成"破窗效应"，因此，要狠抓制度执行，扎牢制度笼子，真正让铁规发力、让禁令生威。

当前，做好党内法规执行工作，需要着重做好以下几个方面工作。

一是要明确主体责任。党内法规制度建设是党的一项非常重要的工作，各党委（党组）必须要负起主体责任，将党内法规的制定和执行重任担当起来。在党内法规执行过程中，要及时建立健全贯彻落实体制机制，明确党委（党组）在其中的主体责任，确保在党内法规贯彻执行上，主体明确、责任清晰、机制顺畅。2019 年 9 月 3 日发布的《中国共产党党内法规执行责任制规定（试行）》规定，在党中央集中统

---

① 人民日报评论员. 领导干部要做尊法学法守法用法的模范. 人民日报，2015-02-09.

一领导下，建立健全党委统一领导、党委办公厅（室）统筹协调、主管部门牵头负责、相关单位协助配合、党的纪律检查机关严格监督的执规责任制，统分结合、各司其职，一级抓一级、层层抓落实。其中，地方各级党委对本地区党内法规执行工作负主体责任，应当坚决贯彻党中央决策部署以及上级党组织决定，带头严格执行党内法规，并领导、组织、推进本地区党内法规执行工作，支持和监督本地区党组织和党员领导干部履行执规责任；党委办公厅（室）负责统筹协调本地区党内法规执行工作，推动党委关于党内法规执行部署安排的贯彻落实；党委职能部门、办事机构、派出机关、直属事业单位等，对主要规定其职权职责的党内法规，负有牵头执行的责任，并组织、协调、督促、指导有关党组织和党员领导干部执行有关党内法规。其他相关单位应当按照党内法规规定各司其职、各尽其责，协助配合牵头部门共同执行党内法规。总的来说，就是党组（党委）对本单位（本系统）执行有关党内法规负主体责任，领导、组织、推进本单位（本系统）党内法规执行工作。街道、乡镇党的基层委员会和村、社区党组织，国有企业党委，实行党委领导下的行政领导人负责制的事业单位党组织，对本地区本单位执行有关党内法规负主体责任，领导、组织、推进本地区本单位党内法规执行工作。其他单位中党的基层组织按照规定推动有关党内法规在本单位的执行。

二是要完善配套规范。中央党内法规是党中央为全国各级党组织和全体党员确立的法规，往往具有概括性、抽象性、普遍性特点。由于我国地域辽阔、人口众多，各地区各部门发展程度不一，社会情况迥异，因此，中央党内法规在进行统一规定时，很难面面俱到地对各地各部门的所有情况都进行兼顾，其只能站在中央层面、从全国大局高度，就一些全局性、根本性、重要性的问题进行概括性、统一性规定。因而，在中央党内法规出台之后，往往需要各地各部门党组织结合本地区本部门实际，制定实施细则，出台配套规范，将中央党内法规精神和本地区本部门实际情况结合起来。

三是要做好实施保障。党内法规是管党治党的重要依据，党内法规执行力建设也是深入推进新时代党的制度建设的重要内容，是开展伟大斗争、建设伟大工程的重要保障，是坚持和加强党的全面领导的重要抓手。因此，要将党内法规的执行落实纳入党和国家事业大局，纳入各级党委（党组）重要议事日程，纳入中央和地方巡视、巡查、监督、检查范围。党委（党组）每年至少召开 1 次专题会议研究党内法规执行工作，将党内法规纳入理论学习中心组学习和干部教育培训的重要内容。牵头执行部门应当将党内法规宣传教育作为履行执规责任的重要方面，加大党内法规宣传教育力度。各级党组织应当采取有效措施，增强党员干部的执规意识，提高执规能力，严格执规标准，规范执规程序，提升执规效果。执行党内法规应当遵循下列基本要求：（1）担当作为，恪尽职守，不得不作为、乱作为；（2）严格执规，令行禁止，不得打折扣、搞变通；（3）公正执规，坚持党内法规面前人人平等，不得搞特殊、开后门；（4）规范执规，按照规定的主体、权限、程序等执行党内法规。

二、提高党内法规执行力

当前，党内法规的贯彻落实情况总体上是好的，但是在具体执行过程中也存在一些影响党内法规执行力建设的问题，主要有以下几个方面。

一是有些党委（党组）对党内法规的重视程度不够，重传达、轻落实，重制定、轻执行。在党内法规的执行过程中，一些党委（党组）政治站位不高，“四个意识”不强，对党内法规工作“说起来重要，做起来次要，忙起来不要”，并没有将其真正纳入重要议事日程，有的传达学习党内法规精神不及时、不深入、不到位，有的学习敷衍了事，贯彻落实走过场，有学习无研讨、有传达无落实、有部署无举措、有表态无行动的问题较为突出。

二是部分党内法规的可操作性还需要进一步细化、实化。党内法规的科学性、可操作性是确保执行力的前提。由于党内法规是新生事物，理论界和实务界对党内法规的逻辑结构、规范属性还在进一步研究之中，再加上一些党内法规制定部门工作人员对党内法规与党内文件没有严格加以区分，这就导致一些党内法规的科学性、可操作性与国家法律相比，还有一定的差距。实践中，一些党内法规的政治性有余、规范性不足，只提原则、笼统的口号要求，缺乏具体的规范要求和落实措施；有的党内法规甚至被定了密级，普通党员看不到。这些问题的存在导致这些党内法规可操作性不强，自然会严重影响其执行力。

三是党内法规执行力存在逐层弱化现象。总体上看，在党内法规执行问题上，存在上级党委比下级党委重视、地方党委比部门党组重视、党务干部比业务干部重视的情况。有的基层党委没有站在全局高度谋划党内法规工作，保障不够，力度不大，存在有部署、无落实的情况；有的基层党委把落实党内法规等同于开会、签责任状、听汇报，工作措施偏空、偏软、偏虚。出现这种现象的主要原因是对党内法规的认识不足，重视不够，督导力度不够，对各级党委（党组）的“硬任务”约束力不强。

四是党内法规工作机构欠缺，工作人员严重不足。任何工作都需要一定的工作机构和人员来落实，党内法规工作也不例外，但由于党内法规是一个新事物，各级党组织的认识程度不一，重视程度不一，这就导致实践中党内法规工作缺少专门工作机构和工作人员。在缺少专门机构和专业人员的情况下，是很难把党内法规工作做好的，也很难把党内法规执行好。

要想切实解决影响党内法规执行力建设的上述问题，提高党内法规执行力，避免党内法规被弱化、虚化、淡化，需要从以下几个方面来加以推进。

一是提升站位，进一步强化主体责任。各级党组织应当以高度的政治责任感、有力的工作措施落实党内法规工作要求，把党内法规工作作为党的制度建设的重要内容纳入重要议事日程，推动党内法规工作与本职工作紧密结合，形成各级党组织统一领导、党政齐抓共管，党组织一把手带头负责、班子成员分工负责，一级抓一级、层层抓落实的工作格局。对各级党委（党组）来说，应当强化抓党内法规执行是本职、不抓是失职、抓不好是渎职的理念，加强对党内法规的学习培训，保证党内法规能够真正落到实处。

二是提高认识，进一步加大宣传力度。现在很多党委（党组）和大部分党员对党内法规的认识了解还停留在《中国共产党章程》《关于新形势下党内政治生活的若干准则》《中国共产党问责条例》《中国共产党纪律处分条例》等法规上，对整体的党内法规制度体系学得不深、用得不多。对此，应进一步加大党内法规学习宣传力度，建立健全党内法规制度统一发布平台，完善宣传报道、宣讲解读机制，健全新闻发布和答记者问等制度，把党内法规制度纳入法治宣传规划，提高党内法规制度透明度和知晓率。系统性开展党内法规学习活动，将党内法规制度作为党员学习教育的重要内容，列入党支部学习计划，纳入各级党委（党组）中心组学习内容，纳入各级党校（行政学院）、干部学院的必修课，纳入党员教育考察培养体系，强化党内法规认同，增强执行主动性和自觉性，使自觉执行党内法规的观念入脑入心，内化为指导行动的思想准则和坚定信念，教育引导广大党员干部牢固树立法规制度意识。

三是科学立规，进一步完善制度体系。内容科学、程序严密、配套完善、运行有效的党内法规制度体系，是确保党内法规贯彻执行的前提。党中央要加强顶层设计，通过及时的立、改、废、释等形式，不断完善党内法规制度体系，增强党内法规的实效性、针对性和协调性。

四是注重实效，进一步提高可操作性。党内法规的可操作性是确保执行力的前提。一部党内法规的可操作性越强，往往越容易实施，贯彻执行的效果也越好。这就需要对已出台的党内法规进行系统清理，尤其是要结合党的基本理论、基本路线、基本方略，结合党和国家机构改革情况，开展新一轮党内法规清理工作。对可操作性不强的党内法规进行细化和补充，对定密涉密的党内法规按程序进行降密解密，对即将出台的党内法规尽量少用抽象模糊表述，增强其可操作性。

五是加强督查，进一步健全考核监督。党中央要建立健全党内法规执行情况考核指标体系，充分发挥考核“指挥棒”作用，通过专题督查、巡视巡查等途径，对党内法规贯彻落实情况进行监督检查，及时发现和纠正执行中的偏差，促进党内法规良性运行。对此，可以借鉴人大系统执法监督的做法，每年选择若干问题，拟订年度执规检查计划，有计划地对有关党内法规制度实施情况进行执规检查，不断强化监督职能、提升监督效果，加大责任追究力度，确保党内法规制度得到严格遵守和执行，真正成为党员干部的硬约束。

案例与思考 14-1

姚某使用“空白公函”报销案

姚某，中共党员，A省B市文化市场综合执法支队党总支书记、支队长。2020年12月至2021年3月，姚某等人5次参加该支队组织的超标准公务接待，饮用高档酒水，且每次公务接待均提供高档香烟，共计超标准支出25 590元。事后，为处理超标准公务接待费用，经姚某同意，该支队向外单位索要多份“空白公函”，虚构接待事项，将上述费用25 590元在本单位报销。2021年7月，姚某使用“空白公函”虚列接待事由和人数，将其私人用餐费用共计4 327元在本单位报销。2022年4月，姚某受到党内严重警告、政务记大过处分，将违纪违法所得4 327元予以退赔。同时，提供和接受超标准公务接待的姚某等人，被责令按照各自应承担的份额，分别退赔违纪所得共计25 590元。

思考题：如何认定使用“空白公函”报销个人费用的问题性质？

案例与思考 14-2

吴某违规摊派案

吴某，中共党员，某乡党委副书记、乡长。2015年至2020年8月，吴某以支持乡政府开展工作为由，多次要求辖区内的多家私营企业、个体工商户出资购买桌椅、打印机等办公用品，“捐赠”给乡政府使用，折价共计22.4万元。2021年8月，吴某受到党内严重警告、政务降级处分。

思考题： 对于吴某要求私营企业、个体工商户“捐赠”办公用品的问题，应当认定为违规受礼属于违反廉洁纪律的问题，还是应当认定为违规摊派属于违反群众纪律的问题？

第三节 党内法规评估

一、党内法规评估的依据

评估，与督查、备案、清理和救济一样，是党内法规实施的重要内容，是提高党内法规制定质量的重要环节。对党内法规执行情况、实施效果开展评估是修改完善党内法规、提升党内法规执行力的有效途径。《中国共产党党内法规制定条例》第36条规定：“坚持制定和实施一体推进，健全党内法规执行责任制，加大党内法规宣传、教育、培训力度，对党内法规执行情况、实施效果开展评估，加强监督执纪问责，确保党内法规得到有效实施。”这里，党内法规评估的内容主要有两项：第一项是对党内法规的执行情况的评估，主要是对党内法规执行主体的执行情况、党组织和党员领导干部执规责任的履行情况等问题进行评估；第二项是对党内法规的实施效果的评估，主要是对党内法规在管党治党实践中的作用和实效性进行评估。实践中，对党内法规的评估不仅仅限于执行情况、实施效果等方面，对党内法规的制定、调整事项、民意调查等决策风险方面的内容也可以根据实际需要予以评估。

2019年9月3日中共中央发布的《中国共产党党内法规执行责任制规定（试行）》第15条对党内法规制定机关开展评估的情形作了进一步的规定，明确了党内法规制定机关可以视情况对党内法规执行情况、实施效果开展评估，督促党组织和党员领导干部履行执规责任，推动党内法规实施。

开展党内法规实施评估工作是事关党的制度建设的大事情，需要认真对待、严肃开展。党内法规制定机关开展党内法规实施评估工作一般应当事先制订年度计划，有序推进，逐步开展。鉴于当前党内法规的数量较多，很多党内法规是中央政治局或中央政治局常务委员会审议通过的，位阶较高、权威性较强，所涉内容也较为重要，不宜轻易加以评估，所以，《中国共产党党内法规执行责任制规定（试行）》规定，应当列入实施评估范围的党内法规主要包括5种情形：上位党内法规和规范性文件作出新规定、提出新要求的；相关法律法规作出新规定的；规范和调整事项发生较大变化的；执行过程中遇到较大困难、意见反映较多的；试行期满或者没有规定试行期但试行超过 5 年的。同时，《中国共产党党内法规执行责任制规定（试行）》还规定：根据工作需要，实施评估可以对 1 部党内法规或者其中的若干条款开展专项评估，也可以对相关联的若干部党内法规开展一揽子评估。实施评估结束后应当形成评估报告，向有权机关汇报，日后修改时参考使用。对于有些社会关注度比较高的党内法规评估报告，也可以同时向社会公布，回应社会关切。

随着党内法规制度建设的逐步完善，有必要根据《中国共产党党内法规制定条例》《中国共产党党内法规执行责任制规定（试行）》的有关规定，参照党内法规和规范性文件清理工作，制定关于党内法规评估的具体办法，对党内法规评估的主体、内容、方式、标准和步骤作出规定，并适时组织专门力量对一些关系全局、党员群众关注的重要党内法规开展执行情况、实施效果评估，积累制定经验，提高制定质量。

二、党内法规评估的主体

根据评估的主体的不同，可以分为执规主体评估和第三方评估两种情形。

（1）执规主体评估，主要是党内法规执行主体对自己制定的党内法规或对下级党组织依照党内法规制定权限制定的党内法规的执行情况、实施效果开展的评估。例如，《中国共产党工作机关条例（试行）》第 20 条规定："党的工作机关应当建立有效的督查、评估和反馈机制，确保领导班子决策落实。"《中国共产党地方委员会工作条例》第 26 条规定："党的地方委员会通过全会作出的决策，由常委会负责组织实施；常委会作出的决策，由常委会委员分工负责组织实施。党的地方委员会应当建立有效的督查、评估和反馈机制，确保决策落实。决策执行过程中需作重大调整的，应当按照谁决策、谁调整的原则通过召开全会或者常委会会议决定。"

（2）第三方评估，是相对于第一方评估和第二方评估而言。党内法规第一方评估一般是指党内法规执行主体的自我评估，第二方评估是指党内法规上级执行主体对下级执行主体的检查评估，第三方评估与前两者相对，是指由与党内法规执行主体无隶属关系和利益关系的专业性评估机构开展的评估活动，通常包括独立第三方评估和委托第三方评估。例如，《中国共产党机构编制工作条例》第 24 条第 3 款规定："各级机构编制委员会办公室应当采用科学方法，对机构编制执行情况和使用效益进行客观评估，或者委托第三方进行评估。评估结果作为改进机构编制管理、优化编制资源配置的重要依据。"《法治政府建设与责任落实督察工作规定》第 14 条规定："督察单位可以委托科研院校、专业机构、人民团体、社会组织等对被督察单位开展第三方评估，提出意见建议。”《脱贫攻坚责任制实施办法》第5条规定：“国务院扶贫开发领导小组负责全国脱贫攻坚的综合协调，建立健全扶贫成效考核、贫困县约束、督查巡查、贫困退出等工作机制，组织实施对省级党委和政府扶贫开发工作成效考核，组织开展脱贫攻坚督查巡查和第三方评估，有关情况向党中央、国务院报告。”第三方评估作为一种必要而有效的外部制衡机制，弥补了传统的党内法规自我评估的缺陷，在提高党内法规制定质量方面具有不可替代的促进作用。

三、党内法规评估的方式

鉴于党内法规评估的重要性，现在越来越多的党内法规中都规定了评估条款。根据评估的事项和内容的不同，可以把评估分为决策评估和实施评估两种主要形式。

（1）决策评估，主要是对制定事关管党治党重大问题、事关党员义务权利重要问题、事关监督执纪问责重要制度等重大决策事项的党内法规，进行风险评估。例如，《关于新形势下党内政治生活的若干准则》在“七、发扬党内民主和保障党员权利”中规定：“畅通党员参与讨论党内事务的途径，拓宽党员表达意见渠道，营造党内民主讨论的政治氛围。健全党内重大决策论证评估和征求意见等制度。”《中国共产党机构编制工作条例》第13条规定：“各级机构编制委员会办公室研究论证机构编制事项时，应当进行深入调查研究和合法合规性审查，重大问题应当进行专家论证和风险评估。研究论证时应当充分听取各方面意见。”《中国共产党政法工作条例》第23条第2款规定：“决策时，应当先行调查研究，提出适当方案，充分听取各方面意见，进行风险评估和合法合规性审查，按照规定提请相关会议讨论和决定。”《中国共产党党务公开条例（试行）》第6条规定：“党的组织应当根据所承担的职责任务，建立健全党务公开的保密审查、风险评估、信息发布、政策解读、舆论引导、舆情分析、应急处置等工作机制。”开展党内法规重大决策风险评估，是提高治理能力的重要举措，是保障党员权益的重要机制，对促进依法、科学、民主决策，提升党内法规制定质量，提高党内法规执行力，具有重要意义。

（2）实施评估，主要是对党内法规执行情况、实施效果开展评估。例如，《中国共产党党校（行政学院）工作条例》第25条规定：“党校（行政学院）应当加强教学的组织管理，建立健全规章制度，形成职责明确、分工协作的教学实施和运行机制，建立和完善学习考核体系和教学效果评估体系。”《中国共产党党组工作条例》第35条规定：“党组决策一经作出，应当坚决执行。党组应当督促推动本单位领导班子依法依章程及时全面落实党组决策。党组成员应当在职责范围内认真抓好党组决策贯彻落实。党组应当建立有效的督查、评估和反馈机制，确保党组决策落实。”

本章小结

制度的生命在于实施，制度的权威也在于实施。党内法规实施是党内法规制度建设的关键环节和核心要素。制定法规很重要，但更重要的是抓执行、抓落实、抓实施。党内法规制定出来之后，必须要强化制度执行，加强监督检查，提高党内法规执行力，构建高效权威的党内法规实施体系，确保党内法规的执行落实。各级党组织和全体党员负有遵守党内法规、维护党内法规权威的义务。各级党组织和党员领导干部必须增强“四个意识”、坚定“四个自信”、做到“两个维护”，牢固树立执规是本职、执规不力是失职的理念，切实担负起执行党内法规的政治责任。党内法规制定出来以后，一个更重要的任务是抓好党内法规的执行落实。有了制度但没有严格执行就会形成“破窗效应”，因此，要狠抓制度执行，扎牢制度笼子，真正让铁规发力、让禁令生威。评估是党内法规实施的重要内容，是提高党内法规制定质量的重要环节。对党内法规的执行情况、实施效果开展评估是修改完善党内法规、提升党内法规执行力的有效途径。

本章思考题

1. 如何理解“党员领导干部履行本地区本单位党内法规执行第一责任人的职责”?

2. 为什么要把学习党章党规作为提高党性修养的根本标准?

3. 对党内法规的执行情况、实施效果开展评估有什么意义?

第十五章 党内法规监督

习近平总书记重要论述

各级纪委要带头尊崇党章，把维护党章和其他党内法规作为首要任务，加强对遵守党章、执行党纪情况的监督检查，严肃查处违反党章党规党纪的行为，坚决维护党章权威，做党章的坚定执行者和忠实捍卫者。“四个服从”中，最根本的是全党服从中央。各级纪委要突出加强党的领导这个根本，确保党中央政令畅通。要坚持不懈纠正“四风”，保持惩治腐败高压态势，推进标本兼治，不断取得工作新成效。

——2016 年 1 月 12 日，习近平在第十八届中央纪律检查委员会第六次全体会议上的讲话

课程思政

1. 通过对党内法规备案、党内法规督查、党内法规救济的学习，了解党内监督的重要意义和基本要求，了解党内权力和党内责任的一致性，了解发扬党内民主和保障党员权利的内在关系。

2. 通过对党内法规救济的学习，了解无救济则无权利、有损害必有赔偿的法治基本原理。

第一节 党内法规备案

一、党内法规备案概述

党内法规备案是党内监督的重要形式，是党内法治的重要制度，是推进党内法规制度体系协调统一的重要抓手。在实践中不仅党内法规需要进行备案审查，数量众多的党内规范性文件更是成为影响党的制度建设的重要因素，也需要纳入备案审查的范围。对此，《中国共产党党内法规制定条例》和《中国共产党党内法规和规范

性文件备案规定》专门对党内法规和规范性文件的备案工作进行了规定，为做好党内法规和规范性文件的备案工作提供了规范依据和具体指南。《中国共产党党内法规制定条例》第35条规定："中央纪律检查委员会以及党中央工作机关和省、自治区、直辖市党委制定的党内法规应当自发布之日起30日内报党中央备案。中央办公厅按照有关规定负责具体审查工作。"在此基础上，为了将党内法规和规范性文件备案工作落细落实，党中央又专门出台了《中国共产党党内法规和规范性文件备案规定》，对党内法规和规范性文件备案工作进行了详细而具体的规定。

二、党内法规备案工作的内容

根据《中国共产党党内法规制定条例》《中国共产党党内法规和规范性文件备案规定》这两部党内法规的规定，我国的党内法规和规范性文件备案工作主要包括以下各方面。

1. 备案目的

党内法规和规范性文件备案工作的根本目的，是维护党内法规和党的政策的统一性、权威性，保证党内法规和规范性文件同党章和党的理论、路线、方针、政策相一致，同宪法和法律相一致，从而维护党内法规制度体系的合法性、正当性。因此，对党内法规和规范性文件进行审查，有利于强化对党内法规和规范性文件的监督，解决党内法规和规范性文件存在的冲突、打架等问题；有利于推动形成上下协调、左右衔接的制度机制，加快构建科学完善的党内法规体系；有利于发扬党内民主、保障党员权利，及时清理与党内法治建设要求不一致的法规文件；有利于督促党内法规的实施，维护党内法规制度体系的严肃性、权威性。对党内法规和规范性文件进行备案审查和清理评估的最终效果是保证党内法规同国家法律的衔接协调，保障法治体系的和谐统一。国家法律和党内法规的不一致，不仅会影响全面依法治国的落实，而且会影响全面从严治党的推进。

2. 备案范围

党内法规和规范性文件备案的范围，仅限于中央纪律检查委员会、中央工作机关和省、自治区、直辖市党委制定的党内法规和规范性文件。这里所说的党内法规主要是指中央纪律检查委员会、中央工作机关和省、自治区、直辖市党委制定的规则、规定、办法、细则层级的党内法规，不包括党的中央组织制定的党章、准则、条例层级的党内法规；这里所说的规范性文件，是指党组织在履行职责过程中形成的具有普遍约束力、在一定时期内可以反复适用的决议、决定、意见、通知等文件，包括贯彻执行中央决策部署、指导推动经济社会发展、涉及人民群众切身利益、加强和改进党的建设等方面的重要文件。

原则上，所有的党内法规和规范性文件都应当予以备案，并做到以下三点要求：一是有件必备，即凡属备案审查范围的都应当及时报备，不得瞒报、漏报、迟报；二是有备必审，即对报备的党内法规和规范性文件应当及时、严格审查，不得备而不审；三是有错必纠，即对审查中发现的问题应当按照规定作出处理，不得打折扣、搞变通、作选择。

需要注意的是，有些党内文件不具有普遍约束力、不可反复适用，既不属于党内法规，也不属于党内规范性文件，自然不属于备案范围，如印发了领导讲话、年度工作要点、工作总结等内容的文件，关于人事调整、表彰奖励、处分处理以及机关内部日常管理等事项的文件，请示、报告、会议活动通知、会议纪要、情况通报等文件，以及其他按照规定不需要备案审查的文件。

3. 备案审查工作主体

根据《中国共产党党内法规和规范性文件备案规定》第4条的规定，各级党委，党的纪律检查委员会、党委（决策）议事协调机构以及党的工作机关、党委直属事业单位，党组（党委）承担备案审查工作主体责任，是备案审查工作的当然主体。党内法规建设是法治建设的重要组成部分，是党领导法治建设的重要体现。党内法规和规范性文件的备案审查工作是党的工作在党的制度建设领域的具体展开，必须要在各级党委（党组）的领导下开展，所以各级各类党组织是开展备案审查工作的主体。

中国共产党作为执政党，对党和国家各项工作都发挥着“总揽全局、协调各方”的领导作用，具体到备案审查工作，在实践中往往由各级党委办公厅（室）作为牵头协调部门来具体负责办理本级党委备案审查工作，统筹协调、督促指导本地区备案审查工作。这是因为党委办公厅（室）作为党委综合部门，承担党内文件的制定、印发、督查职能，是党内文件流转的总关口，由其来具体负责备案审查工作就顺理成章。同时，与具体党内法规和规范性文件有关的各个部门和单位也应在职责范围内积极协助党委办公厅（室）开展备案审查工作，共同发挥审查把关作用。有些党内法规和规范性文件的内容可能不仅涉及党内关系，还有可能会涉及同级人大常委会、政府，影响到党外干部、普通公民，特别是一些党政联合制定印发的党内法规和规范性文件，影响面会更加广泛，在这种情况下，党内法规和规范性文件的备案审查工作就不仅是党内工作，而是需要各级党委与同级人大常委会、政府等有关方面建立健全备案审查衔接联动机制，确保法治体系的协调统一。

依照备案审查工作的相关规定，应当备案的党内法规和规范性文件，自发布之日起30日内由制定机关报送中央备案，联合发布的党内法规和规范性文件由主办机关报送中央备案。具体工作由制定机关或者主办机关所属负责法规工作的机构承担。在具体工作机构上，由中央办公厅代表中央承办党内法规和规范性文件备案工作，因此，党内法规和规范性文件备案工作的具体事务由中央办公厅法规工作机构即中央办公厅法规局来办理。所以，依照规定应当备案的党内法规和规范性文件，直接送中央办公厅法规工作机构。

4. 备案程序

根据制定主体和效力位阶的不同，党内法规和规范性文件的备案主体和备案程序有所不同。

对于中央纪律检查委员会、党中央（决策）议事协调机构以及党中央工作机关、党中央直属事业单位，党中央批准设立的党组（党委），各省、自治区、直辖市党委制定的、按照规定应当备案的党内法规和规范性文件，需要按照程序直接向党中央报备。

对于上述党组织以外的党组织制定的党内法规和规范性文件，原则上都应当向上级党组织报备，如地市级党委制定的规范性文件，按照规定应当向省级党委报备。如果是多个党组织联合制定的党内法规和规范性文件，由牵头党组织向共同的上级党组织报备。党组织对下级党组织报备的党内法规和规范性文件进行审查，具体工作由其所属法规工作机构或者承担相关职能的工作机构办理，一般是各级党委办公厅（室）。党中央明确规定党组织将其制定的党内法规和规范性文件报送特定主体备查、审核的，除要从其规定予以送审外，有关党组织还应当按照一般要求进行报备，也就是说，在这种情况下要向两个报送主体履行两次报备程序。向地方党委报备规范性文件的党组织范围，参照向党中央报备的党组织范围来予以确定。

随着依法治国、依规治党的深入推进，党内法规的数量越来越多，特别是基层党组织制定的规范性文件数量成倍增加。这种情况下党内法规和规范性文件的备案审查工作任务会异常繁重，单靠党中央和特定的有关备案审查工作主体来完成备案审查工作难度颇大。在这种情况下，中央纪律检查委员会以及党中央工作机关、有关中央国家机关部门党组（党委）可以根据工作需要，依照备案工作规定精神建立系统内备案制度，同时逐步实行党的基层组织向批准其设立的党组织报备规范性文件制度，从制度源头上推进备案审查工作向基层延伸、向纵深发展。

5. 备案审查内容

党内法规和规范性文件备案工作的核心是对报送备案的党内法规和规范性文件进行审查。审查机关对符合审查要求的报备党内法规和规范性文件，应当予以登记，从形式和实质两个方面进行审查。备案审查主体一般先进行形式审查，在形式审查的基础上，再按照具体、统一、可操作的实质性备案审查内容标准，进行实质性审查。

形式审查主要是指规范性审查，主要包括报备文件要素是否齐全、名称使用是否适当、体例格式是否正确、表述是否规范等。一般来说，报备党内法规和规范性文件，应当提交1份备案报告、正式文本和备案说明，装订成册，并报送电子文本。备案说明应当写明制定背景、政策创新及其依据、重要数据指标来源、征求意见、审议签批等情况。报备机关应当在每年2月1日前，将上一年度文件目录报送审查机关备查。制定机关或主办机关在报送党内法规和规范性文件备案时，应当提交备案报告、正式文本和制定说明，并装订成册，同时通过党内法规专网报送电子文本。对于不报送或者不按时报送应当备案的党内法规和规范性文件的，由中央办公厅责令其限期补报。中央办公厅法规工作机构在办理党内法规和规范性文件备案审查事宜时，需要报送机构说明有关情况的，报送机构应当在规定期限内予以说明。

实质审查主要是对该党内法规和规范性文件的政治性、法律性、政策性、合理性、合规性等进行审查，主要包括以下三种：首先是政治性审查，包括是否认真贯彻落实习近平新时代中国特色社会主义思想，是否同党的基本理论、基本路线、基本方略相一致，是否与党中央重大决策部署相符合，是否严守党的政治纪律和政治规矩等；其次是合法合规性审查，包括是否同宪法和法律相一致，是否同党章、上位党内法规和规范性文件相抵触，是否与同位党内法规和规范性文件对同一事项的规定相冲突，是否符合制定权限和程序，是否落实精简文件、改进文风要求等；最后是合理性审查，包括是否适应形势发展需要，是否可能在社会上造成重大负面影响，是否违反公平公正原则等。

三、党内法规备案审查的结果

在备案审查中，审查机关应当根据不同情形，对报备的党内法规和规范性文件作出相应处理决定，并督促报备机关及时办理。报备机关应当认真落实审查机关的处理决定。备案审查机关的审查期限一般为30日。作为备案审查机关的中央办公厅法规工作机构，应当在收到报送备案的党内法规和规范性文件后30日内完成备案审查。为了保证党内法规和规范性文件备案工作的规范有序进行，我国还建立了年度备案制度。每年1月31日前，中央纪律检查委员会、党中央工作机关和省、自治区、直辖市党委应当将上一年度发布的党内法规和规范性文件目录，送中央办公厅法规工作机构备查。备案审查结果一般分为三种情形：一是符合备案条件直接予以备案通过，二是存在特定情形需要进一步处理后予以备案通过，三是不予备案通过。

一是直接予以备案通过。对审查中没有发现问题的党内法规和规范性文件，审查机关应当直接予以备案通过，并及时反馈报备机关。对未发现问题的党内法规和规范性文件，审查机关一般在30日内完成审查处理工作。发现可能存在问题的，可以适当延长审查处理时间，但一般不超过3个月。在备案通过的情况下，经审查符合备案条件的党内法规和规范性文件，由中央办公厅法规工作机构存档备查，并及时将备案情况通报报送机构，同时公布已备案的党内法规和规范性文件目录。

二是存在特定情形需要进一步处理后予以备案通过。主要包括三种特定情形：第一种是提出建议后予以备案通过。党内法规和规范性文件没有原则性问题，但存在下列情形之一，审查机关可以予以备案通过，并向报备机关提出建议：（1）有关规定基本合法合规，但需要在执行中把握好尺度的；（2）有关规定实施后上级精神发生变化或者新的改革措施即将出台，需要报备机关了解掌握的；（3）有关方面提出的意见建议具有较高参考价值的；（4）其他需要提出建议的情形。第二种是告知不规范情形后予以备案通过。党内法规和规范性文件没有原则性问题，但存在名称使用、体例格式、文字表述等不规范情形的，审查机关可以予以备案通过，并将相关情况告知报备机关。第三种是书面提醒后予以报备通过。党内法规和规范性文件没有原则性问题，但存在下列情形之一，审查机关可以予以备案通过，并对报备机关进行书面提醒：（1）有关政治表述不够规范的；（2）有关规定在执行中可能产生偏差或者引起误解的；（3）有关规定不够合理的；（4）制定程序不规范的；（5）不符合精简文件、改进文风要求的；（6）其他需要提醒的情形。报备机关在收到书面提醒后应当主动整改，并将相关情况及时通知有关方面，防范有关问题产生不利影响。审查机关要求报告处理情况的，报备机关应当在收到书面提醒后30日内报告。

三是不予备案通过。党内法规和规范性文件存在下列情形之一，审查机关应当不予备案通过，并要求报备机关进行纠正：（1）违背党章、党的理论和路线方针政策的；（2）违反宪法和法律的；（3）同上位党内法规和规范性文件相抵触的；（4）明显不合理的；（5）不符合制定权限的；（6）其他需要纠正的情形。对审查发现的问题，审查机关可以发函要求报备机关纠正，也可以由报备机关主动纠正。纠正可以采用修改原文件、印发补充文件等方式。报备机关应当在收到纠正要求后30日内报告相关处理情况，对复杂敏感、容易产生不利影响的事项，应当及时会同有关方面采取有效措施妥善处理。纠正后的党内法规和规范性文件符合要求的，审查机关按程序予以备案通过。报备机关未在规定时限内纠正问题或者报告有关纠正措施，且无正当理由的，审查机关可以作出撤销相关党内法规和规范性文件的决定。

做好党内法规和规范性文件备案审查工作，需要一系列的保障与监督措施。第一，要加强备案审查工作信息化建设，建立健全覆盖全面、互联互通、功能完备、操作便捷的备案专网，提高备案审查工作信息化水平；第二，为了强化党组织对党内法规和规范性文件备案审查工作的主体责任，党组织应当加强对备案审查工作情况的监督检查、考核评价、表彰奖励，并将相关结果在一定范围内通报；第三，为了提高党内法规和规范性文件备案审查的严肃性和权威性，应实行党内法规和规范性文件备案审查责任追究制度，对在工作中出现违反报备工作程序和时限要求导致报备不规范、不及时甚至不报备的，对审查机关指出的问题拒不整改或者整改不及时、不到位的，违反审查工作程序和时限要求审查不规范、不及时或者出现明显错误的情形，并且造成严重后果的，应当依规依纪追究有关党组织、党员领导干部以及工作人员的责任；第四，根据党内法规同国家法律的衔接和协调机制要求，在实行党内法规和规范性文件备案审查机制的同时，还应建立党内法规和规范性文件备案审查与国家法规、规章和规范性文件备案审查衔接联动机制，要求省、自治区、直辖市党委应当建立相应的备案制度，按照下备一级原则开展备案工作。

第二节　党内法规督查

党内法规督查，即党内法规的制定机关、执规主体或其他有权组织对党内法规的实施情况进行的监督检查、督促检查，目的在于推动党内法规实施，促进执规责任落实。根据党内法规督查的结果，既有可能对实施不力、工作不到位的党组织和人员进行责任追究，也有可能对实施较好、工作开展有力的党组织和人员进行奖励表彰。党内法规督查是提高党内法规执行力，加强党内法规制度建设的重要抓手和有效举措。党内法规督查常见的形式有：将党内法规执行情况纳入党组织和党员领导干部履行执规责任情况的监督，将党内法规执行情况纳入巡视巡察监督工作内容，将党内法规落实情况纳入法治政府建设与责任落实督察。

一、将党内法规执行情况纳入党组织和党员领导干部履行执规责任情况的监督

“徒法不足以自行。”党内法规制定出来之后，党内法规的实施问题随之而来，所以要着力提高党内法规执行力，把制度的刚性立起来。当前，党内法规的实施情况整体较好，但在一些党内法规的执行上还存在“上热中温下冷”，先紧后松、上紧

下松、外紧内松等现象，机械执行、选择执行、烦琐执行、变通执行问题都不少。特别是少数党员领导干部党规意识淡薄，执规能力不强，对出台的党内法规不学不懂不了解，没有真正把制度要求落实到位。要建立对党内法规制度执行情况监督检查的常态化机制，应当将党内法规制度的执行情况作为加强和规范党内监督、开展巡视巡察的重要内容，将党内法规制度执行情况纳入巡视巡察反馈意见，并做好督促整改工作。为贯彻落实党中央关于全面依法治国的部署要求，推动党政主要负责人切实履行推进法治建设第一责任人职责，2016 年 11 月 30 日实施的《党政主要负责人履行推进法治建设第一责任人职责规定》第 7 条规定："党政主要负责人应当将履行推进法治建设第一责任人职责情况列入年终述职内容，上级党委应当对下级党政主要负责人履行推进法治建设第一责任人职责情况开展定期检查、专项督查。"2019 年 9 月 3 日中共中央发布的《中国共产党党内法规执行责任制规定（试行）》是为了提高党内法规执行力、推动党内法规全面深入实施而制定的一部专门党内法规。

《中国共产党党内法规执行责任制规定（试行）》共 19 条，逐一明确规定党委、党组、党的工作机关、党的基层组织、党的纪律检查机关等各级各类党组织和党员领导干部的执规责任，围绕部署推动执规工作、执规能力建设、实施评估等建立健全保障机制，并对监督考核、责任追究等提出要求。《中国共产党党内法规执行责任制规定（试行）》第 10 条规定："党的纪律检查机关应当带头严格执行党内法规，并对其他党组织和党员领导干部履行执规责任进行监督检查，切实维护党章和其他党内法规。"《中国共产党党内法规执行责任制规定（试行）》第 14 条规定："上级党组织应当加强对下级党组织和党员领导干部履行执规责任情况的监督，对重要党内法规的执行情况进行督导检查，对发现的普遍性问题在一定范围内通报。各级党组织应当重视发挥党员、群众和新闻媒体等在监督执规责任履行中的积极作用，推动形成执规工作合力。党组织和党员领导干部履行执规责任情况，应当纳入领导班子和领导干部考核内容，可以与党风廉政建设责任制、党建工作、法治建设等考核相结合。"

将党内法规执行情况纳入党组织和党员领导干部履行执规责任情况的监督，就是从根本上破解党内法规"执行难"问题的一项重要举措。为了更好地强化各级党组织和党员领导干部的执规责任，党的十八大以来制定的很多重要党内法规，都在正文中明确规定了对党委、党组、党的工作机关、党的基层组织、党的纪律检查机关等各级各类党组织和党员领导干部的执规责任，并将党内法规执行情况纳入党组织和党员领导干部履行执规责任情况的监督检查之中。例如，《中国共产党组织工作条例》第 42 条规定："各级党委（党组）应当落实全面从严治党主体责任，加强对本条例执行情况的监督检查，将本条例执行情况纳入领导班子和领导干部考核内容，纳入巡视巡察范围。"《中国共产党统一战线工作条例》第 58 条规定："各级党委（党组）应当落实全面从严治党主体责任，加强对本条例执行情况的监督检查，将本条例执行情况纳入领导班子、领导干部目标管理和考核体系，纳入政治巡视巡察、监督执纪问责范围。"《中国共产党党校（行政学院）工作条例》第 67 条规定："各级党委应当对本条例执行情况进行监督检查。在党委统一部署和协调下，上级党校（行政学院）会同有关部门对下级党委以及党校（行政学院）的执行情况定期进行检查。对于违反本条例的地区、部门和单位，追究有关人员的责任。"《中国共产党机构编制工作条例》第 24 条规定："各级机构编制委员会及其办公室应当按照相应权限，对机构编制工作规定贯彻落实情况进行监督检查，纠正违纪违法行为，并按照有关规定向本级党委提出问责建议。建立机构编制核查制度，各级机构编制委员会在本级党委一届任期内至少组织 1 次管理范围内的机构编制核查。"《中国共产党党务公开条例（试行）》第 22 条规定："党的组织应当建立健全党务公开工作督查机制，开展经常性检查和专项督查，专项督查可以与党风廉政建设责任制检查考核、党建工作考核等相结合。督查情况应当在适当范围通报。"

在实践中，党内法规督查是一项专业性比较强的业务工作，需要一支专业精干的督查队伍，实践中往往从纪委监委、组织、宣传、政法、巡视办等多家党内法规执行部门抽调业务骨干组成督查组，集中对督查组成员进行专题业务培训，列出督查清单，详细讲解督查内容、流程、方式，提升督查人员督查水平，确保督查工作顺利有效开展。

二、将党内法规执行情况纳入巡视巡察监督工作内容

巡视是党章赋予的重要职责，是加强党的建设的重要举措，是从严治党、维护党纪的重要手段，是加强党内监督的重要形式。实践证明，巡视制度有效、管用，是党内监督、群众监督、社会监督相结合的有效方式，破解了一党长期执政条件下党内监督的难题，有力印证了中国共产党完全有决心、有能力解决自身存在的问题，实现自我净化、自我完善、自我革新、自我提高，对推进全面从严治党具有战略、战术双重意义。2017 年 7 月 1 日修改的《中国共产党巡视工作条例》第 2 条规定："党的中央和省、自治区、直辖市委员会实行巡视制度，建立专职巡视机构，在一届任期内对所管理的地方、部门、企事业单位党组织全面巡视。中央有关部委、中央国家机关部门党组（党委）可以实行巡视制度，设立巡视机构，对所管理的党组织

进行巡视监督。党的市（地、州、盟）和县（市、区、旗）委员会建立巡察制度，设立巡察机构，对所管理的党组织进行巡察监督。开展巡视巡察工作的党组织承担巡视巡察工作的主体责任。”

2013 年 4 月 25 日，习近平在中央政治局常务委员会审议《关于中央巡视工作领导小组第一次会议研究部署巡视工作情况的报告》时明确指出：“巡视是党章赋予的重要职责，是加强党的建设的重要举措，是从严治党、维护党纪的重要手段，是加强党内监督的重要形式。”2016 年 12 月 13 日中共中央印发的《关于加强党内法规制度建设的意见》强调，要强化监督检查，将党内法规制度实施情况作为各级党委督促检查、巡视巡察的重要内容，对重要党内法规制度实施情况开展定期督查、专项督查。在这之后，很多的党内法规都强调要将党内法规的执行情况纳入巡视巡察监督工作内容。例如，《中国共产党普通高等学校基层组织工作条例》第 36 条规定：“高校党的建设和思想政治工作情况应当纳入巡视巡察，作为学校领导班子综合评价和领导人员选拔任用的重要依据，作为‘双一流’建设等工作成效评估的重要内容。开展党组织书记抓基层党建述职评议考核工作，强化考核结果运用。对党的建设和思想政治工作重视不够、落实不力的，应当及时提醒、约谈；对出现严重问题的，按照有关规定严肃追责问责，督促抓好问题的整改落实。”《中国共产党统一战线工作条例》第 58 条规定：“各级党委（党组）应当落实全面从严治党主体责任，加强对本条例执行情况的监督检查，将本条例执行情况纳入领导班子、领导干部目标管理和考核体系，纳入政治巡视巡察、监督执纪问责范围。”《中国共产党地方组织选举工作条例》第 43 条规定：“本条例由党的中央委员会以及中央纪律检查委员会和地方各级委员会、纪律检查委员会负责监督实施，执行情况纳入巡视巡察监督工作内容。”《中国共产党党组工作条例》第 40 条规定：“党组（党委）及其成员执行本条例情况，应当自觉接受纪检监察机关、本单位基层党组织和党员群众的监督，纳入巡视巡察范围和党员民主评议内容。”《中国共产党重大事项请示报告条例》第 41 条规定：“党组织应当建立健全重大事项请示报告工作督查机制，并将执行请示报告制度情况纳入日常监督和巡视巡察范围。”《中国共产党支部工作条例（试行）》第 31 条规定：“村、社区党支部工作纳入县级党委巡察监督工作内容。”

三、将党内法规落实情况纳入法治政府建设与责任落实督察

2015 年 6 月 26 日习近平在十八届中央政治局第二十四次集体学习时指出，有些法规制度之所以执行不了、贯彻不下去，一个重要原因就是责任不明确，违反规定后怎么处罚无章可循。为此，在法规制度建设中，应当明确划分责任主体，防止

出现责任主体分散、职责交叉等问题。为此，中共中央决定将党内法规落实情况纳入法治政府建设与责任落实督察，以更好地明确党内法规落实的主体责任。督察作为一项监督制度，其本义是提醒、敦促有关单位和人员遵纪守法。督察的对象侧重于有明确问题导向或线索指向的行为，督察的结果很可能导致责任追究的发生。在这个意义上，督察是督查的一种，是一种较为严厉的督查。负责督察工作的主体，一般是上级机关或掌握一定权力的机关单位，在很多情况下往往需要法律法规、党章党规的授权。

当前，一些地区和部门对法治政府建设特别是党内法规制度建设的重视程度、领导力度、推进速度还有待进一步加强。开展督察的目的，就是希望通过督察工作推进法治政府建设、党内法规制度建设，落实主体责任，形成从党政主要负责人到全体党政机关工作人员的责任闭环体系。根据党政机关在推进法治政府建设上的不同定位和职责，明确督察工作的主要内容。对地方各级党委，主要督察履行推进本地区法治建设领导职责，加强法治政府建设的情况，地方各级党政主要负责人，主要督察在全局工作中加强法治政府建设的情况；对领导班子其他成员，主要督察在分管工作范围内履行推进法治政府建设相关职责的情况。近年来，各地区、各部门围绕法治政府建设、党内法规制度建设开展了不少督察工作，取得了积极成效，但做法不一、标准不同，缺乏规范统一的要求和程序，需要进一步对督察工作作出具体规定，着力提高督察工作的程序性、针对性和可操作性，进一步运用好督察结果，对不作为、乱作为、慢作为的行为要警醒和惩戒，使其真正发挥督促、倒逼、问责、激励作用。

2016 年 11 月 30 日实施的《党政主要负责人履行推进法治建设第一责任人职责规定》第 5 条第 2 项专门强调，党政主要负责人作为推进法治建设第一责任人，履行“坚持全面从严治党、依规治党，加强党内法规制度建设，提高党内法规制度执行力”的职责。2019 年 4 月 15 日实施的《法治政府建设与责任落实督察工作规定》第 7 条规定：“对地方各级党委重点督察主要负责人履行推进法治建设第一责任人职责，加强法治政府建设的情况，以及党委其他负责人在其分管工作范围内履行相关职责情况。地方各级党委主要负责人应当坚持以身作则、以上率下，带头抓好推进本地区法治建设，加强法治政府建设的各项工作。”因此，在法治政府建设与责任落实督察工作中，党政主要负责人履行推进法治建设第一责任人职责，特别是履行“坚持全面从严治党、依规治党，加强党内法规制度建设，提高党内法规制度执行力”的职责，是督察工作的重要内容和题中应有之义。

根据《党政主要负责人履行推进法治建设第一责任人职责规定》第 8 条、第 9

条的规定，上级党委应当将下级党政主要负责人履行推进法治建设第一责任人职责情况纳入政绩考核指标体系，作为考察使用干部、推进干部能上能下的重要依据。党政主要负责人不履行或者不正确履行推进法治建设第一责任人职责的，应当依照《中国共产党问责条例》等有关党内法规和国家法律法规予以问责。在具体实践中，可以根据实际情况考虑如何将履行执规责任情况纳入领导班子和领导干部考核重要内容，纳入党组织书记抓党建工作述职评议考核内容，纳入领导干部年终目标绩效考核重要内容。同时，按照“好”“较好”“一般”“差”四个等次对被督察单位进行评估，对学习宣传、执行落实党内法规不力或不担当、不作为，检查评估为“差”等情形的，部门（单位）年终目标绩效考核不能评为一等次，领导班子年度考核不能评为“优秀”等次，并根据相关党内法规要求，启动问责机制，严肃追究有关责任人责任。

案例与思考 15－1

中央全面依法治国委员会办公室启动市县法治建设工作督察

2022 年 7 月 19 日，按照中央全面依法治国委员会办公室统一部署，中央依法治国办对八省区市启动市县法治建设工作督察活动。此次督察组成员由中央及地方各级干部、全国人大代表、专家学者和律师、记者等组成，分赴山西、辽宁、江苏、福建、河南、湖北、贵州、云南等省份开展市县法治建设工作督察，重点聚焦学习宣传、研究阐释、贯彻落实习近平法治思想情况，党领导法治建设制度和工作机制贯彻落实、发挥作用情况，依法行政、加快建设法治政府情况开展督察。督察期间，督察组将通过听取汇报，实地走访，查阅案卷，与领导干部个别谈话，访谈民营企业家和基层干部群众，暗访突查等方式，推动中央全面依法治国的决策部署在地方落地见效。

思考题：在法治督察中，如何加强对党内法规的实施情况的监督检查？

案例与思考 15－2

江西省萍乡市莲花县委原书记刘某
在国家贫困县脱贫摘帽验收检查中弄虚作假等问题

2018 年 8 月，作为国家贫困县的莲花县组织召开全县脱贫摘帽攻坚工作推进会，为应对国家脱贫摘帽验收检查，刘某在会上总结了 4 条迎检“过关诀窍”，即人为控制抽检比例、提前规划迎检路线、电话查访确保百分百满意率、配齐旧用品避免“穿帮”等，随后县委办公室将此以文件形式印发。该县遂按此应对验收检查，全县每个村都组建了十几个人的信息员队伍，提前设计好路线，给检查组人员“带路”，避免检查发现问题；为防止检查前临时购置新物品造成“穿帮”，提前为已脱贫的部分贫困户购置家居用品，共计花费153万余元。刘某还存在其他违纪违法问题。2019年7月，莲花县委被责令作出深刻检查；刘某受到党内严重警告、政务降级处分。

思考题：如何纠正和预防监督检查中的弄虚作假问题？

第三节　党内法规救济

一、党员权利救济的重要意义

党员权利是党内民主的基础，党内民主是党的生命，没有党内民主就没有党的兴旺发达。什么时候有了党内民主，我们党和党所领导的事业就充满生机；什么时候党内民主受到削弱和破坏，党就会犯错误，党的事业就会遭受严重挫折。对于中国共产党而言，在长期执政的条件下，发展党内民主是党始终面临和必须认真解决的重大问题，这个问题的核心就涉及党内民主和党员权利的关系。民主集中制的实质就是党内民主和党员权利的关系。所谓党内民主，就是由党的性质、宗旨和奋斗目标所决定的，体现在党的制度和党内社会中的，由全体党员一律平等地、直接或间接地决定党内一切重大事务的权利。要保障党员的权利就必须发展党内民主，因为这本身就是一个权利。党员的权利是平等的，党员是党的主体，有权平等地、直接或间接地决定党内的一切重大事务，所有党员在党内一律平等，都有平等地参与党内各种事务的权利，这是党内民主的精髓和核心，是实现党内民主的基础和前提条件，党员权利的平等也就意味着全体党员不论职务高低、资历年龄，在党内的地位是平等的，义务和权利是对等的，决不允许有超越组织和其他党员之上的组织或家长式的人物存在。发展党内民主的核心就是党员权利，发展党内民主的实质就是要保障党员权利。民主集中制的实质就是通过党内民主彰显党员权利、汇集党内智慧，通过适当集中聚集党内力量、形成统一共识。

党员是党的主体，党内民主发挥得如何关键是看党员权利发挥得如何，即党员各项民主权利的实现程度标志着党内民主的发展程度。离开党员这种民主权利的发挥，党内民主就没有了基础，所以要发展党内民主，就必须让广大党员说话，而且还要保证党员有权决定党内的重大事务。从制度层面上讲，党章对党员必须履行的义务和享有的权利都作了详尽的规定，有 8 项权利和 8 项义务，这些规定包含了党员在党内生活中充分发表意见的权利，包含了充分参与党的决策的权利，包含了监督制约党的领导机关和领导干部的权利，规定得比较详细完善。1980 年 2 月，党的十一届五中全会通过的《关于党内政治生活的若干准则》强调，侵犯党员的权利的行为，是违法犯罪行为。1995 年印发的《中国共产党党员权利保障条例（试行）》明确规定了侵犯党员民主权利应该给予的惩处。

曾经有一段时期，党内的权力配置结构并不十分科学，某些领导干部用党员授予的权力取代了党员的主体地位，把自己的工作职权当作特权，这是党员权利得不到保障的根本性原因。政党作为一个政治组织要求它的成员必须以服从组织为前提，但这种服从绝不意味着剥夺党员权利的主体地位。这样以机制的力量切实保证党员的主体权利，同时以机制的力量限制党员选出的某些领导干部的权力，这方面我们在有关制度规定上还很薄弱。如果只停留在党员参与而不拥有对党内事务决策的权利，这些权利仅仅由少数人来行使，所谓党员权利的保障都是空的，广大党员就不可能感到在党内的主体地位，就不可能保障自己的权利不受侵犯，甚至不可能保障自己的人身权利不受侵犯。对侵犯党员民主权利的人，不管涉及谁，不管职务高低，都应该受到相应党规国法的严厉制裁。在党员权利保障问题上，既要对敢于坚持党内民主、捍卫党员权利的党员进行激励和表扬，更要让那些践踏党内民主、侵犯党员权利的少数分子受到应该受到的严厉惩处。

近年来，随着国家经济社会形势的不断发展，党员权利保障工作出现了一些新情况新问题。广大党员，特别是年轻党员的法治意识、权利意识和主体意识不断增强，依法依规享有权利、行使权利、保障权利的自觉性更加主动更加强烈，对党员权利保障的范围、方式、渠道、措施等提出了更多更高的新要求。在实践中，虽然这几年党的领导不断强化，党的建设不断完善，全面从严治党也更加有力，但在有些地方、有些部门，党内民主的建设还跟不上时代的发展，党内监督的力度距离人民群众的期待还有一定的距离，党员权利保障现状还有一些不尽如人意的地方：有的领导干部民主作风不够，习惯搞“家长制、一言堂”；有的领导干部不能平等对待同志，对其随意辱骂殴打；有的党员居心叵测、心怀不轨，故意实施诬告陷害行为；有的领导干部违反民主集中制原则，经常个人决定重大问题；有的领导干部存在命令主义、形式主义、官僚主义问题，甚至打击报复、歧视刁难正常行使权利的党员；

有的党员权利被侵犯后存在申诉无门、控告无效等问题。这些问题严重影响了党内政治生态，严重违反了党内民主制度，严重侵害了党员正常权利，必须要加以解决。

因此，从党内法规和救济制度上保障党员权利，有助于通过发展党内民主推动实现全过程人民民主，有助于保证党进行民主决策和科学决策的基本途径。通过充分发扬党内民主，健全党内民主制度，就能够使党的各项决策充分反映广大党员的意愿，使党的决策走上民主化、科学化的轨道，保证党的路线方针政策的正确性和有效贯彻执行。

二、党员权利救济的制度渠道

无救济则无权利，有损害必有偿复。从制度渠道上保障党员权利，对党员受到侵害的权利进行救济，是建立充分反映党组织意志和党员意愿的党内民主制度的前提和基础。只有建立健全发扬党内民主、保障党员权利、严肃党的纪律的党内法规制度体系，才能使党内民主的保障、党员权利的救济、党的纪律的实施具有明确的制度依据和坚实的制度基础。从制度层面来看，对党员权利的救济方式主要有申辩、申诉和控告。

（一）党内申辩

申辩即申述理由、加以辩解。党员的党内申辩权，即党员有权实事求是地对被反映的本人问题向党组织作出说明、解释；在党组织讨论决定对自身处分或者作出鉴定时，有权参加和进行申辩，其他党员可以为其作证和辩护。

申辩权是党员的一项基本权利，也是党员权利救济的重要方式。《中国共产党章程》第 43 条规定：“党组织对党员作出处分决定，应当实事求是地查清事实。处分决定所依据的事实材料和处分决定必须同本人见面，听取本人说明情况和申辩。如果本人对处分决定不服，可以提出申诉，有关党组织必须负责处理或者迅速转递，不得扣压。对于确属坚持错误意见和无理要求的人，要给以批评教育。”《中国共产党党内监督条例》第 44 条规定：“党组织应当保障监督对象的申辩权、申诉权等相关权利。经调查，监督对象没有不当行为的，应当予以澄清和正名。对以监督为名侮辱、诽谤、诬陷他人的，依纪严肃处理；涉嫌犯罪的移送司法机关处理。监督对象对处理决定不服的，可以依照党章规定提出申诉。有关党组织应当认真复议复查，并作出结论。”《中国共产党问责条例》第 11 条规定：“查明调查对象失职失责问题后，调查组应当撰写事实材料，与调查对象见面，听取其陈述和申辩，并记录在案；对合理意见，应当予以采纳。调查对象应当在事实材料上签署意见，对签署不同意见或者拒不签署意见的，调查组应当作出说明或者注明情况。调查工作结束后，调查组应当集体讨论，形成调查报告，列明调查对象基本情况、调查依据、调查过程，问责事实，调查对象的态度、认识及其申辩，处理意见以及依据，由调查组组长以及有关人员签名后，履行审批手续。”

在实践中，党员的党内申辩权主要适用于两种情形：第一种情形是党员有权实事求是地对被反映的本人问题向党组织作出说明、解释；第二种情形是党员在基层党组织讨论决定对自身处分或者作出鉴定时，有权参加和进行申辩，其他党员可以为其作证和辩护。需要注意的是，党员在申辩时，其他党员在为其作证或者辩护时，必须坚持实事求是的原则，作伪证者应受到党纪追究。申辩人有如下权利：（1）申辩人有权依据事实和党纪政纪的有关规定，就自己是否有错、错轻还是错重等情况进行陈述和辩解，不受任何组织和个人的干涉与影响。（2）申辩人有权知悉党组织认定的事实材料，对自己不承认的事实、情节提出不同意见，并进行辩解；对自己曾经承认过的事实、情节，认为又有新的补充内容，可以提出与之前不同的意见。（3）申辩人有权向党组织提供证明自己无错或错轻的证据线索和证据材料。（4）申辩人对认定事实的证据持有异议时，有权提出重新调查或鉴定的要求。

作为监督执纪工作的专责机关，纪检监察机关有权对党组织和党员违反党章和其他党内法规，违反国家法律、法规，违反党和国家政策、社会主义道德，危害党、国家和人民利益的行为，依照相关规定给予党纪政纪处分。因此，在监督执纪中如何保障党员正当权利就成为权利救济的重要环节。对此，《中国共产党党员权利保障条例》第 35 条专门规定：“在对党员进行监督执纪中应当充分保障党员权利，严格依规依纪依法开展工作，不得使用违反党章党规党纪和法律法规的手段、措施。对于本人的说明和申辩、其他党员所作的证明和辩护，应当认真听取、如实记录、及时核实，合理的予以采纳；不予采纳的，应当说明理由。党员实事求是的申辩、作证和辩护，应当受到保护。处理、处分所依据的事实材料应当同本人见面。处理、处分的决定应当向本人宣布，并写明党员的申诉权以及受理申诉的组织等内容。事实材料和决定应当由本人签署意见，对签署不同意见或者拒不签署意见的，应当作出说明或者注明情况。”

（二）党内申诉

申诉，是指国家机关工作人员和政党、团体成员等对所受处分不服时，向原机关或上级机关提出自己的意见。党内申诉权是指党员对于党组织给予本人的处理、处分或者作出的鉴定、审查结论不服的，有权按照规定程序逐级向本人所在党组织、上级党组织直至中央提出申诉的权利。

申诉权是党员的一项基本权利，多部重要党内法规中都确认了党员的申诉权。

《中国共产党章程》第4条规定，党员有权利向党的上级组织直至中央提出请求、申诉和控告，并要求有关组织给以负责的答复。党的任何一级组织直至中央都无权剥夺党员的这项权利。《关于新形势下党内政治生活的若干准则》规定，要保障党员申辩、申诉等权利。对执纪中的过错或违纪行为，要依规及时纠正、消除影响并追究有关组织和人员的责任。《中国共产党纪律处分条例》第42条规定，执行党纪处分决定的机关或者受处分党员所在单位，应当在6个月内将处分决定的执行情况向作出或者批准处分决定的机关报告。党员对所受党纪处分不服的，可以依照党章及有关规定提出申诉。《党政机关厉行节约反对浪费条例》第62条规定，受到责任追究的人员对处理决定不服的，可以按照相关规定向有关机关提出申诉。受理申诉机关应当依据有关规定认真受理并作出结论。申诉期间，不停止处理决定的执行。

申诉是党员的一项重要权利，党组织应当认真处理党员的申诉，并给予负责的答复。对于党员的申诉，有关党组织应当按照规定进行复议、复查，不得扣压。上级党组织认为必要时，可以直接或者指定有关党组织进行复议、复查。经复议、复查或者审查决定，对于全部或者部分纠正的案件，重新作出的决定应当在一定范围内宣布。对于处理正确而本人拒不接受的，给予批评教育；对于无正当理由反复申诉的，有关党组织应当正式通知本人不再受理并在适当范围内宣布。党员对党组织给予其他党员的处理、处分或者鉴定、审查结论提出的意见，有关党组织应当认真研究处理、如实记录，并进一步核实，采纳其合理意见。党员认为党组织给予其他党员的处理、处分或者作出的鉴定、审查结论不当的，有权按照规定程序逐级向党组织直至中央提出意见。向上级党组织直至党中央提出申诉是党员的权利，任何部门都不能剥夺，但申诉也要按照程序进行，那就是要逐级申诉，不能越级申诉，否则也有可能构成违纪。对此，《中国共产党纪律检查机关监督执纪工作规则》第59条规定：对不服处分决定的申诉，由批准或者决定处分的党委（党组）或者纪检监察机关受理；需要复议复查的，由纪检监察机关相关负责人批准后受理。申诉办理部门成立复查组，调阅原案案卷，必要时可以进行取证，经集体研究后，提出办理意见，报纪检监察机关相关负责人批准或者纪委常委会会议研究决定，作出复议复查决定。决定应当告知申诉人，抄送相关单位，并在一定范围内宣布。坚持复议复查与审查审理分离，原案审查、审理人员不得参与复议复查。复议复查工作应当在3个月内办结。

（三）党内控告

控告，主要是指被害人向纪检监察机关报告、揭发党组织、党员以及监察对象涉嫌违纪或者职务违法、职务犯罪问题并要求依法惩治的行为。《中国共产党权利保障条例》第19条规定："党员有党内控告权，合法权益受到党组织或者其他党员侵害的，有权向本人所在党组织、上级党组织直至中央提出控告，要求对侵害其合法权益的行为依规依纪进行处理。"因此，党员的党内控告权，主要是指党员受到打击、迫害、诬告陷害或因为揭发检举某些人、某些组织而受到错误打压、报复时，有权向本人所在党组织、上级党组织直至中央提出控告，要求对侵害其合法权益的行为依规依纪进行处理。

控告作为党员的一项基本权利，其行使主体一般是被害人，所以控告能指出违法违纪嫌疑人和违法违纪事实。《中国共产党章程》第4条规定，党员有权利向党的上级组织直至中央提出请求、申诉和控告，并要求有关组织给以负责的答复。党的任何一级组织直至中央都无权剥夺党员的这项权利。为了保障党员的党内控告权，党组织应当严格落实党内民主监督各项制度，畅通监督渠道，支持和鼓励党员发扬斗争精神，同各种违纪违法行为和不正之风作斗争。对于党员的批评、揭发、检举、控告以及提出的有关处理、处分和罢免、撤换要求，党组织应当按照规定及时恰当处理，并给予负责的答复。党组织应当保障检举控告人的权益，对检举控告人的信息以及检举控告内容必须严格保密，严禁将检举控告材料转给被检举控告的组织和人员。提倡和鼓励实名检举控告，对实名检举控告优先办理、优先处置，告知受理情况、反馈处理结果；对于检举控告严重违纪违法问题经查证属实的，应当给予表扬。对于党员检举控告和反映的问题，任何党组织和领导干部都不准隐瞒不报、拖延不办。对于通过正常渠道反映问题的党员，任何组织和个人都不准打击报复，不准擅自进行追查，不准采取调离工作岗位、降格使用等惩罚措施。

群众路线是党的生命线和根本工作路线，想问题、作决策、办事情都要站在群众的立场上，通过各种途径了解群众的意见和要求、批评和建议。检举、控告是党章、宪法赋予党员、公民的重要权利。处理检举控告，是中国共产党倾听党员和群众呼声、依靠人民群众开展反腐败工作的重要方式，是纪检监察机关贯彻党的群众路线、保障党员民主权利的重要举措。党的纪律检查机关作为监督执纪问责的专责机关，担负着保障党员权利的重要职责，应加强对党组织和领导干部履行党员权利保障工作职责情况的监督检查，受理和处置有关党员权利保障方面的检举、控告和申诉，检查和处理侵犯党员权利方面的案件，对侵犯党员权利的党组织和党员作出处理、处分决定或者提出处理、处分建议。关于对阻挠、压制、侵害党员党内控告权的行为的处理、处分，《中国共产党纪律处分条例》第79条专门进行了规定，"有下列行为之一的，给予警告或者严重警告处分；情节较重的，给予撤销党内职务或者留党察看处分；情节严重的，给予开除党籍处分：（一）对批评、检举、控告进行阻挠、压制，或者将批评、检举、控告材料私自扣压、销毁，或者故意将其泄露给他人的；（二）对党员的申辩、辩护、作证等进行压制，造成不良后果的；（三）压制党员申诉，造成不良后果的，或者不按照有关规定处理党员申诉的；（四）有其他侵犯党员权利行为，造成不良后果的。对批评人、检举人、控告人、证人及其他人员打击报复的，从重或者加重处分”。

没有程序就没有正义。党员的党内控告权利救济不仅需要实体上的确认保护，更需要程序上的细化保障。为了保障党内控告权利的实现，2020 年 1 月 21 日中共中央办公厅发布了《纪检监察机关处理检举控告工作规则》。该规则对检举控告的接收和受理、检举控告的办理、实名检举控告的处理、检举控告情况的综合运用、当事人的权利和义务、诬告陷害行为的查处，以及纪检监察机关及其工作人员在处理检举控告中的工作要求和责任等作了详细规定。制定规则有利于进一步坚持和完善党和国家监督体系，拓宽党内监督、群众监督渠道，畅通检举控告渠道，完善激励保障机制，保障检举控告人监督权利，维护党员、干部合法权益，规范纪检监察机关处理检举控告的接收、受理、办理、处置程序，促进监督执纪执法权正确行使，调动党员、干部和广大群众参与监督的积极性，不断增强人民群众对党的信任和信心，厚植党的执政根基。

案例与思考 15-3

李某诬告陷害案

李某，党员，某乡政府干部。2017 年 3 月以来，李某因在乡政府报销个人费用遭到会计杜某的拒绝，心生怨恨，于是编造杜某违反廉洁纪律及贪污数千元公款的问题，通过多次邮寄匿名信的方式向县级纪检监察机关举报，意图对杜某造成不良影响，甚至使其受到党纪追究。经市纪委监委批准，该县纪委监委对李某涉嫌诬告陷害开展核查。经查，李某所反映情况不属实，且存在主观恶意，致使被举报人一度被调离工作岗位，正常生活受到严重影响，承受巨大精神压力。李某的行为违反了政治纪律，已构成诬告陷害的违纪行为。2019 年 3 月，依据《中国共产党纪律处分条例》第 52 条的规定，追究李某的党纪责任，给予其留党察看处分。

思考题：如何区别不实举报和诬告陷害？

本章小结

提高党内法规的实施效果，对党内法规实施情况开展切实有效的监督是关键环节。在党内法规工作中，要进一步加大监督力度，用监督传递压力、用压力推动落实，建立健全督促检查党内法规制度实施常态化机制，加强党内法规备案审查工作，加大党内法规执行力度，将实施情况纳入巡视巡查、督促检查的重要内容，完善党内法规救济程序，为党内法规在各级各部门落地生根，推进全面从严治党提供重要保障。

本章思考题

1. 党内法规备案工作程序是什么？
2. 党内法规督查形式有哪些?
3. 党员权利救济的制度渠道有哪些?

第十六章
党内法规保障

习近平总书记重要论述

要完善党内法规制定体制机制，注重党内法规同国家法律的衔接和协调，构建以党章为根本、若干配套党内法规为支撑的党内法规制度体系，提高党内法规执行力。党章等党规对党员的要求比法律要求更高，党员不仅要严格遵守法律法规，而且要严格遵守党章等党规，对自己提出更高要求。

——2014 年 10 月 23 日，习近平在党的十八届四中全会第二次全体会议上的讲话

课程思政

1. 通过对推进党内法规制度建设的外部条件和保障因素的总结分析，帮助学生理解和认识法治建设的系统性、整体性，引导学生加深对中国共产党的领导地位和作用的认识。

2. 通过对党内法规制度“供给侧结构性改革”的学习，引导学生从党和国家事业大局高度来看待党的制度建设，更好地理解党内法规工作的“围绕中心、服务大局”功能。

3. 通过对建立党内法规同国家法律的衔接和协调机制的学习，引导学生更好地了解党内法规和国家法律的异同，帮助学生从国家治理层面来理解党内法规和国家法律的本质一致性。

第一节 推动形成党内法规保障体系

推进党内法规制度建设，需要一定的外部条件和保障因素，比如政治生态、社会环境、文化氛围、物质条件、人才储备等，这些条件和因素对党内法规的制定、

实施和发展，具有重要的影响，也构成了党内法规保障的基本内容。党内法规保障体系建设是党内法规制度建设的重要内容，是确保党内法规沿着正确道路前进的重要保障，是推进党内法规高质量发展的重要支撑。能否形成有力的党内法规保障体系，关系到党内法规制度建设的成败，关系到全面从严治党的成效，关系到全面依法治国总目标的实现。

一、政治保障

党的领导是加强党内法规制度建设的坚强政治保障。事在四方，要在中央。党的十八大以来，以习近平同志为核心的党中央对关系新时代党和国家事业发展的一系列重大理论和实践问题进行了深邃思考和科学判断，就新时代坚持和发展什么样的中国特色社会主义、怎样坚持和发展中国特色社会主义，建设什么样的社会主义现代化强国、怎样建设社会主义现代化强国，建设什么样的长期执政的马克思主义政党、怎样建设长期执政的马克思主义政党等重大时代课题，提出一系列原创性的治国理政新理念、新思想、新战略，为新时代党和国家各项事业发展提供了科学行动指南。新时代党内法规制度建设取得的成果，是习近平新时代中国特色社会主义思想的重要体现，是以习近平同志为核心的党中央治国理政实践和理论创新的重要体现，是全面从严治党历史经验和新鲜经验的重要体现，为党内法规制度建设提供了坚强有力的政治保障。①

二、组织保障

党的力量来自组织。党的全面领导、党的全部工作要靠党的坚强组织体系去实现，党内法规制度建设也要靠党的组织建设来予以保障。2011 年 7 月，中央成立了专门的党内法规工作机构——中央办公厅法规局，各地各部门也在不断推动建立党内法规工作机构。中央办公厅法规局要认真履行党内法规建设统筹协调职责，抓好任务分解，拟订年度计划，协调抓好对党内法规建设各项任务的落实。承担中央党内法规起草任务的中央纪委和中央有关部门，要切实加强组织领导，制定实施方案，主要负责同志要亲自过问，有关负责同志要加强协调，法规工作机构要着力抓好落实。各地区各有关部门要抓紧建立健全党内法规工作机构，并帮助解决队伍力量、设施条件、工作开展等方面的实际困难，充分发挥党内法规工作机构在服务党的制度建设和党依法执政方面的参谋助手作用，为党内法规工作机构负责人列席本级党

① 中共中央办公厅法规局. 新时代党内法规制度建设的历史性成就. 习近平法治思想研究与实践，2022 (6) [民主与法制，2022 (23)].

委重要会议特别是讨论法规文件的会议创造条件，将党内法规工作经费纳入同级政府财政预算，为开展党内法规工作提供保障。

三、队伍保障

专门组织机构是开展工作的前提，专业工作人员是做好工作的基础，党内法规执行离不开专业工作人员参与，无论是从上到下进行督查，还是自下而上开展工作，都迫切地需要一大批专业化人才，都需要配备专门工作机构来定岗、定编、定人员。这就需要由党中央明确党内法规专门工作机构，配齐配强党内法规工作岗位，优化岗位选拔和晋升方式，选拔使用精通法律法规、党的建设工作的专业高学历人才，重点面向党内法规工作人员开展定期培训轮训，通过上挂锻炼、定向培养等方式，有效提升基层党内法规工作人员的理论素养和业务能力，着力打造一支素养高、业务精、纪律强的党内法规工作人员队伍。对此，中央办公厅在中央党校（国家行政学院）和干部学院先后举办5期全国党内法规制度建设专题培训班，各地区各部门也举办形式多样的党内法规学习培训。10多所高校设立了党内法规研究方向、开展研究生教育，有的高校在本科阶段开设党内法规专业课程。干部培训与学科教育双轮驱动，党内法规工作队伍建设与后备人才培养统筹推进的局面正在形成。[①] 经过数十年来的探索积淀和发展，特别是十八大以来的全面推进和飞速发展，党内法规研究已经具有了自己特有的概念、范畴、价值、理论与实践，逐渐形成了一套科学规范、逻辑自洽的概念体系、知识体系和理论体系，逐步成为一门相对独立的新型学科。理论界实务界针对党内法规制度建设重大理论和实践问题开展深入研究，围绕学习阐释党中央关于加强党内法规制度建设重大决策部署和习近平总书记关于依规治党重要论述，形成了一批理论研究成果。截至2022年6月，全国已有28个省区市设立了党内法规研究机构或学术团体，现有党内法规研究会、研究中心等92个，公开发表的以党内法规为主题的理论文章将近1万篇，党内法规理论研究氛围日趋浓厚。[②]

四、机制保障

一部党内法规的顺利执行，往往涉及多个部门和机关，既不能与国家法律相冲

① 中共中央办公厅法规局. 开辟新时代依规治党新境界：党的十八大以来党内法规制度建设成就综述. 人民日报，2021-06-17.

② 中共中央办公厅法规局. 充分发挥依规治党的政治保障作用：以习近平同志为核心的党中央加强党内法规制度建设纪实. 人民日报，2022-06-26.

突，也不能与其他党内法规相冲突，尤其是在深化党和国家机构改革大背景下，党内法规执行往往面临与国家法律法规的协调配合问题，需要进一步完善党内法规多部门协调配合执行的工作机制，充分发挥纪委监委、组织部门、宣传部门、统战部门、政法部门、立法部门、公安部门、国家安全部门、司法部门等部门的作用，形成工作合力，统筹抓好党内法规执行工作。为了完善党内法规制定工作体制机制，统筹推进中央党内法规制度体系建设，2015 年 8 月，中共中央专门建立了中央党内法规工作联席会议制度，由中央办公厅法规局、中央纪委、中央组织部、中央宣传部等 14 个部门参加，对推动党内法规制度建设起到了较好的统筹和协调作用。各省区市也建立运行有效的工作机制，普遍建立各具特色、务实管用的党内法规工作协作机制，形成了党中央集中统一领导、各地区各部门齐抓共管的工作格局，为党内法规工作有效开展提供了机制保证。同时，从立项、起草，审核、审议批准，解释、备案审查、清理，到督促落实、理论研究，一个涵盖党内法规工作全流程的完整链条基本形成。

第二节　推进党内法规制度“供给侧结构性改革”

一、党内法规制度“供给侧结构性改革”的核心要义

党内法规既是管党治党的重要依据，也是建设社会主义法治国家的有力保障，需要在管党治党实践中加以发展、在法治中国建设中加以创新。新时代党内法规制度建设，要以改革创新精神加快补齐党建方面的法规制度短板，推进党内法规制度“供给侧结构性改革”，构建以党内法规制度为主导的权力监督体系，建立党内法规同国家法律的衔接和协调机制，尽快形成比较完善的党内法规制度体系。坚持制度治党、依规治党，是以习近平同志为核心的党中央推进全面从严治党战略布局的重大举措，也是党的十八大以来党中央管党治党、执政兴国的鲜明特征。党的十九届四中全会延续了党中央加强制度建设的优良传统和政治优势，对坚持和完善党的领导制度体系、完善全面从严治党制度作出重要部署，强调要把“坚持和完善中国特色社会主义法治体系，提高党依法治国、依法执政能力”作为十三个“坚持和完善”的重要内容，加强党内法规制度建设研究，着眼于坚持和加强党的全面领导，按照精准有效、务实管用原则，统筹推进党内法规制度的立改废释工作，不断深化党内法规制度“供给侧结构性改革”，加快形成完善的党内法规体系。

供给侧结构性改革是习近平同志治国理政新理念、新思想、新战略的重要内容，

最初源自经济领域，旨在调整经济结构，用增量改革促存量调整，优化要素配置，提升经济增长的质量和数量。供给侧改革主要是相对于需求侧改革而言的，需求侧改革主要有投资、消费、出口三驾马车，供给侧改革的要素包括劳动力、土地、资本、制度创造创新等要素，因此，制度的创造创新，本身就是供给侧结构性改革的重要内容之一。党内法规制度作为制度建设的重要组成部分，自然也要搞好制度"供给侧结构性改革"，更好地发挥制度的根本性、全局性、稳定性、长期性作用，形成制度整体效应。

党内法规制度"供给侧结构性改革"的核心要义，就是从提高制度供给质量出发，以增量改革推进现有存量结构调整，强调制度创造创新，扩大有效制度供给，提高制度建设对实践需求的适应性和灵活性，提高党内法规制度体系建设的科学性和有效性，更好满足管党治党的现实需要，促进党和国家事业的健康有序发展。具体来说，就是通过新修新订的党内法规，来优化现存的党内法规制度体系、提高党内法规的整体质量，在加快推进党内法规制度建设的基础上，构建系统完备、科学规范、运行有效的制度体系，使各方面制度更加成熟更加定型。[①]

相对于较为成熟的国家法律体系，党内法规制度体系的理论研究与体系建设相对比较滞后，尚未形成完善的党内法规体系。从党内法规的形成发展历程来看，在中国共产党成立初期，制定党内法规的主要目的是规范党组织工作、活动和党员行为，并没有考虑要从顶层设计高度来制定一个科学完善的党内法规体系。这就导致了党内法规制度体系建设从一开始就带有实用性、功利性和临时性痕迹，只是后来，随着党内法规的数量越来越多，党内法规调整领域越来越广，条文粗糙、笼统抽象、内容重复、条文冲突等问题日益显现。如果不抓紧解决好党内法规体系问题，厘清各种党内法规之间的逻辑关系，那就很容易造成不同党内法规之间的边界不清、冲突抵触，就无法有效维护党内法规体系的协调统一，就不能适应全面从严治党、依规治党的现实需要。[②] 因此，党内法规制度体系建设问题，尤其是党内法规制度"供给侧结构性改革"问题开始逐渐浮出水面，成为新时代党的制度建设的重要内容。

二、党内法规制度"供给侧结构性改革"的思想脉络

党内法规制度"供给侧结构性改革"的任务目标是：构建系统完备、科学规范、运行有效的党内法规制度体系，推动形成制度整体效应。党的十八大以来，以习近

① 牢牢把握党内法规制度建设正确方向. 人民日报，2019-09-16.

② 李忠. 构建依规治党法规制度体系研究. 西北大学学报（哲学社会科学版），2017（5）.

平同志为核心的党中央高度重视党内法规制度建设，着眼管党治党、执政治国战略，对新形势下构建党内法规制度体系、全面提高党的建设科学化水平提出明确要求并作出重要部署，党内法规制度体系建设特别是党内法规制度“供给侧结构性改革”问题被摆上重要议事日程。

2012年11月，习近平在十八届中央政治局第一次集体学习时指出，坚持以实践基础上的理论创新推动制度创新，坚持和完善现有制度，从实际出发，及时制定一些新的制度，构建系统完备、科学规范、运行有效的制度体系，使各方面制度更加成熟更加定型。[①] 这是党的十八大以来，习近平关于制度“供给侧结构性改革”重要思想的首次阐述，具有重要的昭示性意义。2013年11月，党的十八届三中全会提出，到2020年在重要领域和关键环节改革上取得决定性成果，形成系统完备、科学规范、运行有效的制度体系，使各方面制度更加成熟更加定型，这就进一步明确了制度“供给侧结构性改革”的方法步骤、重点关键、目标任务等。2014年10月，党的十八届四中全会提出，建设中国特色社会主义法治体系，建设社会主义法治国家，形成完备的法律规范体系、高效的法治实施体系、严密的法治监督体系、有力的法治保障体系，形成完善的党内法规体系，这实际上对党内法规制度“供给侧结构性改革”的体系目标提出了明确要求。2016年12月底，习近平对全国党内法规工作会议作出重要指示强调，要以改革创新精神加快补齐党建方面的法规制度短板，力争到建党100周年时形成比较完善的党内法规制度体系。这再一次充分彰显了党内法规制度“供给侧结构性改革”的思想精髓和核心要义。[②]

党的十九大后，党内法规制度“供给侧结构性改革”逐渐走向深入。2017年10月，党的十九大报告指出，要增强依法执政本领，加快形成覆盖党的领导和党的建设各方面的党内法规制度体系，加强和改善对国家政权机关的领导，从顶层设计高度对党内法规制度“供给侧结构性改革”的背景原因、重要目标和根本目的等问题进一步作出回答。2019年7月9日，习近平在中央和国家机关党的建设工作会议上明确指出，要处理好建章立制和落地见效的关系，搞好制度“供给侧结构性改革”，空白缺位的抓紧建立，不全面的尽快完善，成熟经验及时推广。这是习近平同志第一次明确提出制度“供给侧结构性改革”概念，标志着党内法规制度“供给侧结构性改革”正式成为新时代党和国家制度建设，特别是党内法规制度建设的重要内容。党的十九届四中全会则以“坚持和完善中国特色社会主义制度、推进国家治理体系

① 习近平. 紧紧围绕坚持和发展中国特色社会主义 学习宣传贯彻党的十八大精神. 人民日报，2012-11-19.

② 习近平就加强党内法规制度建设作出重要指示 坚持依法治国与制度治党、依规治党统筹推进、一体建设. 人民日报，2016-12-26.

和治理能力现代化”为主题，第一次系统描绘了中国特色社会主义制度的图谱，深刻阐释了当前党和国家制度建设的显著优势、任务举措、总体目标，全面部署了推进制度建设的重大任务和重要举措，并把“加快形成完善的党内法规体系”作为制度建设的重要目标，这本身就是坚持制度治党、依规治党，推进制度“供给侧结构性改革”的重大举措和具体体现。2017 年 11 月，党中央在修订后的《中国共产党党内法规制定条例》的印发通知中明确要求，各地区各部门要以该条例为基本遵循做好党内法规制定工作，扭住提高质量这个关键，搞好制度“供给侧结构性改革”，形成制度整体效应，这就标志着党内法规制度“供给侧结构性改革”工作，已经正式成为党内法规工作、党内法规制度建设的重要内容和关键环节。[①]

三、党内法规制度“供给侧结构性改革”的逻辑内涵

当前党内法规制度体系的问题主要是结构性问题，具体包括供给结构、区域结构、层级结构、领域结构、实施结构等，这几个方面的结构性问题既相对独立、又相互叠加，需要通过制度“供给侧结构性改革”有针对性地加以解决。

（1）党内法规制度供给结构。据不完全统计，截至 2021 年 7 月 1 日，全党现行有效党内法规共 3 615 部，数量不可谓不多。但普遍存在的突出问题是，很多党内法规特别是地方党内法规质量总体不高，不能完全满足管党治党的实践需求。从供给结构看，党内法规制度体系建设必须要从“重数量”向“重质量”转变，抓住提高制定质量这个关键，按照“于法周延，于事有效”原则，确保党内法规的针对性和实效性，加强党内法规制度“供给侧结构性改革”，统筹推进各领域、各层级、各类型党内法规制度的立改废释，推动形成比较完善的有机统一整体。

（2）党内法规制度效力结构。从效力层级上看，党内法规一般分为党章、准则、条例、规则、规定、办法、细则，共 4 级 7 种。目前，党章只有 1 部，准则只有 3 部，大量的党内法规属于规定、办法层级，因此需要进一步优化党内法规的效力结构、层级结构，加大准则、条例层级的供给数量，也加大规则层级的供给数量，注重从程序规程上管党治党。从层级结构看，党内法规一般分为中央党内法规、部委党内法规、地方党内法规三类，其中，中央党内法规居于引领地位。[②] 从数量上看，截至 2017 年 7 月 1 日，党中央制定的中央党内法规共 211 部，中央纪律检查委员会以及党中央工作机关制定的部委党内法规共 163 部，省、自治区、直辖市党委制定的地方党内法规共 3 241 部。可以说，地方党内法规数量占了绝大多数，对这种显

① 中共中央印发最新三部党内法规. 人民日报，2019－09－16.

② 宋功德. 党规之治. 北京：法律出版社，2015：292.

著失衡的制度结构，也需要从实践出发，进一步加以优化。

（3）党内法规制度内容结构。党内法规制度体系，是以党章为根本，以民主集中制为核心，以准则、条例等中央党内法规为主干，由各领域各层级党内法规制度组成的有机统一整体。按照“规范主体、规范行为、规范监督”相统筹、相协调原则，我们基本确立了以“1＋4”为基本框架的党内法规制度体系，即在党章之下分为党的组织法规制度、党的领导法规制度、党的自身建设法规制度、党的监督保障法规制度四大板块。从内容结构上看，截至2021年7月1日，党的组织法规制度数量相对较少，仅有153部，党的领导法规制度数量次之，共有772部，而党的自身建设法规制度和党的监督保障法规数量较多，分别有1 319部和1 370部。因此，需要加大党的组织法规制度、领导法规制度的供给力度，进一步优化党内法规制度内容结构。

（4）党内法规制度实施结构。制度的生命力在于执行。建章立制很重要，但更重要的是制度执行，所以一分部署还要九分落实。对此，习近平2019年7月在内蒙古考察时专门强调，党内法规不少，主要问题在于执行不力，有的是缺乏执行能力，有的是缺乏执行底气，要强化法规制度执行，不能打折扣。[①] 当前党内法规建设总体上已进入有规可依的阶段，但在不同程度还存在重传达、轻落实，重制定、轻执行的现象，有规不依、落实不力，上紧下松、外紧内松，“牛栏关猫”、来去自如等问题时有发生，使制度成了“橡皮筋”“稻草人”，导致“制度失灵”，出现“破窗效应”。党内法规制度建设，必须遵循“务实管用、简便有效”原则，深入推进党内法规制度实施结构改革，注重实体性规范和保障性规范的结合和配套，着力增强制度执行力、针对性、可操作性，坚决维护制度的严肃性和权威性，做到制度面前人人平等、执行制度没有例外，切实用制度管权、管事、管人。

第三节　建立党内法规同国家法律的衔接和协调机制

一、党内法规与国家法律的规范差异

法治是实现国家治理体系和治理能力现代化的必然要求，依法执政是党治国理政的基本方式。党内法规与国家法律都是中国共产党依法治国、依法执政的重要依据，党内法规制度体系和国家法律规范体系都是中国特色社会主义法治体系的重要

① 习近平在内蒙古考察并指导开展“不忘初心、牢记使命”主题教育时强调 牢记初心使命贯彻以人民为中心发展思想 把祖国北部边疆风景线打造得更加亮丽．人民日报，2019－07－17．

组成部分。国家法律是由享有立法权的立法机关行使国家立法权，依照法定程序制定、修改并颁布，并由国家强制力保证实施的基本法律和普通法律的总称。党内法规和国家法律之间存在密切联系：从根本上说，党内法规和国家法律都是党的意志的具体体现，都反映最广大人民的根本利益；从形式上看，党内法规与国家法律都是通过严格程序制定的、具有规范性和约束力的行为规范。对于中国社会主义法治建设来说，二者又是相互补充、相互协调的。在这个意义上，党内法规既是管党治党的重要依据，也是国家法律的重要保障，更是建设社会主义法治国家的有力保障。

作为一种行为模式与规范形态，党内法规与国家法律也具有明显的不同，这些不同主要体现在以下几个方面。

第一，制定机关不同。党内法规的制定机关主要是党的中央组织，中央纪律检查委员会、党中央工作机关和省、自治区、直辖市党委。党内法规包括党章、准则、条例、规则、规定、办法、细则等。而我国国家法律的立法体制分为中央和地方两个大的立法层次，不同层次的机关制定不同效力的法律、法规或规章。如全国人民代表大会及其常委会可以制定法律，国务院可以制定行政法规，省级、地市级人民代表大会可以制定地方性法规，国务院部门可以制定部门规章，省级、地市级政府可以制定地方政府规章。国家法律包括宪法、法律、行政法规、地方性法规、自治条例和单行条例、规章等。

第二，制定程序不同。党内法规的制定程序一般包括规划、计划、起草、审批、发布、备案、清理、评估等。而全国人民代表大会及其常委会制定法律的基本程序包括：法律案的提出、法律案的审议、法律案的表决、法律的公布共四个阶段。

第三，调整对象不同。党内法规是党的中央组织以及中央纪律检查委员会、党中央工作机关和省、自治区、直辖市党委制定的规范党组织的工作、活动和党员行为的党内规章制度的总称，因此，党内法规主要调整的是党组织的工作、活动和党员行为。国家法律的调整对象是指法律调整和规范的社会关系。从大的法律部门来说，各个部门的法律都在调整特定的社会关系。通常认为我国的法律体系包括七个法律部门，即宪法及宪法相关法、民法商法、行政法、经济法、社会法、刑法、诉讼与非诉讼程序法，其中，宪法调整的是公民权利和国家权力之间的关系，民法调整的是平等主体之间的财产关系和人身非财产关系，刑法调整的是犯罪与刑罚之间的关系。

第四，严格程度不同。从法的位阶来看，国家法律要高于党内法规，但从法的效果来看，党内法规要严于国家法律。从党的先进性建设的角度来看，这是因为加入中国共产党，成为中国共产党这个执政党组织的一员，就要模范遵守国家法律，按照党规党纪以更高标准严格要求自己。只有这样，才能充分体现中国共产党的工人阶级的先锋队的性质，才能体现党的先进性。

党内法规严于国家法律，有两层含义：一是对党组织的规范和约束要严于其他国家机关、社会团体等。党组织作为先锋队组织的这一特性要求对党组织的约束不能低于、松于其他组织。党组织应该率先遵守国家法律或法令，为全社会守法作出表率。二是对党员的规范和约束要严于一般的公民。这是因为党员入党誓词中就有遵守党的纪律的内容，这意味着党员入党时就已经把自己的一些权利让渡了出去，自愿接受更为严格的党纪约束，这是一种承诺。从这个道理，我们可以看出，在党内法规的制定和执行过程中，应该按照严于法律的要求约束党员、约束党员所在的党组织。比如，与他人发生不正当性关系是一个道德问题，我国法律中没有规定“通奸罪”条款，“性贿赂”也未入罪。从国家法律的角度，“与他人发生不正当性关系”不是罪，无法纳入法律惩处的范畴，顶多受道德谴责，是社会层面违反道德规范的问题。但从党内法规的角度，“与他人发生不正当性关系”在性质上却是一种比较严重的违反生活纪律的行为。也就是说，对于党员干部来说，“与他人发生不正当性关系”尽管不“违法”，但却“违纪”了。对此，《中国共产党党员纪律处分条例》专门把“违反生活纪律行为”专列为第十一章，其中第135条规定：“与他人发生不正当性关系，造成不良影响的，给予警告或者严重警告处分；情节较重的，给予撤销党内职务或者留党察看处分；情节严重的，给予开除党籍处分。利用职权、教养关系、从属关系或者其他相类似关系与他人发生性关系的，从重处分。”

第五，实施方式不同。党内法规主要是以党的纪律作为强制手段，《中国共产党纪律处分条例》第3条规定，党的纪律是党的各级组织和全体党员必须遵守的行为规则。党组织和党员必须牢固树立政治意识、大局意识、核心意识、看齐意识，自觉遵守党章，严格执行和维护党的纪律，自觉接受党的纪律约束，模范遵守国家法律法规。第7条规定，党组织和党员违反党章和其他党内法规，违反国家法律法规，违反党和国家政策，违反社会主义道德，危害党、国家和人民利益的行为，依照规定应当给予纪律处理或者处分的，都必须受到追究。而法律通常是指由享有立法权的立法机关制定，并由国家强制力保证实施的，以规定当事人权利和义务为内容的，对全体社会成员具有普遍约束力的一种特殊行为规范。

二、党内法规同国家法律的本质统一

虽然党内法规和国家法律在功能上有所区分，但从本质作用上看，二者是统一的，都是中国特色社会主义法治体系的重要构成部分。首先，国家法律体系和党内法规体系的建设共同服务于实现国家治理体系和治理能力现代化的目标。所谓国家治理体系，指的是“在党领导下管理国家的制度体系，包括经济、政治、文化、社会、生态文明和党的建设等各领域体制机制、法律法规安排”。所谓国家治理能力，指的是“运用国家制度管理社会各方面事务的能力”。依法治国和依规治党的实质是将党和国家的各项事业纳入法治的轨道，通过制度化的方式管理各方面的事务，将制度上的优势转化为管理的效能。其次，党内法规和国家法律在价值取向上是一致的，二者都坚持宪法至上原则。宪法是一个国家法律体系的基础，处于法律秩序层级结构的顶点。违反宪法的法律，将会失去法律效力。党内法规也必须与宪法保持一致，否则，党内法规的规范效力也会受影响。无论是国家法律还是党内法规，都必须以宪法为根本遵循，体现作为社会共识的宪法价值和精神。最后，党内法规在条件成熟时可以经过法定程序上升为国家法律。党的十八届四中全会提出：“必须坚持党领导立法、保证执法、支持司法、带头守法，把依法治国基本方略同依法执政基本方式统一起来，把党总揽全局、协调各方同人大、政府、政协、审判机关、检察机关依法依章程履行职能、开展工作统一起来，把党领导人民制定和实施宪法法律同党坚持在宪法法律范围内活动统一起来，善于使党的主张通过法定程序成为国家意志，善于使党组织推荐的人选通过法定程序成为国家政权机关的领导人员，善于通过国家政权机关实施党对国家和社会的领导，善于运用民主集中制原则维护中央权威、维护全党全国团结统一。”因此，党的主张、党的政策、党的法规可以通过法定程序成为体现国家意志的国家法律。

要实现党内法规与国家法律的衔接，必须加强党内立法部门与国家立法部门之间的沟通协调，形成常态化的工作机制。第一，在立法前，党内的法规工作机构、人大的法律工作机构、政府的法制工作机构应当定期交流、通报情况，哪些事项需要由党内法规来规定，哪些事项需要党内立法与国家立法通力协作和配合解决，开展对需要党内法规和国家法律共同调整的问题的立法调研和论证。第二，完善党内法规起草过程中的征求意见程序。《中国共产党党内法规制定条例》第 25 条规定：“党内法规草案形成后，应当广泛征求意见。”关于征求意见的主体的范围，制定条例并没有规定向国家立法部门征求意见。但是，对需要党内法规和国家法律共同发挥作用的领域，例如，党政机关公共权力行使、党政领导干部从政行为、党风廉政建设等方面的责任和分工，为了保证党内法规与国家法律相衔接，统筹规划党内法规和国家法律两种方式和手段，可以征求国家立法部门的意见。第三，建立健全党内法规和国家法律在立法后的实施评价、备案审查和定期清理机制。在实践中，可以通过立法后的实施评价，及时发现并弥补党内法规衔接国家法律的制度空缺，或者及时修改与国家法律不相匹配的党内法规；通过备案审查，及时纠正党内法规与国家法律不一致的问题，保证党内法规和国家法律的融贯与协调；通过定期清理，适时将不符合党内法规定位的党内规定转化为国家法律，及时将落后于时代和政治情势的党内规定废止。

三、党内法规同国家法律的衔接和协调

从国家治理体系现代化的角度看，国家治理体系实际上就是国家制度体系，中国特色社会主义国家治理体系主要由党内法规制度体系和国家法律制度体系构成。推进国家治理体系现代化，就必须同时推进党内法规制度体系和国家法律制度体系现代化。党的十八届五中全会把依规治党和依法治国作为党依法执政的两个轮子，要求全面提高党依据宪法法律治国理政、依据党内法规管党治党的能力和水平。党的十八届六中全会坚持思想建党和制度治党紧密结合，审议通过了《关于新形势下党内政治生活的若干准则》和修订后的《中国共产党党内监督条例》两部重要的党内法规，在党的历史上具有里程碑式的意义，再次凸显了党中央对党内法规的高度重视。党的十九大提出，要全面增强依法执政本领，加快形成覆盖党的领导和党的建设各方面的党内法规制度体系，加强和改善对国家政权机关的领导。党的二十大进一步强调，深化标本兼治，推进反腐败国家立法，加强新时代廉洁文化建设，教育引导广大党员、干部增强不想腐的自觉，清清白白做人、干干净净做事，使严厉惩治、规范权力、教育引导紧密结合、协调联动，不断取得更多制度性成果和更大治理效能。

因此，国家治理体系与党内法规制度体系之间具有内在逻辑关系，党内法规制度建设的根本目标是推进国家治理体系和治理能力现代化，国家治理体系建设同时取决于执政党的制度体系建设。2013 年 11 月 9 日至 12 日，党的十八届三中全会明确提出："全面深化改革的总目标是完善和发展中国特色社会主义制度，推进国家治理体系和治理能力现代化。"其中，完善和发展中国特色社会主义制度是全面深化改革的根本前提，推进国家治理体系和治理能力现代化是全面深化改革的本质体现。2013 年 12 月 20 日，中共中央印发了《建立健全惩治和预防腐败体系 2013—2017 年工作规划》并指出，全面推进惩治和预防腐败体系建设，是全党的重大政治任务和全社会的共同责任，对于坚持党要管党、从严治党，深入开展党风廉政建设和反腐败斗争，推进国家治理体系和治理能力现代化，实现"两个一百年"奋斗目标和中华民族伟大复兴的中国梦，具有重大意义。

国家法律是由享有立法权的立法机关行使国家立法权，依照法定程序制定、修

改并颁布，并由国家强制力保证实施的基本法律和普通法律的总称。党内法规制度体系和国家法律制度体系之间存在密切联系，从根本上说，党内法规和国家法律都是党的意志的具体体现，都反映最广大人民的根本利益；从形式上看，党内法规与国家法律都是通过严格程序制定的、具有规范性和约束力的行为规范。因此，从国家治理体系建设角度来看，推进国家治理体系与治理能力现代化，必须要实现党内法规同国家法律的衔接和协调，这就要坚持以党章和宪法为基本遵循。党内法规制度建设必须坚持以宪法为最高依据、以党章为根本遵循，坚持“宪法至上、党章为本”原则。《中国共产党章程》规定，“党必须在宪法和法律的范围内活动”。《中国共产党党内法规制定条例》也规定，制定党内法规应当遵守“党必须在宪法和法律范围内活动的规定”的原则。

需要注意的是，2018 年 3 月 11 日，十三届全国人大一次会议第三次全体会议经投票表决通过了《中华人民共和国宪法修正案》，充实坚持和加强了中国共产党全面领导的内容。该宪法修正案在第 1 条第 2 款“社会主义制度是中华人民共和国的根本制度”后增写一句，内容为“中国共产党领导是中国特色社会主义最本质的特征”。在宪法正文中增加了坚持和加强中国共产党全面领导的内容，这对于党内法规制度体系建设具有重要的影响。在宪法正文中增加党的领导条款，其实是为党内法规制度体系建设提供了最高法意义上的规范依据。众所周知，宪法是国家根本大法，是治国理政的总章程，是党和人民意志的集中体现，也是中国特色社会主义法治体系的总遵循。不仅国家法律要根据宪法来制定，作为中国特色社会主义法治体系的重要组成部分的党内法规也要根据宪法来制定。在党的领导条款写入宪法之前，党内法规制度体系建设的最高直接规范依据是党章，虽然《中央党内法规制定工作五年规划纲要（2013—2017 年）》中也提出了“宪法为上、党章为本”，要求党内法规制定工作要以宪法为遵循，保证党内法规体现宪法和法律的精神和要求，保证党内法规制度体系与中国特色社会主义法律体系内在统一，确保各级党组织和党员在宪法和法律范围内活动，认真履行党内的各项职责和义务，但究其内容实质，“宪法为上”更多的还是留停在原则精神层面，没有落实到规范依据层面。但在党的领导条款写入宪法正文之后，党内法规制度体系建设的直接最高规范依据就变成了具有规范性质的宪法正文中的具体条款，意味着宪法条文正式成为党内法规制度体系的最高法依据。由此，宪法不仅控制国家法律体系的发展方向，更是直接统率整个党内法规制度体系建设，统摄整个党内法规制度体系的价值取向，宪法本身也成为党内法规法治制度体系的重要组成部分并具有最高效力位阶。

案例与思考 16－1

徐某对抗组织审查案

徐某，中共党员，A省交通运输厅原党组成员、副厅长。2020年10月，徐某接受私营企业主陈某请托，利用职务上的便利为陈某在A省承接道路工程项目提供帮助，收受陈某现金20万元。2021年3月，A省纪委监委接到反映徐某在工程领域以权谋私的匿名举报，经研判认为举报信反映的问题线索较为笼统，可查性不强，决定对徐某进行函询。徐某随即与陈某串供，统一口径声称上述20万元系借款，并伪造了借据、收条，制造了借款、还款假象。此后，徐某在给A省纪委监委的书面回复中，自称因儿子生病住院急需用钱，曾向承接A省道路工程项目的私营企业主陈某借款20万元，已经归还，但并未利用职权帮助陈某承接工程，也没有任何以权谋私的行为，同时主动表示向管理服务对象借款确有不妥，愿意承认错误、接受处理。A省纪委监委收到函询回复后，认为徐某问题较为轻微，对其予以了批评教育。2022年1月，A省纪委监委接到反映徐某收受陈某贿赂的信访举报，经初步核实后对徐某涉嫌违纪违法问题开展立案审查调查，查明其收受陈某20万元贿赂的事实。同年5月，徐某受到开除党籍、开除公职处分，其涉嫌受贿犯罪问题被移送检察机关依法审查起诉。

思考题：

1. 如何准确认定对抗组织审查和在组织谈话、函询时不如实说明问题行为的性质？

2. 在党纪政务处分决定书中如何规范表述对抗组织审查行为？

本章小结

党内法规保障体系建设是党内法规制度建设的重要内容，是确保党内法规沿着正确道路前进的重要保障，是推进党内法规高质量发展的重要支撑。能否形成有力的党内法规保障体系，关系到党内法规制度建设的成败，关系到全面从严治党的成效，关系到全面依法治国总目标的实现。新时代党内法规建设，要以改革创新精神加快补齐党建方面的法规制度短板，推进党内法规制度供给侧结构性改革，构建以党内法规制度为主导的权力监督体系，建立党内法规同国家法律的衔接和协调机制，尽快形成比较完善的党内法规制度体系。

本章思考题

1. 如何构建党内法规保障体系？
2. 试述推进党内法规制度供给侧结构性改革的意义和内容。
3. 如何建立党内法规同国家法律的衔接和协调机制？

图书在版编目（CIP）数据

党内法规概论/秦强著. --北京：中国人民大学出版社，2023.4
21世纪普通高等教育法学系列教材
ISBN 978-7-300-31643-7

Ⅰ.①党… Ⅱ.①秦… Ⅲ.①中国共产党-党的纪律-法规-高等学校-教材 Ⅳ.①D262.13

中国国家版本馆CIP数据核字（2023）第063370号

21世纪普通高等教育法学系列教材
党内法规概论
秦　强　著
Dangnei Fagui Gailun

出版发行	中国人民大学出版社		
社　　址	北京中关村大街31号	**邮政编码**	100080
电　　话	010－62511242（总编室）		010－62511770（质管部）
	010－82501766（邮购部）		010－62514148（门市部）
	010－62515195（发行公司）		010－62515275（盗版举报）
网　　址	http：//www.crup.com.cn		
经　　销	新华书店		
印　　刷	北京宏伟双华印刷有限公司		
开　　本	787 mm×1092 mm　1/16	**版　　次**	2023年4月第1版
印　　张	18.25 插页1	**印　　次**	2024年8月第2次印刷
字　　数	329 000	**定　　价**	55.00元

《　　　　　　》※任课教师调查问卷

为了能更好地为您提供优秀的教材及良好的服务，也为了进一步提高我社法学教材出版的质量，希望您能协助我们完成本次小问卷，完成后您可以在我社网站中选择与您教学相关的1本教材作为今后的备选教材，我们会及时为您邮寄送达！如果您不方便邮寄，也可以申请加入我社的**法学教师QQ群：436438859（申请时请注明法学教师）**，然后下载本问卷填写，并发往我们指定的邮箱（cruplaw@163.com）。

邮寄地址：北京市海淀区中关村大街甲59号文化大厦1202室收

邮　　编：100080

再次感谢您在百忙中抽出时间为我们填写这份调查问卷，您的举手之劳，将使我们获益匪浅！

基本信息及联系方式：※

姓名：________ 性别：________ 课程：____________

任教学校：________________ 院系（所）：__________

邮寄地址：________________ 邮编：____________

电话（办公）：________ 手机：________ 电子邮件：________

调查问卷：※

1. 您认为图书的哪类特性对您选用教材最有影响力？（　　）（可多选，按重要性排序）

   A. 各级规划教材、获奖教材　　B. 知名作者教材

   C. 完善的配套资源　　D. 自编教材

   E. 行政命令

2. 在教材配套资源中，您最需要哪些？（　　）（可多选，按重要性排序）

   A. 电子教案　　B. 教学案例

   C. 教学视频　　D. 配套习题、模拟试卷

3. 您对于本书的评价如何？（　　）

   A. 该书目前仍符合教学要求，表现不错将继续采用

   B. 该书的配套资源需要改进，才会继续使用

   C. 该书需要在内容或实例更新再版后才能满足我的教学，才会继续使用

   D. 该书与同类教材差距很大，不准备继续采用了

4. 从您的教学出发，谈谈对本书的改进建议：________________

____

____

选题征集：如果您有好的选题或出版需求，欢迎您联系我们：

联系人：黄　强　宁丹丽　联系电话：010-62515955/5536

索取样书：书名：______________________

书号：______________________________

备注：※为必填项。